거룩한 경고

한국신학총서 25
거룩한 경고

지은이 | 노병기
펴낸이 | 원성삼
책임편집 | 김지혜
펴낸곳 | 예영커뮤니케이션
초판 1쇄 발행 | 2016년 12월 10일
초판 3쇄 발행 | 2022년 12월 9일
등록일 | 1992년 3월 1일 제2-1349호
주소 | 03128 서울시 종로구 대학로3길 29, 313호 (연지동, 한국교회100주년기념관)
전화 | (02) 766-8931
팩스 | (02) 766-8934
이메일 | jeyoung@chol.com
ISBN 978-89-8350-959-8 (04230)
       978-89-8350-570-5 (세트)

본 저작물은 저작권법에 의하여 한국 내에서 보호를 받는 저작물이므로
무단 전재와 무단 복제를 금합니다.

값 15,000원

이 도서의 국립중앙도서관 출판예정도서목록(CIP)은 서지정보유통지원시스템 홈페이지
(http://seoji.nl.go.kr)와 국가자료공동목록시스템(http://www.nl.go.kr/kolisnet)에서 이
용하실 수 있습니다.(CIP제어번호: CIP2016026781)

모든 인간은 하나님의 형상을 닮은 존귀한 존재입니다. 사람은 인종, 민족, 피부색, 문화, 언어에 관계없이 모두 다 존귀합니다. 예영커뮤니케이션은 이러한 정신에 근거해 모든 인간이 존귀한 삶을 사는 데 필요한 지식과 문화를 예수 그리스도의 사랑으로 보급함으로써 우리가 속한 사회에 기여하고자 합니다.

한국신학총서 · 25

거룩한 경고

노병기 지음

복음주의 대각성 신학과
청교도 구원론에 근거한
조직신학 종말론

예영 커뮤니케이션

누가 구원을 얻을 것인가!

2천 년 전,
우리의 죄를 대속하러 놀라운 사랑으로 이 땅에 오신
하나님의 어린 양 예수님,

역사의 마지막에는
만왕의 왕으로서 가장 준엄한 공의로
온 세상을 심판하러 오실 것이다.

이 마지막 때
세상적인 복과 천국행 티켓, 마음의 위안을 위하여
교회 다니는 사람은 많으나

예수님의 발자취를 따라 기꺼이
자기를 부인하고, 자기 십자가를 지고, 주님의 고난에 참여하고자
인내하는 자 심히 적구나.

이 악하고 패역한 시대에 누가 구원을 얻을 것인가!

아, 어찌할꼬.
소돔 성에는 의인 열 명이 없었고, 그 큰 성 예루살렘에서
공의를 행하며 진리를 구하는

한 사람을,
단 한 사람을,
주님께서 찾지 못하셨구나!

그가 또 내게 이르시되 인자야 이스라엘 족속에게 가서 내 말로 그들에게 고하라 … 그러나 이스라엘 족속은 이마가 굳고 마음이 굳어 네 말을 듣고자 아니하리니 이는 내 말을 듣고자 아니함이니라 보라 내가 그들의 얼굴을 마주보도록 네 얼굴을 굳게 하였고 그들의 이마를 마주보도록 네 이마를 굳게 하였으되 네 이마를 화석보다 굳은 금강석 같이 하였으니 그들이 비록 반역하는 족속이라도 두려워하지 말며 그들의 얼굴을 무서워하지 말라 하시니라 또 내게 이르시되 인자야 내가 네게 이를 모든 말을 너는 마음으로 받으며 귀로 듣고 사로잡힌 네 민족에게로 가서 그들이 듣든지 아니 듣든지 그들에게 고하여 이르기를 주 여호와의 말씀이 이러하시다 하라(겔 3:4, 7-11).

차례

머리말 매우 적은 수만 구원을 받을 것이다 _ 9

제1장 "내가 너희를 도무지 알지 못하노라" _ 15

제2장 노아의 때, 롯의 때와 같이 매우 적은 사람만 구원을 얻을 것이다 _ 28

제3장 진정한 거듭남이 없으면 그 누구도 천국에 들어가지 못한다 _ 41

제4장 거룩한 삶에 대한 하나님의 경고에 비추어 보면 몇 명이 구원을 얻을 것 인가? _ 64

제5장 당신은 하나님의 거룩한 말씀을 듣고 떠는가? _ 104

제6장 배도: 거짓 평강을 외친 예레미야 시대의 거짓 선지자들 _ 109

제7장 배도: 달콤한 거짓말만 의존하는 어리석은 백성들 _ 114

제8장 지금은 총체적 배도의 시대다 _ 121

제9장 지금 기독교계에 가라지 신자(거짓 신자, 거짓 목회자)가 너무 많다 _ 134

제10장 도덕성 실종, 양심 실종, 경외함 실종의 시대 _ 151

제11장 경고의 나팔을 불라! _ 161

제12장 거짓말하는 영과 미혹하는 영을 보내시는 하나님: 400 대 1 _ 170

제13장 교회부터, 목사부터 심판이 시작된다 _ 180

제14장 큰 음녀(배도한 교회)에 대한 심판이 기다리고 있다 _ 189

제15장 세상을 따라 사는 배도한 라오디게아 교회: 하나님께서 역겨워
　　　　 토하시는 교회 _ 215

부　록 예수님께서 말씀하신 재림과 세상 끝의 징조: 성도여 인내로
　　　　 큰 환난을 대비하라 _ 226

맺는 말 말세는 배도의 때다. 그러므로 말세 성도는 인내가 필요하다 _ 244

작가의 말 애통함과 감사함의 갈림길에서 _ 259

참고문헌 _ 261

[일러두기]

1. 본문에 인용한 성경은 대한성서공회에서 펴낸 『개역개정판 성경』을 따랐다. 개역한글을 인용한 경우에는 따로 표기했다.
2. 인명과 지명은 가능한 원음대로 표기했다. 예를 들어, 프랑스인 Calvin은 칼뱅으로 표기했다.
3. 단, 교회사에서 이미 익숙하게 통용되는 약간의 용어는 그대로 사용했다.
   Bunyan → 번연, Jonathan → 조나단
4. 이 책에 나오는 모든 굵은 글씨체는 저자가 강조하기 위하여 임의로 표시한 것임을 밝혀 둔다. 그리고 [ ] 안의 내용은 필자가 보충 설명한 것이다.

머리말

매우 적은 수만 구원을
받을 것이다

1. 오늘날 대부분의 목사들이나 설교자들은 예배당에 앉아 있는 교인들이 구원받은 것으로 간주하고 설교한다. 우리 영혼의 운명에 가장 중요한 구원에 대해 자세하고 정확하게 가르치는 곳을 찾기 어렵다. 기껏해야 간단한 영접식 기도를 따라하면 구원받은 것으로 여긴다. 지금 출석하는 교인들 대부분이 참으로 구원받은 상태인가?

2. 성경에 기록된 하나님의 말씀을 정직하고, 철저하게 적용하면 이 시대 인간들 가운데 몇 명이 구원을 얻을 것인가? 이 책은 바로 이 문제를 최대한 솔직하게 집중적으로 성찰한 책이다. 결론부터 말하자면, '지금이 말세라면' 지금 인류 중 대부분이 영원한 지옥에 가게 될 것이다. 그리고 지금 교회 다니는 사람들 중 대부분이 지옥에 가게 될 것이다.[1]
  이것은 필자의 생각이나 주장이나 이론이 아니라, 누구나 성경의 내용을 정직하게 받아들인다면 이와 같은 결론을 내리지 않을 수 없다.

---

[1] 이 말이 빨리 이해가 안 되는 사람은 예수님께서 "그러나 인자가 올 때에 세상에서 믿음을 보겠느냐 하시니라(눅 18:8).", "청함을 받은 자는 많되 택함을 입은 자는 적으니라(마 22:14)."라고 하신 말씀을 깊이 생각하라.

3. 예수님께서 재림하실 때에 어느 정도의 사람이 구원을 받을 것인지 알기 위해서는 먼저 성경에서 말씀하시는 구원에 대해 잘 알아야 한다.

그리고 거룩한 삶에 대해서 하나님께서 어떻게 말씀하셨는지 분명히 알아야 한다. 성경에서 말씀하시는 구원론과 새 생활론(성화론)을 정확히 모르면 절대 이에 대해 바르게 판단을 내리거나 추정할 수 없다.

4. 이 책은 무엇보다 성경을 토대로 저술했다. 그리고 복음주의 대각성 운동 설교자들과 청교도들이 가르친 구원론에 근거하여 이 시대 교인들 가운데 구원받을 사람이 얼마나 될 것인지 추정한 책이다.

복음주의 대각성 운동 설교자들[2]과 청교도들은 구원과 거듭남에 대해 어떻게 가르쳤는가? 무엇이 진정으로 성령으로 거듭난(요 3:5) 구원받은 상태라고 가르쳤는가?[3]

사람이 십자가에 달려서 대속의 피를 흘리신 그리스도를 믿고(롬 3:23, 24) 죄를 철저히 회개할 때(행 2:37-39) 성령으로 거듭나게 된다. 성령으로 거듭나게 되면, 거룩한 신의 성품을 받게 되며(벧후 1:4), 성령의 내주와 내적 증언을 체험하게 된다(요 14:16-23; 롬 8:16). 참으로 거듭난 사람은 그리스도 안에서 형제를 뜨겁게 사랑하며(요일 3:14), 죄를 이기며(요일 3:9, 10), 세상을 이기는 삶(요일 5:4)을 살게 된다. 이것이 이들이 가르친 구원론의 핵심이다. 당신은 이런 식으로 확실히 거듭났는가?

---

[2] 이 책에서 복음주의 대각성 운동 설교자란 대표적으로 조지 윗필드, 조나단 에드워즈, 존 웨슬리 이 세 사람을 지칭한다.

[3] 이들이 구원에 대해 설명할 때 용어상 약간의 차이는 있으나 핵심 내용은 동일하다. 복음주의 대각성 운동 설교자들과 청교도들이 가르친 구원론의 보다 자세한 내용은 필자가 지은 『거룩한 구원』(예영커뮤니케이션, 2007)과 『거룩한 칭의』(예영커뮤니케이션, 2015)를 읽어 보면 알 수 있다.

미국 1차 대각성 운동의 주역이었던 조나단 에드워즈(Jonathan Edwards, 1703-1758)는 『놀라운 회심의 이야기』(*A Faithful Narrative of the Surprising Work of God*)에서 "회심은 마음을 순식간에 변화시키고 죽은 영혼에 생명을 주입하는 하나님의 능력의 위대하고 영광스러운 사역"이라고 했다.[4] 그에 의하면, "회심은 사람이 죄에서 하나님께로 돌이키는 매우 크고 보편적인 변화"[5]이다.

복음주의 대각성 설교자들과 청교도들의 구원론에 비추어 보면 지금 현대 기독교인들 중 대부분의 사람이 거듭나지 못했다. 지금 이 상태로 주님을 맞이한다면 매우 적은 수만이 구원을 받을 것이다.

5. 구원받을 사람이 얼마나 적을 것인가? 17세기에 청교도 리처드 백스터(Richard Baxter, 1615-1691)는 이렇게 말한 적이 있다.

> 성경을 읽을 때 나뿐만 아니라 많은 사람들이 깜짝 놀랄 수밖에 없는 사실은 **매우 적은(few) 수의 사람들만이 구원**을 받게 될 것이라는 것과 심지어 청함을 받은 사람들 가운데서도 **거의 대부분의 사람들이 하늘나라에 영원히 들어가지 못하고** 영원히 꺼지지 않는 불 못에서 마귀와 함께 고통을 받게 되리라는 것이다.[6]

---

4 Edwards, *A Faithful Narrative of the Surprising Work of God*, in WJE, 4, 177. 에드워즈는 회심과 거듭남이라는 말을 동의어로 사용했다. "성경이 회심을 신생이나 거듭남으로 묘사하는 것을 볼 때 분명히 그렇다." Edwards, *Treatise on Grace*, in WJE, 21, 160.

5 Edwards, *Religious Affections*, in WJE, 2, 341-342.

6 Richard Baxter, *A Call to the Unconverted* (Lafayette, IN: Sovereign Grace Publishers, 2000), 10.

리처드 백스터는 교회를 출석하는 교인들 중 거의 대부분이 지옥으로 가게 될 것이라고 말했다. 청교도의 세력이 찬란히 꽃피운 그때에 리처드 백스터가 그런 말을 했다면, 악이 횡행하는 말세인 지금은 어떠하겠는가?

청교도 토머스 굿윈(Thomas Goodwin, 1600-1680)은 개신교인들 가운데 "참된 예배자는 백분의 일도 안 된다."[7]라고 하면서 개신교인 속에서 제2종교개혁이 절실하게 요구된다고 하였다.

청교도 존 번연(John Bunyan, 1628-1688)은 『천로역정』(The Pilgrim's Progress)에서 "천성을 향해 가기로 작정하고 떠난 사람들 중에서 그 산까지 도달하는 사람은 **극히 드물다**."[8]라고 말했다.

청교도 크리스토퍼 러브(Christopher Love, 1618-1651)는 "예수 그리스도를 믿는다고 고백하는 자들 중에 청함을 받은 자는 많되 택함을 입은 자는 적다(마 22:14)."라고 했으며, 신앙을 고백하는 사람들 중 대부분은 "삶이 불경하거나 마음이 위선적이다."[9]라고 지적했다.

청교도 매슈 헨리(Mattew Henry, 1662-1714)는 "단지 부르심만 받은 많은 사람들의 수에 비하면, 택함 받은 사람들은 아주 적은(few) 사람일 뿐이다."[10]라고 말했다.

이처럼 청교도들은 구원받을 자가 매우 적을 것임을 지적했지만, 지금

---

7   Thomas Goodwin, *Revelation, in The Works of Thomas Goodwin*, 12 vols. ed. Thomas Smith (Edinburgh: James Nichol, 1861-1866; reprint, Grand Rapids: Reformation Heritage Books, 2006), 2:121.

8   John Bunyan, *The Pilgrim's Progress* (New Kensington, PA: Whitaker House, 1981), 143.

9   Christopher Love, *Heaven's Glory, Hell's Terror; The One Concerning the Glory of the Saints with Jesus Christ, as a Spur to Duty: The Other, of the Torment of the Damned, as a Preservative against Security* (London: for Peter Barker, 1671), 286-300.

10 Matthew Henry, *Matthew Henry's Commentary on the Whole Bible* (Old Tappan, NJ: Fleming H. Revell Company, 1958), 5:286 (Matt. 20:16).

이 사실을 강조하면 오히려 반대하는 자가 많다. 이것 자체가 종말이 가까이 왔다는 징조다.

6. 지금 이 시대가 청교도 시대에 비하면 비교할 수 없을 정도로 위급하지만 지금 대부분의 설교자는 "평안하다."만을 외친다. 이 시대의 교인들 대부분이 거듭나지 못하고, 거룩하게 살고 있지 않지만 그들에게 하나님의 심판을 경고하는 대신에 달콤한 말로 위로해 주는 경쟁을 벌이고 있다.

지금 예수님께서 재림하신다면 준비된 매우 적은 수만이 구원을 받을 것이다. 이것에 대해 누군가는 목소리를 최고로 높여 분명한 경고의 나팔을 불어야 한다. 오늘날 거짓된 설교자들의 잘못된 구원론의 가르침에 미혹되어 영원한 지옥에 들어갈 교인들의 피에 대해 깨끗하려면 분명히 알려야 한다.[11]

은혜가 풍성하시며 공의로우신 전능하신 주님,
이 책을 주님의 택자들의 손에 들어가게 하시고, 영원한 지옥 불에서 구출해 내는 경고의 나팔이 되게 하옵소서!

2016년
거룩하신 주님께서 오셔서
신원해 주실 날을 간절히 사모하며
노병기

---

[11] 이 책은 복음주의 대각성 신학과 청교도의 구원론에 근거한 종말론 '서론'이며, 이 책은 앞으로 필자가 출간할 종말론의 서론에 해당된다. 예수님의 재림과 휴거의 시기, 적그리스도의 등장, 7년 대환난의 구체적 내용, 천년왕국, 새 하늘과 새 땅 등 본격적인 요한계시록, 다니엘서 해석 등은 기회가 되면 다음 책에서 자세히 논할 것이다.

약어표(Abbreviations)

Institutes	*Institutes of the Christian Religion*
NPNF(I)	*A Select Library of the Nicene and Post-Nicene Fathers*, first series
SGW	*The Sermons of George Whitefield*
WJE	*The Works of Jonathan Edwards*
WJO	*The Works of John Owen*
WJW	*The Works of John Wesley*

제1장

"내가 너희를 도무지 알지 못하노라"

> 그들이 사러 간 사이에 신랑이 오므로 준비하였던 자들은 함께 혼인 잔치에 들어가고 문은 닫힌지라 그 후에 남은 처녀들이 와서 이르되 주여 주여 우리에게 열어 주소서 대답하여 이르되 진실로 너희에게 이르노니 내가 너희를 알지 못하노라 하였느니라 그런즉 깨어 있으라 너희는 그 날과 그때를 알지 못하느니라(마 25:10-13).

지금 교회에 출석하는 대부분의 교인들은 자신들이 당연히 천국으로 갈 것으로 생각한다.

과연 지금 출석 교인들 중 대부분이 천국에 가게 될 것인가? 예수님께서는 교회에 다니는 사람들 중에도 "내가 너를 도무지 알지 못하노라."라고 말씀하실 자가 '많을' 것을 미리 경고하셨다.

1. 교회에 열심히 출석해도 나중에 예수님께서 모른다고 하실 자가 많을 것이다

당신은 나중에 주님께서 당신을 아신다고 말씀해 주실 것 같은가? 무슨 근거로 그렇게 생각하는가? 교회를 열심히 다니며 예배를 드렸다고 해서 당신을 주님께서 아신다고 생각하면 큰 착각이다. 누가복음 13장에 보면 다음과 같은 말씀이 나온다.

> 예수께서 각 성 각 마을로 다니사 가르치시며 예루살렘으로 여행하시더니 어떤 사람이 여짜오되 주여 **구원을 받는 자가 적으니이까** 그들에게 이르시되 좁은 문으로 들어가기를 힘쓰라 내가 너희에게 이르노니 들어가기를 구하여도 못하는 자가 많으리라 집 주인이 일어나 문을 한 번 닫은 후에 너희가 밖에 서서 문을 두드리며 주여 열어 주소서 하면 그가 대답하여 이르되 **나는 너희가 어디에서 온 자인지 알지 못하노라** 하리니 그때에 너희가 말하되 우리는 주 앞에서 먹고 마셨으며 주는 또한 우리의 길거리에서 가르치셨나이다 하나 그가 너희에게 말하여 이르되 나는 너희가 어디에서 왔는지 알지 못하노라 **행악하는 모든 자들아** 나를 떠나 가라 하리라(눅 13:22-27).

나중에 집 주인이 천국 문을 한 번 닫은 후에 밖에 서서 문을 두드리며 "주님, 제가 교회를 그렇게 빠짐없이 다니고 설교 말씀도 열심히 듣고 각종 봉사와 의무를 다 했는데 왜 저를 모른다고 하십니까?" 이렇게 말할 사람이 매우 많을 것이다.

예수님을 주님이라고 부르고, 교회에 열심히 출석하고, 봉사한다고 천국에 들어가는 것은 절대 아니다. 성령으로 거듭나지 못한 채(요 3:5) 세속적 목적, 육신적, 이기적 동기에서 교회를 다니는 사람은 예수님께서 모른다고 하실 것이다. 그리고 **교회를 다니면서도 악을 행하는 모든 자**를 향해서 주님께서 "행악하는 모든 자들아, 나를 떠나가라." 하실 것이다.

그런데 오늘날 많은 간사(奸邪)한 설교자들은 신자들은 불신자와 동일하게 악을 행하고 죄를 짓지만 예수님을 믿기 때문에 구원받을 수 있다고 가르친다. 이것보다 주님의 가르침에 더 위반되고 모욕적인 것은 없다.[1] 예수님께서는 산상수훈에서 다음과 같이 분명히 말씀하셨다.

> 나더러 주여 주여 하는 자마다 다 천국에 들어갈 것이 아니요 다만 하늘에 계신 내 아버지의 뜻대로 행하는 자라야 들어가리라(마 7:21).

2. 예언을 하며 귀신을 쫓아내며 많은 능력을 행하여도 예수님께서 모른다고 하실 자가 허다할 것이다

오늘날 주변에 보면 "예언의 은사를 받았다." "환상을 보았다." "입신을 했다." "천국 체험을 했다." "귀신을 쫓아내었다." "각종 병을 고쳤다." 등과 같이 말하는 사람이 매우 많다. 그런데 마태복음 7장 22, 23절에 보면 이런 자들에 대한 예수님의 경고의 말씀이 나온다.

> 그 날에 많은 사람이 나더러 이르되 주여 주여 우리가 주의 이름으로 선지자 노릇 하며 주의 이름으로 귀신을 쫓아내며 주의 이름으로 많은 권능을 행하지 아니하였나이까 하리니 그때에 내가 그들에게 밝히 말하되 내가 너희를 도무지 알지 못하니 불법을 행하는 자들아 내게서 떠나가

---

[1] 하나님께서는 교회를 다니든, 다니지 아니하든 간에 악을 행하며 사는 모든 악인을 심판하신다.
"하나님께서 각 사람에게 그 행한 대로 보응하시되 참고 선을 행하여 영광과 존귀와 썩지 아니함을 구하는 자에게는 영생으로 하시고 오직 당을 지어 진리를 따르지 아니하고 불의를 따르는 자에게는 진노와 분노로 하시리라 악을 행하는 각 사람의 영에는 환난과 곤고가 있으리니 먼저는 유대인에게요 그리고 헬라인에게며 선을 행하는 각 사람에게는 영광과 존귀와 평강이 있으리니 먼저는 유대인에게요 그리고 헬라인에게라(롬 2:6-10)."
교회를 다니면서 악을 행하는 자를 더욱 엄하게 심판하신다(눅 12:47).

라 하리라(마 7:22, 23).

요즘 예언 사역, 축사 사역, 신유 사역 등으로 교계를 요란하게 하는 자들이 많다. 1992년 거짓 휴거설을 주장한 다미 선교회도 예언과 환상을 강조했다. 이들은 거짓 예언으로 한국 교회와 국민에게 얼마나 많은 피해를 끼쳤던가!

예언, 축사, 능력, 신유 사역과 구원은 아무런 관련이 없다. 천국은 성령의 은사나 능력으로 가는 것이 결코 아니다. 천국은 성령으로 거듭난 사람이 들어간다(요 3:5). 그리고 거룩한 삶을 사는 사람이 들어간다(히 12:14). 하나님의 뜻대로 행하는 사람이 들어간다(마 7:21).

설사 어떤 사람이 예언을 몇 번 맞추었다 해서 그 사람이 하나님의 사람이라고 말할 수는 없다. 구약의 발람 선지자는 거짓 선지자의 대명사였다. 그는 모압 왕 발락의 뇌물을 받고 이스라엘을 저주하려고 했으나 하나님께서 막으셔서 이스라엘에 대해 좋은 예언만 했다. 그의 이스라엘에 대한 예언과 메시아 예언은 훌륭했다(민 23-24장). 그러나 성경은 그를 탐욕으로 유혹을 받은 거짓 선지자의 대표로 말씀하고 있으며(벧후 2:15; 유 1:11; 계 2:14), 그는 하나님의 심판을 받아 칼에 죽었다(민 31:8). 어떤 사람의 예언이 수차례 맞는다고 하더라도 그것이 그 사람이 하나님의 사람이라는 것을 입증해 주는 것은 아니다.

구원 은혜가 없이도 얼마든지 예언할 수 있다. 구약의 사울 왕은 일시적으로 예언을 했다(삼상 10:10, 11). 그러나 그 후 그는 버림을 받았다. 중요한 것은 확실한 구원의 은혜를 받았는가 하는 것이다.

3. 전도를 하기 위해 바다와 육지를 다녀도 지옥으로 갈 사람이 흔할 것이다

주변에 보면, 외국에 나가서 단기 선교 등을 하는 사람들이 많다. 전도를 열심히 하는 사람은 천국에 들어가는가? 전도를 열심히 하는 것과 천국에 들어가는 것은 아무런 직접적인 관련이 없다. 서기관과 바리새인들은 전도를 매우 열심히 했다. 그러나 예수님께서는 이들에 대해 이렇게 말씀하셨다.

> 화 있을진저 외식하는 서기관들과 바리새인들이여 너희는 교인 한 사람을 얻기 위하여 바다와 육지를 두루 다니다가 생기면 너희보다 배나 더 지옥 자식이 되게 하는도다(마 23:15).

서기관과 바리새인들은 마음이 바르지 못했다. 하나님을 사랑하는 마음도 없었으며,[2] 내면의 거룩함도 없었다. 이들의 전도의 동기는 하나님에 대한 사랑에서 비롯된 것이 아니라 자기 과시이며 인간적인 열심이었다. 그리하여 그들은 한 명을 전도하면 자기들보다 배나 더 지옥 자식이 되게 하였다. 그들의 전도란 완고하고 잘못된 자신들의 교리를 전염시키는 것뿐이었다.

참된 거듭남의 경험도 없이 자신은 죄 가운데 살면서 전도하고, 선교하러 다니는 사람들이 허다하다.

---

[2] "다만 하나님을 사랑하는 것이 너희 속에 없음을 알았노라(요 5:42)."

4. 자기의 모든 것으로 구제하고 온 몸을 불사르게 내어 준다고 해도 천국에 갈 수 있다는 보장은 되지 못한다

우리는 누군가가 어려운 처지에 있는 자들을 도와주는 것을 보면 쉽게 감동한다. 그러나 사람의 마음이란 얼마나 부패하고 간사한지 자신의 이기적 동기로 구제하고 이웃에게 선을 행할 수 있다. 다른 사람들의 눈에 인정받고자 하는 동기에서 혹은 자기 만족감을 위해서도 얼마든지 그렇게 할 수 있다.

> 내가 사람의 방언과 천사의 말을 할지라도 사랑이 없으면 소리 나는 구리와 울리는 꽹과리가 되고 내가 예언하는 능력이 있어 모든 비밀과 모든 지식을 알고 또 산을 옮길 만한 모든 믿음이 있을지라도 사랑이 없으면 내가 아무 것도 아니요 내가 내게 있는 모든 것으로 구제하고 또 내 몸을 불사르게 내줄지라도 사랑이 없으면 내게 아무 유익이 없느니라 (고전 13:1-3).

방언도, 예언도, 믿음의 은사도 진정한 사랑이 없으면 아무 것도 아니다. 심지어 내게 있는 모든 것으로 구제하고 내 몸을 불사르게 내줄지라도 진정한 사랑이 없으면 아무 유익이 없다. 예수님에 대한 진실한 사랑, 다른 영혼에 대한 진실한 사랑이 없이 행하는 선은 아무런 유익이 없다. 사람은 이기적 동기에서도 얼마든지 그런 일을 할 수 있는 존재다.[3]

---

3   어떤 사람의 구제나 봉사가 이기적 동기에서 나온 것인가 아닌가 하는 것은 그가 성경에 나오는 '하나님의 말씀들'을 얼마나 진정으로 순종하고 있는가를 보면 알 수 있다(요 14:15). 하나님께서 명하신 말씀과 계명들은 경시하면서 다른 사람들 보는 데서 구제나 봉사를 하는 것은 위선 중의 위선이다. "사람에게 보이려고 그들 앞에서 너희 의를 행하지 않도록 주의하라 그리하지 아니하면 하늘에 계신 너희 아버지께 상을 받지 못하느니라 그

사람이 성령으로 거듭나면 형제를 진정으로 사랑하게 된다(요일 3:10, 14, 5:1). 죽어 가는 다른 영혼을 진정으로 사랑하게 된다(롬 9:1-3). 이러한 사심 없는 순수한 영혼 사랑에서 나오는 행위가 아니면 아무 유익이 없다.

5. 예수님의 재림을 열심히 기다려도 모른다고 하실 자가 많을 것이다: 성령의 기름이 없는 자들

예수님의 재림을 간절히 기다리면 천국에 들어가는가? 예수님께서는 종말에 대해 경고하시면서 유명한 열 처녀의 비유를 말씀하셨다. 열 명의 처녀가 신랑을 기다렸다. 기름을 준비한 슬기 있는 다섯 처녀는 혼인 잔치에 들어갈 수 있었지만, 기름을 준비하지 못한 미련한 다섯 처녀는 혼인 잔치에 들어갈 수 없었다.

> 그들이 사러 간 사이에 신랑이 오므로 준비하였던 자들은 함께 혼인 잔치에 들어가고 문은 닫힌지라 그 후에 남은 처녀들이 와서 이르되 주여 주여 우리에게 열어 주소서 대답하여 이르되 진실로 너희에게 이르노니 **내가 너희를 알지 못하노라** 하였느니라(마 25:10-12).

기름 준비하지 못했던 미련한 처녀들은 문을 열어 달라고 간청했지만, "내가 너희를 알지 못하노라."라는 대답만 들었다. 여기서 말씀하는 '기름'은 무엇을 가리키는가? '성령'을 가리킨다(고후 1:21, 22; 요일 2:20, 27; 사

러므로 구제할 때에 외식하는 자가 사람에게서 영광을 받으려고 회당과 거리에서 하는 것 같이 너희 앞에 나팔을 불지 말라 진실로 너희에게 이르노니 그들은 자기 상을 이미 받았느니라(마 6:1, 2)." 위선적인 종교인들일수록 '양의 탈을 쓰고(마 7:15)' '의의 일꾼으로 가장하여(고후 11:15)' 구제하는 모습을 광고하기를 좋아한다.

61:1-3). 성령으로 확실히 거듭난 자만이 신랑 되신 예수님을 영접할 수 있다. 그리고 날마다 성령의 인도를 받으며 몸의 행실을 죽이며(롬 8:13, 14) 거룩하게 산 자만이 다시 오시는 예수님을 맞이할 수 있다.

예수님의 재림을 기다린다고 모두 다시 오시는 주님을 영접할 수 있는 것이 아니다. 불행히도 미련한 다섯 처녀처럼 자신이 무엇을 준비해야 주님을 맞이할 수 있는지 정확히 모르고 교회 다니는 사람이 무수하다.

6. 어린 양의 혼인 잔치 자리에서 쫓겨난 자들: 의의 흰 예복이 없는 자들

당신은 예수님을 맞이할 흰 예복이 있는가? 교회를 아무리 열심히 다니고 봉사하고 주님의 재림을 기다린다 하더라도, 예복이 없는 사람은 천국에 들어갈 수 없다. 예수님께서 장차 있을 어린 양의 혼인 잔치에 대해 다음과 같이 말씀하셨다.

> 예수께서 다시 비유로 대답하여 이르시되 천국은 마치 자기 아들을 위하여 혼인 잔치를 베푼 어떤 임금과 같으니 … 종들이 길에 나가 악한 자나 선한 자나 만나는 대로 모두 데려오니 혼인 잔치에 손님들이 가득한지라 임금이 손님들을 보러 들어올새 거기서 예복을 입지 않은 한 사람을 보고 이르되 친구여 **어찌하여 예복을 입지 않고 여기 들어왔느냐** 하니 그가 아무 말도 못하거늘 임금이 사환들에게 말하되 그 손발을 묶어 바깥 어두운 데에 내던지라 거기서 슬피 울며 이를 갈게 되리라 하니라 청함을 받은 자는 많되 택함을 입은 자는 적으니라(마 22:1-14).

혼인 잔치 자리에까지 왔지만 예복을 입지 않은 사람은 쫓겨났다. 임금이 예복을 입지 않은 한 사람을 보고 "친구여, 어찌하여 예복을 입지 않고 여기 들어왔느냐?"라고 물었으나 그는 아무 말도 못하고 바깥 어두운 데로 던짐을 받았다. 혼인 잔치 자리에까지 오는 것이 중요한 것이 아니라 무엇을 준비하고 그 자리에 왔는가가 중요하다.

예복이 무엇인가? 우리가 준비해야 할 흰 예복이란 다름 아니라 예수님의 피에 깨끗이 씻은 흰 옷을 가리킨다(계 7:14).

> 이는 큰 환난에서 나오는 자들인데 어린 양의 피에 그 옷을 씻어 희게 하였느니라(계 7:14).

어린 양의 피에 그 옷을 씻어 희게 하였다는 것은 예수님께서 십자가에서 우리를 위해 흘리신 피 공로를 믿고 철저히 회개하여 온전히 죄 사함을 받는 것(히 9:13, 14; 벧전 1:2)을 가리킨다. 이런 자에게 성령을 주신다(행 2:37-39).

하나님께서 요구하시는 회개는 삶 전체를 돌이키는 회개다. 오늘날 설교자들은 철저히 회개하고 온전한 죄 씻음을 받아야 천국에 갈 수 있다는 것(눅 13:1-5)을 잘 가르치지 않는다. 신자라도 죄를 짓고 회개하고 또 죄를 짓고 회개하기를 반복하는 것이 당연한 듯이 가르친다. 그러나 구원에 이르는 회개란 다시는 옛 죄로 돌아가지 않는 회개를 말한다. 근본적이고 철저한 회개를 말한다(마 5:29, 30; 요일 1:9).[4] 이런 회개를 한 사람의 심령

---

[4] 청교도 토머스 브룩스(Thomas Brooks, 1608-1680)는 복음적 회개를 한 사람은 다시는 죄 가운데 살지 않는다는 것을 강조했다. "구원에 수반하는 회개는 죄와 영혼을 완전하게 갈라놓는 이혼과 같기 때문에, 온 세상 어떤 것도 결코 죄와 영혼이 다시 만나게 하지 못합니다. 회개하는 영혼은 죄를 친구가 아니라 원수로 여기고 또 그렇게 취급합니다." Thomas Brooks, *Heaven on Earth: A Treatise on Christian Assurance* (1654; reprint,

속에 성령이 내주하신다.

흰 예복이란 또한 성도의 옳은 행실(계 19:8)을 의미한다. 요한계시록 19장에 보면, 장차 있을 어린 양의 혼인 잔치 모습이 나온다.

> 할렐루야 주 우리 하나님 곧 전능하신 이가 통치하시도다 우리가 즐거워하고 크게 기뻐하며 그에게 영광을 돌리세 어린 양의 혼인 기약이 이르렀고 그의 아내가 자신을 준비하였으므로 **그에게 빛나고 깨끗한 세마포 옷을 입도록 허락하셨으니 이 세마포 옷은 성도들의 옳은 행실이로다** 하더라 천사가 내게 말하기를 기록하라 어린 양의 혼인 잔치에 청함을 받은 자들은 복이 있도다 하고 또 내게 말하되 이것은 하나님의 참되신 말씀이라 하기로(계 19:6-9).

어린 양의 아내가 입은 빛나고 깨끗한 세마포 옷은 "성도들의 옳은 행실(계 19:8)"이라고 하셨다. 오늘날은 구원 이후의 거룩한 삶은 천국에 들어가는 것과 아무런 관련이 없는 것처럼 가르치는 자들이 많다. 그러나 그

Edinburgh: The Banner of Truth, 1982), 226.
청교도 존 오웬(John Owen, 1616-1683)은 참된 믿음을 가진 사람은 모든 알려진 죄를 버리게 된다고 가르쳤다. "복음의 약속을 통해 이렇게 용서와 의와 구원을 위해 그리스도에 대한 믿음을 행사하게 되면 그와 불가분하게 모든 거룩한 순종에 온 마음을 쏟는 것이 뒤따르게 됩니다. 모든 알려진 죄를 버리게 되고, 삶의 완전한 변화와 개혁을 이루게 되고, 순종의 열매를 맺게 됩니다." John Owen, *A Discourse Concerning the Holy Spirit*, in WJO, 3, 364.
찰스 피니(Charles G. Finney, 1792-1875)는 "참된 회개"라는 그의 설교에서 참다운 회개를 하게 되면 인격과 행동이 영원히 변화된다는 것을 강조했다. "절대 후회하지 않는 회개입니다. 즉 너무나 철저해서 다시 옛 마음의 상태로 가는 일은 없습니다. 죄에 대한 사랑이 진정으로 사라진 상황입니다. … 진정으로 회개한 사람은 죄에 대한 견해와 감정들이 완전히 변화되었기 때문에 다시 돌이켜 죄에 대한 사랑에 빠지지 않습니다." Charles Finney, "True and False Repentance," in *Lectures to Professing Christians* (New York, Chicago, Toronto, London and Edinburgh: Fleming H. Revell Company, 1878), 161.

것은 성경의 가르침이 아니다. 성경은 분명히 말씀한다. 거룩하고 옳은 행실이 없는 자는 천국에 들어갈 수가 없다(히 12:14; 고전 6:9, 10; 갈 6:19-21 등).

오늘날 교인들을 보면 성령의 기름도, 의의 흰 예복도 없이 교회 다니는 자들이 숱하다. 참으로 어리석고 무지한 자들이다.

7. 존 번연의 『천로역정』에 나오는 무지와 같은 자들이 수두룩할 것이다

예수님을 맞이할 준비를 하지 못한 채 다시 오시는 예수님을 만나기를 기다리는 자만큼 어리석은 자는 없다.

청교도 존 번연이 지은 『천로역정』 뒷부분에 보면 '무지(Ignorance)'란 자가 나온다. 그는 자만심의 나라(country of Conceit) 출신이다. 『천로역정』의 마지막 장면은 무지가 성령의 보증이 없이 천국 문 앞까지 갔다가 쫓겨나는 장면이다. 무지는 '헛된 소망(Vain-hope)'이라는 뱃사공의 배를 타고 쉽사리 천국 성문 앞까지 갔다.

> [성문 위에서 머리를 내밀은] 사람들이 무지에게 증명서가 있느냐고 물으면서, 증명서를 주면 왕에게로 가서 그것을 보여 드리겠다고 했다. 무지는 자기 품속을 뒤져 찾아보았지만 아무것도 찾을 수 없었다. 그러자 그들이 말했다.
> "증명서를 못 가지고 왔소?"
> 무지는 유구무언이었다.
> 그 사람들이 왕에게 나아가 말했지만, 왕은 무지를 만나 보러 내려오는 대신, 크리스천과 소망을 천성까지 데리고 온 두 빛나는 사람에게 무지

를 잡아 손발을 묶은 다음 밖에 내어 던지도록 명령했다.

그러자 그들은 무지를 붙들고 공중으로 날아가, 내가 전에 보았던 산허리의 동굴 문에 이르러서는 그를 그 안으로 밀어 넣어 버렸다. 나는 멸망의 도시에서뿐 아니라 하늘나라 문에서도 지옥으로 가는 통로가 있는 것을 보았다. 이때 나는 꿈에서 깨어났다.[5]

이것이 『천로역정』의 마지막 장면이다. 주인공 크리스천은 전에 길에서 무지를 만났을 때 "당신이 천국 문 앞에 이르렀을 때 무슨 증서를 보이면서 열어 달라고 할 것입니까?"라고 경고했으나, 무지는 크리스천의 경고를 무시하고 증명서가 없이 천국 문 앞까지 갔다가 거기서 지옥으로 떨어졌다.

하나님의 말씀에 대해 무지하며 자만한 자들이 당할 끔찍한 운명을 기억하라. 당신은 하나님께 보여 드릴 증명서를 갖고 신앙생활을 하고 있는가? 여기서 말하는 증명서는 바로 성령의 보증을 가리킨다(고후 1:22, 5:5; 엡 1:13, 14).

독자들이여, 영원한 지옥 불에 떨어진 후에 슬피 울며 이를 갈면서(마 22:13, 24:51, 25:30; 눅 13:28) 후회해도 그때는 이미 늦다.

> 이 무익한 종을 바깥 어두운 데로 내쫓으라 거기서 슬피 울며 이를 갈리라 하니라(마 25:30).

---

5   Bunyan, *The Pilgrim's Progress*, 198–199.

8. 기회가 있는 지금 스스로 하나님의 말씀 앞에 정직하게 자신을 점검하라

교회를 아무리 오래 출석하고 많은 희생과 봉사를 했어도, 암만 많이 전도했어도, 제아무리 하나님의 직통 계시를 받으며 예언 사역을 하고 축사 사역, 신유 사역을 했어도 지옥에 갈 수 있다. 이런 것들과 구원은 아무런 직접적 관련이 없다.

그러면 무엇을 준비해야 천국에 들어갈 수 있다고 성경은 가르치는가? 천국에 들어가려면 예수님의 십자가의 은혜를 확실히 믿고(롬 3:21-24) 철저히 회개하고(마 5:29, 30) 옛 사람과 함께 정욕과 탐심을 십자가에 못 박아야 한다(갈 5:24). 이때 성령으로 거듭나게 하신다(요 3:5; 행 2:37-39). 거듭난 사람은 새 마음과 새 영(겔 36:26, 27)을 얻고 신의 성품을 얻는다(벧후 1:4). 형제를 사랑하고(요일 3:14), 죄를 이기고(요일 3:9, 10), 세상을 이길 마음을 얻는다(요일 5:4). 당신은 이렇게 거듭났는가?

이렇게 성령으로 거듭난 후에는 날마다 성령의 인도를 받아(롬 8:13, 14) 거룩한 삶을 살아야 한다(히 12:14; 살전 4:3). 그렇지 않으면 누구도 천국에 못 들어간다. 오늘날은 이 기본적인 것을 모르고 교회 생활을 하는 자들이 부지기수이다.

제 2 장

노아의 때, 롯의 때와 같이
매우 적은 사람만 구원을 얻을 것이다

> 노아의 때에 된 것과 같이 인자의 때에도 그러하리라 노아가 방주에 들어가던 날까지 사람들이 먹고 마시고 장가 들고 시집 가더니 홍수가 나서 그들을 다 멸망시켰으며 또 롯의 때와 같으리니 사람들이 먹고 마시고 사고 팔고 심고 집을 짓더니 롯이 소돔에서 나가던 날에 하늘로부터 불과 유황이 비 오듯 하여 그들을 멸망시켰느니라 인자가 나타나는 날에도 이러하리라(눅 17:26-30).

예수님께서 다시 오실 때 과연 몇 명의 사람이 구원을 얻을 것인가? 예수님 재림의 때는 노아의 때와 같을 것이고, 롯의 때와 같을 것이라고 예수님께서 분명히 말씀하셨다. 구원받을 자가 적을 것이라고 분명히 경고하셨다.

1. 노아 홍수 때처럼 구원받을 자가 매우 적을 것이다

노아 홍수 때는 '노아 한 가족' 외 전 인류가 하나님의 진노를 받아 멸망당했다는 것을 기억하라!

(1) 그 당시 얼마나 온 세상이 타락했던지 의를 전파하는 노아와 그의 일곱 식구 외에는 이 땅 위에 경건한 자가 아무도 없었다

> 옛 세상을 용서하지 아니하시고 오직 의를 전파하는 노아와 그 일곱 식구를 보존하시고 경건하지 아니한 자들의 세상에 홍수를 내리셨으며 (벧후 2:5).

노아 때는 지상의 '모든' 사람들이 땅의 것, 세상 일에 몰두해서 탐심을 따라 살았다.

> 노아의 때에 된 것과 같이 인자의 때에도 그러하리라 노아가 방주에 들어가던 날까지 사람들이 먹고 마시고 장가 들고 시집 가더니 홍수가 나서 그들을 다(them all) 멸망시켰으며(눅 17:26, 27).

당시에는 온 지구인들이 먹고 마시고 장가들고 시집가는 데 열중했다. 먹고 마시고 장가 들고 시집 가는 것 자체가 나쁜 것은 아니다. 문제는 영적인 가치보다 물질적 가치, 세속적 가치에 종속되어 산다는 것이다.

노아 때처럼 종말에는 거의 모든 사람들이 하나님이나 예수님의 구원, 성령에 의한 철저한 거듭남, 하나님 나라의 확장에 대한 관심은 없고 이 세상 것에 몰두해서 이기적 탐심으로 살 것이다. 돈, 권세, 성공만 추구하며 살 것이다.

(2) 노아 때는 '온 세상'에 죄악이 가득했으며, 사람들이 마음으로 생각하는 모든 계획이 항상 악했다

하나님께서는 인간의 부패함 때문에 땅 위에 사람 지으셨음을 한탄하셨다. 그래서 전 인류가 물로 심판을 받았다.

> 여호와께서 사람의 죄악이 세상에 가득함과 **그의 마음으로 생각하는 모든 계획이 항상 악할 뿐임을** 보시고 땅 위에 사람 지으셨음을 **한탄하사** 마음에 근심하시고 이르시되 내가 창조한 사람을 내가 지면에서 쓸어버리되 사람으로부터 가축과 기는 것과 공중의 새까지 그리하리니 이는 내가 그것들을 지었음을 한탄함이니라 하시니라(창 6:5-7).

이것이 전 인류가 심판받기 직전의 상황이었다. 창세기 6장 11, 12절을 보면 노아 멸망 당시의 상황이 잘 나온다.

> 그때에 **온 땅이 하나님 앞에 부패하여** 포악함이 땅에 가득한지라 하나님이 보신즉 땅이 부패하였으니 이는 **땅에서 모든(all) 혈육 있는 자의 행위가 부패함이었더라**(창 6:11, 12).

그때에 모든 사람이 부패하고 타락했다. 수억 명으로 추산되는[1] 그 당시 인간들 중에 의인이었던 노아와 가족 일곱 명만이 홍수 심판에서 구원을 받았다. 이처럼 온 세상이 타락한 말세에는 구원받는 사람의 수가 매우

---

1   노아 당시에 살았던 지구 인류의 숫자가 약 5억에서 20억 정도로 추정된다. 그때는 수명이 적으면 777살(라멕), 많으면 969살(므두셀라) 이렇게 오래 살았기 때문에 인구가 상당히 많았을 것으로 추산된다. 거의 다 900살이 넘게 살았다(창 5:1-31).

적을 것이다.

(3) 구원받은 노아는 어떤 사람이었는가?

> 이것이 노아의 족보니라 노아는 의인이요 당대에 완전한 자라 그는 하나님과 동행하였으며(창 6:9).

성경에는 아주 분명하게 기록되어 있다. 노아는 "의인이요 당대에 완전한" 자였으며 "하나님과 동행"했다. 이런 노아 가족만 구원받았다. 이것을 명심해야 한다. 나머지 경건하지 아니하고 불법을 행하던 악인들은 다 멸망당했다.

> 여호와께서 노아에게 이르시되 너와 네 온 집은 방주로 들어가라 이 세대에서 네가 내 앞에 의로움을 내가 보았음이니라(창 7:1).

(4) 노아가 온 세상의 멸망 중에 구원받을 수 있었던 것은 하나님의 은혜가 그에게 있었기 때문이다

> 그러나 노아는 여호와께 은혜를 입었더라(창 6:8).

존 브래드퍼드(John Bradford, 1510-1555)라는 16세기 영국 목사는 교수대로 끌려가는 범죄자들을 볼 때마다 "하나님의 은혜가 없었더라면 존 브래드퍼드가 저기 있었을 것이다."라고 말했다고 한다. 세상에서 가장 귀

한 말 중 하나가 하나님의 은혜다.

　세상에서 가장 행복한 사람은 하나님의 은혜가 있는 사람이고, 가장 불행한 사람은 하나님의 은혜가 없는 사람이다. 사랑하는 독자여, 하나님께서 주시는 은혜를 사모하자!

2. 소돔, 고모라 멸망 때와 같이 극소수만 구원을 얻을 것이다

　예수님께서는 또한 종말은 롯의 때와 같을 것이라고 말씀하셨다.

> 또 롯의 때와 같으리니 사람들이 먹고 마시고 사고 팔고 심고 집을 짓더니 롯이 소돔에서 나가던 날에 하늘로부터 불과 유황이 비오듯하여 그들을 멸망시켰느니라 인자가 나타나는 날에도 이러하리라(눅 17:28-30).

(1) 소돔, 고모라[2] 멸망 때는 의인 롯과 두 딸만 구원을 받았다. 나머지 경건하지 아니한 소돔, 고모라 거민은 모두 멸망당했다

> 소돔과 고모라 성을 멸망하기로 정하여 재가 되게 하사 후세에 경건하지 아니할 자들에게 본을 삼으셨으며 무법한 자들의 음란한 행실로 말미암아 고통 당하는 의로운 롯을 건지셨으니(벧후 2:6, 7).

---

[2]　소돔, 고모라는 사해 남쪽 끝 싯딤 골짜기의 저지대에 있던 다섯 성읍(소돔, 고모라, 아드마, 스보임, 소알)에 속한다(창 10:19, 14:8). 소돔, 고모라, 아드마, 스보임은 하나님의 진노로 멸망했다(신 29:23; 호 11:8; 유 1:7).
　성서 고고학자들에 의하면, 소돔과 고모라의 인구는 각각 5천 명 혹은 1천 명 정도로 당시로는 드물게 큰 대도시였던 것으로 추정된다. 어떤 이는 몇 만 명으로 추정한다.

당시 소돔, 고모라 사람들은 모두 먹고 마시고 사고 팔고 심고 집을 짓는 일에 몰두했다(눅 17:28). 하나님의 일, 하나님의 진리를 구하고 공의를 행하는 데에는 관심이 없고, 물질주의, 세속주의에 종속되어 살았다. 그리하여 소돔, 고모라는 하나님의 심판을 받아 불과 유황으로 모두 멸망당했다. 종말도 이러할 것이다.

(2) 의인 열 명이 남아 있지 않아서 소돔, 고모라는 멸망당했다

창세기 18장 20-33절을 보면 소돔, 고모라 멸망 직전의 상황이 나온다. 아브라함은 소돔, 고모라를 멸망시키겠다는 하나님의 생각을 듣고 가까이 나아가 다음과 같이 여쭈었다.

> 아브라함이 가까이 나아가 이르되 주께서 의인을 악인과 함께 멸하려 하시나이까(창 18:23).

그리고 다음과 같이 하나님께 말씀드렸다.

> 그 성 중에 의인 오십 명이 있을지라도 주께서 그 곳을 멸하시고 그 오십 의인을 위하여 용서하지 아니하시리이까 주께서 이같이 하사 **의인을 악인과 함께 죽이심은 부당하오며** 의인과 악인을 같이 하심도 부당하니이다 세상을 심판하시는 이가 정의를 행하실 것이 아니니이까(창 18:24, 25).

아브라함은 "의인이 그 땅에 남아 있는데 하나님께서 그곳을 전부 멸하신다면 하나님의 공의에 어긋나는 것이 아닙니까?"라고 하나님께 호소했

다. 하나님께서는 아브라함의 호소를 듣고 의인 10명이 있으면 그곳을 멸하지 않겠다고 하셨다(창 18:32).

그러나 소돔, 고모라는 멸망당했다. 그 큰 성에서 의인 10명이 없었던 것이다. 만일 그곳에 의인이 10명만이라도 남아 있었다면 심판을 행하지 아니하셨을 것이다.

이로 보건대 '의인'이 매우 적은 수라도 남아 있으면 하나님께서 그 땅을 심판하지 않으신다는 것이 성경의 교훈이다. 그러므로 세상의 종말에 온 지구에 하나님의 심판이 임한다는 것은 이 땅에 의인이 거의 없기 때문이라는 것을 알 수 있다.

3. 의인 한 명이 없어서 구약 이스라엘이 멸망당했다

주전 587년에 구약 이스라엘이 바벨론 제국에게 멸망당하기 직전에 하나님께서 예레미야를 통해서 다음과 같이 말씀하셨다.

> 너희는 예루살렘 거리로 빨리 다니며 그 넓은 거리에서 찾아보고 알라 너희가 만일 정의를 행하며 진리를 구하는 자를 **한 사람이라도 찾으면 내가 이 성읍을 용서하리라**(렘 5:1).

구약 이스라엘이 바벨론에 멸망한 것은 의인 '한 명'이 없어서 멸망한 것이다. 하나님께서는 한 명만 있으면 그 큰 성을 다 용서해 주신다고 하셨다. 그러나 정의를 행하고 진리를 구하는 한 명이 없었다. 심판은 이럴 때 임하는 것이다.

이로써 우리는 하나님의 대대적 심판은 총체적 부패, 타락을 전제한

다는 것을 분명히 알 수 있다. 세상의 마지막도 그러할 것으로 우리는 확실히 추정할 수 있다.

4. 배도가 있고 교회 안에 세속적인 자들로 꽉 찰 때 예수님께서 심판하러 오실 것이다

데살로니가후서 2장에 보면 예수님 재림 전에 교회가 배도할 것이라고 예언되어 있다.

> 형제들아 우리가 너희에게 구하는 것은 우리 주 예수 그리스도의 강림하심과 우리가 그 앞에 모임에 관하여 혹 영으로나 혹 말로나 혹 우리에게서 받았다 하는 편지로나 주의 날이 이르렀다고 해서 쉬 동심하거나 두려워하거나 하지 아니할 그것이라 누가 아무렇게 하여도 너희가 미혹하지 말라 **먼저 배도하는 일이 있고** 저 불법의 사람 곧 멸망의 아들이 나타나기 전에는 이르지 아니하리니(살후 2:1-3, 개역한글).

배도가 무엇인가? 교인들이 하나님 말씀을 버리고, 말씀에서 떠나는 것을 말한다. 그리스도인이라 하는 자들이 이 세상의 것들을 사랑하고, 세상과 벗하고, 세상 사람들과 똑같이 죄 가운데 살고, 세상 사람들과 똑같은 가치관을 갖고, 세상적인 탐욕으로 사는 것이 배도다.

> 간음한 여인들아 세상과 벗된 것이 하나님과 원수 됨을 알지 못하느냐 그런즉 누구든지 세상과 벗이 되고자 하는 자는 스스로 하나님과 원수 되는 것이니라(약 4:4).

이러한 배도의 역사가 있은 후 예수님께서 오신다고 성경은 말씀한다. 대부분의 교인들이 배도하고, 거룩하고 참된 신자는 극소수만 남는 그때 예수님이 오신다. 종말이 되면 교회 안에는 세상의 것을 탐하는 가라지들, 거짓 신자, 거짓 선생, 거짓 목사, 거짓 선지자들이 들끓을 것이다.

5. 교회뿐 아니라 온 세상에 불경건이 가득 찰 때 예수님께서 심판하러 오실 것이다

하나님께서 마지막 날에 온 세상에 진노를 쏟아부으실 것이다. 하나님의 심판은 경건하지 아니한 자들이 가득 찬 세상에 임한다.

> 하나님이 범죄한 천사들을 용서하지 아니하시고 지옥에 던져 어두운 구덩이에 두어 심판 때까지 지키게 하셨으며 옛 세상을 용서하지 아니하시고 오직 의를 전파하는 노아와 그 일곱 식구를 보존하시고 **경건하지 아니한 자들의 세상**에 홍수를 내리셨으며 소돔과 고모라 성을 멸망하기로 정하여 재가 되게 하사 후세에 **경건하지 아니할 자들에게 본을 삼으셨으며**(벧후 2:4-6).

베드로후서 3장에도 같은 말씀이 나온다.

> 이로 말미암아 그때에 세상은 물이 넘침으로 멸망하였으되 이제 하늘과 땅은 그 동일한 말씀으로 불사르기 위하여 보호하신바 되어 **경건하지 아니한 사람들의 심판과 멸망의 날까지** 보존하여 두신 것이니라(벧후 3:6, 7).

이로 보건대 전 인류 대부분이 성령으로 거듭나지 못하고 세속적이고 불경건한 삶을 살 때 하나님께로부터 멸망이 임하는 것이다.

6. 구약 가나안 정복 때도 그 땅에 죄악이 가득 찰 때까지 기다렸다가 정복하게 하셨다

하나님께서 아브라함에게 가나안 땅을 주시기로 약속하셨을 때, 곧장 아브라함에게 가나안 땅을 차지하라고 하시지 않고 가나안 민족의 죄악이 가득 찰 때까지 오랫동안 기다리게 하셨다. 하나님께서 아브라함에게 가나안 땅을 주실 것을 약속하신 내용을 보자.

> 여호와께서 아브람에게 이르시되 너는 반드시 알라 네 자손이 이방에서 객이 되어 그들을 섬기겠고 그들은 사백 년 동안 네 자손을 괴롭히리니 그들이 섬기는 나라를 내가 징벌할지며 그 후에 네 자손이 큰 재물을 이끌고 나오리라 너는 장수하다가 평안히 조상에게로 돌아가 장사될 것이요 네 자손은 사대 만에 이 땅으로 돌아오리니 이는 아모리 족속의 **죄악이 아직 가득 차지 아니함이니라** 하시더니(창 15:13-16).

하나님께서는 아모리 족속[3]의 죄악이 '가득 찼을 때' 여호수아에게 정복하도록 명하셨다. 레위기 18장을 보면 하나님께서 가나안 족속을 절멸시키시는 이유가 나와 있다.

---

3   가나안 7족속 중 하나다. 가나안 7족속은 헷 족속, 기르가스 족속, 아모리 족속, 가나안 족속, 브리스 족속, 히위 족속, 여부스 족속이다(신 7:1; 수 3:10). 아모리 지역은 가나안 지역과 같은 곳으로 여겨지며(창 19:15 이하) 아모리 사람은 가나안 사람과 동의어로 사용되기도 했다(창 14:7, 13; 삼상 7:14).

> 너는 여자와 동침함 같이 남자와 동침하지 말라 이는 가증한 일이니라 … 너희는 이 모든 일로 스스로 더럽히지 말라 **내가 너희 앞에서 쫓아내는 족속들이** 이 모든 일로 말미암아 더러워졌고 **그 땅도 더러워졌으므로 내가 그 악으로 말미암아 벌하고** 그 땅도 스스로 그 주민을 토하여 내느니라(레 18:22, 24, 25).

이와 같이 하나님의 심판은 그 땅의 죄악이 가득 찰 때 임한다. 이것은 성경 전체에 나오는 하나님의 심판의 공식이다. 마지막 종말 때도 마찬가지일 것이다. **세상에 죄악이 가득 찰 때 심판의 날이 이를 것이다.**

7. "세상에서 믿음을 보겠느냐?" — 예수님의 예언

종말에는 구원받을 자가 얼마나 적은가? 예수님의 다음 한 말씀만 보아도 말세에는 진실로 믿는 자가 매우 적을 것임을 알 수 있다.

> 내가 너희에게 이르노니 속히 그 원한을 풀어 주시리라 그러나 인자가 올 때에 세상에서 믿음을 보겠느냐 하시니라(눅 18:8).

이 말씀의 뜻이 무엇인가? "인자가 올 때 세상에서 믿음을 보겠느냐." 하신 것은 예수님께서 재림하시기 직전에는 진정한 믿음을 가진 사람을 거의 못 본다는 뜻이다. 강력한 부정을 나타내고 있다.

장 칼뱅(John Calvin, 1509-1564)은 이 구절을 이렇게 주석했다.

> 그리스도께서는 그가 승천하신 때부터 재림 때까지 사람들이 모든 곳에

서 불신앙 가운데 살게 될 것임을 분명하게 예언하신다. … 구속주를 기다리는 자가 **거의 아무도 없는**(hardly anyone) 까닭이기 때문이다. 이 예언의 결과가 우리들 가운데 명백히 임하지 않기를 바랄 뿐이다! 그러나 우리의 경험을 통해서 볼 때, 거대한 악들이 온 세상을 점령하고 있기에, 아주 희미한 빛 같은 믿음을 가진 사람조차 찾아보기가 너무나 어렵다.[4]

존 웨슬리(John Wesley, 1703-1791)는 이 구절을 이렇게 주석했다.

그[인자]가 이 시대나 혹은 다음 시대에 그들의 대적들에 대항하여 주목할 만하게 나타날 때마다 지상에는 참된 신자가 **지극히 극소수일** 것이다.[5]

청교도 매슈 헨리는 이 구절을 이렇게 주석했다.

인자가 오실 때에 과연 인자는 세상에서 믿음을 보실 수 있을 것인가? **이 물음은 강한 부정을 내포하고 있다.** 천만에, 인자는 믿음을 보시지 못할 것이다. 그리스도께서는 이것을 내다보고 계신 것이다. …
[1] 일반적으로 선한 사람들이 극소수일 것이다. 진정으로 선한 자들을 거의 보시지 못할 것이다. 경건의 모양을 가진 자는 많겠으나 **믿음을 가진 자, 신실하고 정직한 자는 거의 없을 것이다.** … 세상은 종말로

---

4 John Calvin, *Calvin's Commentaries* (Grand Rapids, MI: Wm. B. Eerdmans Publishing Co., 1948), Luke 18:8.

5 John Wesley, *Explanatory Notes on the New Testament* (San Bernardino, CA: CreateSpace Independent Publishing Platform, 2015), 126. (Luke 18:8)

나아가면서 더 나아지지 않을 것이다. 결코 나아지지 않을 것이다. 세상은 지금도 악하고, 앞으로도 악할 것이며, 그리스도께서 오시기 바로 전에 가장 악해질 것이다. 그리하여 마지막 시대는 가장 위험한 때가 될 것이다.[6]

이상으로 우리는 몇몇 유명한 성경 주석을 살펴보았다.[7] 지금이 주님께서 재림하실 날이 얼마 남지 않은 때라면, 지금 이 세상에 진실하게 믿는 자가 거의 남아 있지 않을 것이다. 그러므로 깨어 정신을 차려야 한다.

> 좁은 문으로 들어가라 멸망으로 인도하는 문은 크고 그 길이 넓어 그리로 들어가는 자가 많고 생명으로 인도하는 문은 좁고 길이 협착하여 찾는 자가 적음이라(마 7:13, 14).

---

[6] Henry, *Commentary*, Luke 18:8.

[7] 존 맥아더(John MacArthur, 1939–)는 이렇게 이 구절을 주석했다. "이 말씀은 그리스도께서 다시 오실 때에 참된 믿음이 매우 희귀하리라는 것을 암시한다. 마치 단지 여덟 명만이 구원을 얻은 노아 때와 같을 것이다(17:26). 그리스도께서 재림하시기 전 시기는 박해와 배도, 불신앙으로 특징짓게 될 것이다(마 24:9–13, 24)." John MacArthur, *The MacArthur Bible Commentary* (Nashville, TN: Thomas Nelson, 2005), 1316. (Luke 18:8)

제3장

진정한 거듭남이 없으면
그 누구도 천국에 들어가지 못한다:
복음주의 대각성 운동 설교자들과 청교도,
칼뱅이 가르친 구원론

> 예수께서 대답하시되 진실로 진실로 네게 이르노니 사람이 물과 성령
> 으로 나지 아니하면 하나님의 나라에 들어갈 수 없느니라(요 3:5).

인터넷 카페에서 한 사람이 청교도 차녹(Stephen Charnock, 1628-1680)이 지은 『거듭남의 본질』을 읽고 '패닉(panic) 상태'에 빠졌다는 글을 본 적이 있다. 그는 "그 책에 따르자면 현대 기독교에서 중생에 이른 사람은 10,000명 중에 1명이 될까 하는 정도입니다. … 그 책이 진실이라면 한국교회는 절망의 상태입니다. 모두가 속고 있는 것일 것입니다."라고 절규했다.

이 글을 보고 필자는 그가 차녹의 글의 핵심을 나름대로 진실하게 파악했구나 하는 생각을 했다. 청교도들이 가르친 구원론과 오늘날 교회에서 가르치는 구원론이 확연히 차이가 나지만 이것을 이 사람처럼 실감하거나 인정하는 사람을 좀처럼 보기 어렵다.

그러나 누구든 청교도들의 구원론을 '정직하게' 읽어 본다면, 오늘날 대

부분의 교인들의 구원이 매우 위험한 상태에 놓여 있다는 것을 시인하지 않을 수 없을 것이다.

1. 진정한 거듭남이 없으면 그 누구도 하나님 나라에 들어가지 못한다

예수님께서는 거듭남의 절대 필요성에 대해서 다음과 같이 분명히 말씀하셨다.

> 진실로 진실로 네게 이르노니 사람이 물과 성령으로 나지 아니하면 하나님의 나라에 들어갈 수 없느니라(요 3:5).

사람이 교회에 아무리 열심히 출석하고 봉사하고 전도해도 성령으로 거듭나지 못하면 누구도 하나님 나라에 들어갈 수 없다.

당신은 성령으로 확실히 거듭났는가? 이 시대 교인들은 대부분 진정한 거듭남에 대해 알지 못한다. 그리고 진정한 거듭남이 없는데도 거듭났다고 말하는 자들이 너무나 많다. 여전히 죄악과 이 세상의 탐욕 가운데 살면서 스스로 거듭난 상태인 줄 아는 사람이 많다. 이것은 거짓 설교자들의 책임이 크다. 이것이 이 시대의 엄청난 비극이요, 위험이다.

오늘날 거짓 설교자들은 거듭남이 무엇인지, 거듭남의 표징이 무엇인지 가르치지 않는다. 그러나 성경에는 거듭남의 표징이 분명히 나온다. 칼뱅은 "하나님께서는 우리가 선택받았다는 것을 알 수 있는 표징들(signs)이나 표지들(tokens)을 지정해 주셨다. 그 표징이나 표지들은 우리가 선택받

앉음을 충분히 확신할 수 있게 해 준다."[1]라고 말했다.

거듭남이 무엇인가? 거듭남이란 죄와 허물로 죽어 있던 우리 영혼이(엡 2:1) 살리시는 하나님의 성령의 위대하고 강력한 역사로 다시 태어나는 것을 말한다(엡 1:19, 20).

우리가 거듭나게 되면 성령의 내적 증거로 내가 하나님의 자녀가 되었음을 자각하게 되며(롬 8:16), 예수님께서 내 속에, 내가 예수님 속에 있음을, 즉 그리스도와의 신비한 연합이 이루어졌음을 깨닫게 된다(요 14:20). 거듭난 자는 신의 성품에 참여하게 되고(벧후 1:4) 하나님의 형상을 회복하게 되고(골 3:10), 전 영혼, 전 인격이 변화된다(고후 5:17). 지성, 양심, 마음, 감성, 의지가 새롭게 변화된다.[2] 거듭난 영혼은 주 안에서 형제를 사랑하고(요일 3:10, 14), 죄를 이기고(요일 3:9) 세상을 이기는 삶을 살게 된다(요일 5:4).

이것이 성경에서 말씀하시는 거듭남이요, 복음주의 대각성 운동 설교자들과 청교도들이 공통적으로 강조하여 가르친 내용이다. 당신은 이렇게 거듭났는가?

이 장에서는 복음주의 대각성 운동 설교자들과 청교도들 그리고 장 칼뱅이 가르친 거듭남의 정의와 거듭난 자의 징표에 대해 살펴보도록 하겠다.

---

1   Calvin, *Commentary*, 2 Th. 2:13.

2   어두워졌던 이성이 성령의 역사로 지식에까지 새로워지고(골 3:10), 더러웠던 양심이 그리스도의 피로 씻어 깨끗한 양심이 되고(히 9:13, 14, 10:22), 황무지 같았던 마음과 감성이 백합화같이 피어 이기적이었던 마음이 이타적 사랑의 마음으로 바뀔 뿐 아니라(요일 3:10, 14) 사랑과 희락과 화평과 오래 참음과 자비와 양선과 충성과 온유와 절제 등 성령의 열매가 충만하게 되고(갈 5:22, 23; 벧전 1:8; 사 35:1, 2), 죄를 향하던 의지가 바뀌어 주님을 위해 목숨까지 바치게 된다(눅 14:26).

2. 조나단 에드워즈의 거듭남에 대한 가르침

조나단 에드워즈(Jonathan Edwards, 1703-1758)는 조지 윗필드와 더불어 미국 1차 대각성 운동의 주역이다. 그는 청교도 신학의 완성자요, 많은 이들로부터 2천 년 교회사 최고의 신학자로 인정받는다.[3]

그는 "거듭남은 사람이 죄로부터 하나님께로 회심할 때 **하나님의 강력한 능력에 의하여 사람 속에 일어나는 위대한 변화**이며, 사악한 자로부터 거룩한 사람으로 바뀌는 것"[4]이라고 가르쳤다.

조나단 에드워즈는 사람이 성령의 부으심으로 거듭날 때 성령께서 성도들의 마음 가운데 내주하시면서 "초자연적인 원리가 주입된다."[5]는 것을 강조했다. 삼위 하나님 가운데 세 번째 위격이신 **"성령님께서 성도들의 마음속에서 신적인 원리"가 되신다**.[6] 그리하여 사람이 죄인에서 성도로 변화될 때 "지각과 행동에 새로운 원리"를 갖게 된다.[7] 이러한 초자연적 원리의 주입은 그에 앞선 청교도 존 오웬이 강조한 것이다.[8] 하나님의

---

3   로이드 존스(Martyn Lloyd-Jones, 1899-1981)는 "청교도들을 알프스에 비유하고 루터나 칼뱅을 히말라야에 비유한다면, 조나단 에드워즈는 에베레스트 산에 비유하고 싶은 시험을 받곤 한다. 나에게 있어서 그는 언제나 사도 바울을 가장 닮은 사람인 것 같다."라고 했다. Martyn Lloyd-Jones, *The Puritans: Their Origins and Successors* (Edinburgh: The Banner of Truth Trust, 1987), 355.

4   Edwards, "Born Again," in WJE, 17, 186.
     에드워즈는 회심과 거듭남이라는 말을 동의어로 사용했다. "성경이 회심을 신생이나 거듭남으로 묘사하는 것을 볼 때 분명히 그렇다." Edwards, *Treatise on Grace*, in WJE, 21, 160.

5   Edwards, "Born Again," in WJE, 17, 188.

6   Edwards, "Treatise on Grace," in WJE, 21, 193.

7   Edwards, "Born Again," in WJE, 17, 187.

8   존 오웬은 초자연적 원리에 대해 이렇게 말했다. "거듭남은 새롭고, 영적이고, 초자연적이고, 생명력 있는 원리 혹은 은혜의 경향성(habit)이 성령의 능력에 의하여 영혼과 마음(mind)과 의지와 정서 속에 주입되는 것입니다. 그리하여 믿음과 순종의 영적이고, 초자연적이고, 생명력 있는 행동을 할 수 있는 성향과 능력을 주는 것입니다." Owen, *A Dis-*

성령께서 성도의 마음속에서 "내주하는 생명의 원리(principle)로 행동"하신다는 것은 에드워즈 중생론에 있어서 매우 중요한 가르침이다.[9]

조나단 에드워즈는 거듭난 자에게는 다음과 같은 특징이 있다고 했다.

첫째, 성령의 조명으로 그리스도의 영광을 보게 된다. 내주하시는 성령님께서 조명하셔서 하나님의 탁월하심과 아름다움에 대한 '마음의 감각(sense of heart)'을 주신다. 이것이 바로 에드워즈가 말하는 믿음이다.[10] 그는 믿음을 "그리스도를 보는 것"이라고 정의했다.

> 성경은 그리스도를 영적으로 보는 것에 근거하지 않은, 그리스도에 대한 어떠한 믿음도 하나님의 역사하심이라고 말하지 않습니다. 영원한 생명에 이르게 하는 그리스도에 대한 믿음은 '아들을 보고 믿는(요 6:40)' 것입니다. 그리스도를 참으로 믿는다는 것은 사람들이 '거울을 보는 것 같이 주의 영광을 보고', '예수 그리스도의 얼굴에 있는 하나님의 영광을 아는 지식을 가지는 것(고후 3:18, 4:6)' 외에 다른 어떤 것이 아닙니다.[11]

둘째, 거듭난 사람은 양자의 영으로 내주하시는 성령으로 말미암아 자신이 하나님의 자녀가 되었음을 분명히 느끼게 된다.

> 여기서 성령님께서 우리가 하나님의 자녀인 것을 증언하신다고 말씀할

---

    course Concerning the Holy Spirit, in WJO, 3, 329.
9   Edwards, "A Divine and Supernatural Light," in WJE, 17, 411.
10 Edwards, "Faith[3]," in WJE, 21, 417.
11 Edwards, *Religious Affections*, in WJE, 2, 175-176.

때 사도가 뜻하는 것은 성령님께서 우리 안에 내주하셔서, 양자의 영과 아들의 영으로서 우리를 이끄시고, 우리가 하나님을 대할 때 아버지를 대함과 같이 할 수 있도록 하시는 것을 의미합니다. 이것이 바로 사도가 말하는바 우리가 하나님의 자녀라는 증언 혹은 증거입니다. 이것이 우리가 자녀의 영 혹은 양자의 영을 가졌다는 말의 의미입니다.[12]

셋째, 성령으로 거듭난 사람은 "본성이 변화"[13]되어 새로운 생활을 한다.

새로운 마음과 새로운 눈과 새로운 귀와 새로운 혀와 새로운 손과 새로운 발을 가집니다. 즉 새로운 대화 내용을 가지고 새로운 생활을 합니다. 그들은 생명의 새로움 속에서 행합니다. 그리고 그렇게 하기를 그들의 생이 끝나는 순간까지 계속합니다.[14]

넷째, 거듭난 자는 '죄를 이기는 삶'을 산다.

사람은 회심하기 전에도 죄를 짓는 것을 억제할 수 있습니다. 그러나 그가 회심했을 때 **그는 죄를 짓지 못하도록 제어를 받을 뿐만 아니라**, 그 마음과 본성 자체가 그 죄에서 돌이켜 거룩함을 향하게 됩니다. 그래서 그 이후부터 그는 거룩한 사람이 되고, **죄에 대해서는 원수가 됩니다**.[15]

---

12 Edwards, *Religious Affections*, in WJE, 2, 237.
13 Edwards, *Religious Affections*, in WJE, 2, 340.
14 Edwards, *Religious Affections*, in WJE, 2, 391.
15 Edwards, *Religious Affections*, in WJE, 2, 341.

성경은 진정으로 거룩하고 은혜로운 원리가 자기 마음 안에 실제로 있는 사람은 **결코 죄인이나 악한 자로 살 수 없다고 말씀합니다**. 요한일서 3장 9절 말씀을 보십시오. "하나님께로부터 난 자마다 죄를 짓지 아니하나니 이는 하나님의 씨가 그의 속에 거함이요 그도 범죄하지 못하는 것은 하나님께로부터 났음이라."[16]

이상으로 우리는 조나단 에드워즈가 가르친 거듭남의 표징을 살펴보았다. 요약하면, 거듭난 자는 성령의 조명에 의해 그리스도의 영광을 보며, 성령의 내주를 느낀다. 그리고 성령에 의해 본성이 철저히 변화되기에 죄를 이기는 삶을 산다.

이 가르침에 의하면 당신은 성령으로 거듭난 상태인가?

3. 조지 윗필드의 거듭남에 대한 가르침

조지 윗필드(George Whitefield, 1714-1770)는 미국 1차 대각성 운동의 주역이며, 사도 바울 이후 최고의 복음전도자로 인정받는다. 그는 누구보다도 강력한 거듭남의 복음을 전하여 영국과 미국에서 대각성 운동을 일으켰다.

조지 윗필드는 거듭남을 "**성령의 강력한 역사로 말미암아 본성이 철저하게, 실제적으로, 내적으로 변화하는 것**"[17]이라고 했다. 그리고 "성령의 강력한 역사로 내적인 변화를 체험하고, 변화된 새로운 본성의 원리에서

---

16 Edwards, "Treatise on Grace," in WJE, 21, 159.
17 Whitefield, "The Benefits of an Early Piety," in SGW, 1, 206.

우리의 도덕적 행동들이 나오는 것"[18]이라고 하였다.

조지 윗필드는 거듭난 자에게는 다음과 같은 징표가 있다고 가르쳤다.

첫째, 거듭난 자에게는 성령의 내적 증언이 있다.

> 우리가 구속의 날까지 인치심을 받았다는 것을 확증할 수 있는 것은, 주님의 복되신 성령을 우리 마음에 모셔 들여 우리가 하나님의 자녀임을 우리 영으로 더불어 말씀하시는 성령의 증언을 느낌으로 가능합니다. 이것은 매우 큰 비밀입니다. 그리스도와 거듭남에 대하여 지금 저는 말합니다.[19]

둘째, 거듭난 사람은 성령의 역사에 의해 본성이 철저히 변화하여 전 영혼이 새로워진다.

> 당신의 영혼 속에서 어느 정도만 새로워지는 것이 아니라 '모든 것들이 새로워져야' 합니다. 당신이 많은 일을 하더라도 몇 가지 모자라는 것이 있으면 아무런 소용이 없을 것입니다. 간단히 말해서 거의(almost) 새로운 피조물이 되는 것으로는 부족하고, **전적인(altogether) 새로운 피조물이 되어야 합니다**. 그렇지 않으면서 그리스도 안에서 구원 얻기를 기대한다면 헛된 일이 될 것입니다.[20]

셋째, 성령을 받은 사람은 고의적인 죄를 범하지 않는다.

---

18 Whitefield, "On Regeneration," in SGW, 2, 284.
19 Whitefield, "What Think Ye of Christ?," in SGW, 1, 417.
20 Whitefield, "On Regeneration," in SGW, 2, 285.

우리가 성령을 받았다는 표지는 죄를 짓지 아니하는 것입니다. "하나님께로부터 난 자마다 죄를 짓지 아니하나니 이는 하나님의 씨가 그의 속에 거함이요(요일 3:9)." 그는 범죄하지 못합니다. … 이 말씀은 **참으로 하나님께로부터 난 사람은 고의적으로 죄를 짓지 않고, 죄를 습관적으로 짓는 것은 더욱 아니라는 뜻입니다.** 모든 회심한 사람들은 죄에 대하여 죽은 자들인데 어떻게 죄 가운데 더 거할 수 있겠습니까?[21]

이상으로 우리는 조지 윗필드가 가르친 거듭남의 표징을 알아보았다. 거듭난 자에게는 성령의 내적 증언이 있으며, 본성이 철저히 변화하여 전 영혼이 새로워져서, 고의적 죄를 범하지 않는 삶을 살게 된다고 가르쳤다.

4. 존 웨슬리의 거듭남에 대한 가르침

존 웨슬리(John Wesley, 1703-1791)는 영국 복음주의 부흥운동을 일으켰으며 감리교회의 창설자가 되었다. 그는 조지 윗필드와 협력하여 복음을 전하면서 영국에 큰 부흥의 역사를 일으켰는데, 그들이 가르친 설교의 핵심은 '이신칭의'[22]와 '거듭남'의 복음이었다.

존 웨슬리는 칭의와 신생(거듭남)이 함께 일어난다고 했다. 그는 신생은 **"하나님께서 우리를 생명으로 이끄실 때 하나님께서 영혼 속에 일으키시는 위대한 변화를 의미한다."**[23]라고 정의했다.

---

21 Whitefield, "Marks of having Received the Holy Ghost," in SGW, 2, 191-192.
22 이신칭의(以信稱義): 신자가 믿음으로 값없이 하나님 앞에 의롭다 하심을 받는 것을 말한다(롬 3:24).
23 Wesley, "The New Birth," in WJW, 2, 193-194.

존 웨슬리는 거듭난 자에게는 다음과 같은 징표가 있다고 가르쳤다.

첫째, 그는 거듭난 사람은 무엇보다도 '성령의 내적 증언(롬 8:16)'이 있다고 가르쳤다. 그는 성령의 증거를 영혼에 주어지는 내적 인상이라고 하였다.

> 성령의 증언은 영혼에 주어지는 내적 인상(inward impression)을 가리키는데, 하나님의 영이 나의 영에게 내가 하나님의 자녀가 되었다는 것을 즉각적이고 직접적으로 증언하시는 것입니다. 그리고 '예수 그리스도께서 나를 사랑하사 나를 위하여 자신을 주셨다(갈 2:20).'는 것을, 그리고 나의 모든 죄는 도말되었고 나도, 아니 나까지도 하나님과 화목하게 되었다는 것을 즉각적이고 직접적으로 증언하시는 것입니다.[24]

그는 성령의 증언을 받은 그리스도인은 자기가 하나님의 자녀인 것을 결코 의심할 수 없다고 말했다.

> 따라서 그리스도인은 자기가 하나님의 자녀인 것을 결코 의심할 수가 없습니다. … 그리고 성령의 증언이 영혼에 나타났을 때 그 사람은 자신이 하나님의 아들이 되었다는 것을 의심할 수 없습니다. 그것은 마치 사람이 밝게 비추는 햇빛 속에 섰을 때 그 빛을 의심할 수 없는 것과 마찬가지입니다.[25]

둘째, 그는 참으로 거듭난 사람은 내적으로 변화되어 흠이 없는 삶을

---

[24] Wesley, "The Witness of the Spirit, Ⅱ," in WJW, 1, 287.
[25] Wesley, "The Witness of the Spirit, Ⅰ," in WJW, 1, 276.

산다고 가르쳤다.

> 그리스도인은 믿음으로 의롭다 하심을 받아서 우리 주 예수 그리스도를 통하여 하나님과 더불어 화평을 누리는 사람입니다. 동시에 '거듭나고', '위로부터 나고', '성령으로 난' 사람입니다. 즉 마귀의 형상으로부터 **'그가 본래 지음을 받았던 하나님의 형상'으로 내적으로 변화된 사람**입니다. … 그 사람은 그리스도 예수 안에 있는 모든 마음과 기질들을 가지고 있는 사람입니다. 그 사람은 자신의 행동에서 악은 어떤 모양이라도 버리려고 하고, '혀로 범죄하지 않는' 사람입니다. 그 사람은 하나님의 모든 계명과 규례 안에서 걸으며, **흠이 없는 사람**입니다.[26]

셋째, 그는 거듭난 사람은 죄책에서뿐만 아니라 죄의 세력에서 구원을 받기 때문에 하나님께로 난 자는 죄를 짓지 않는다고 가르쳤다.

> 하나님의 말씀은 명백히 선언합니다. 의롭다 하심을 입은 자들, **최저의 의미에서 거듭난 자들일지라도 '죄를 계속하지 않습니다.'** 그들은 다시는 죄 가운데서 살 수는 없습니다(롬 6:12).[27]

그는 "성령의 처음 익은 열매들(The First-fruits of the Spirit)"이라는 설교에서 "그리스도 안에 있는 사람은 **누구나 죄를 범하지 않으며 육에 따라 살지 않는다.**"[28]라고 했다.

---

26 Wesley, "On God's Vineyard," in WJW, 3, 507-508.
27 Wesley, "Christian Perfection," in WJW, 2, 106.
28 Wesley, "The First-fruits of the Spirit," in WJW, 1, 235.

이상으로 우리는 존 웨슬리가 가르친 거듭남의 표징을 알아보았다. 그는 거듭난 자는 성령의 내적 증언이 있으며, 내적으로 변화되어 흠이 없는 삶을 살며, 죄를 짓지 않는 삶을 산다고 가르쳤다.

이 가르침에 의하면 당신은 성령으로 거듭난 상태인가?

5. 청교도들의 거듭남에 대한 가르침

(1) 청교도 리처드 백스터(Richard Baxter, 1615-1691)

리처드 백스터는 회심(거듭남)[29]은 "한두 가지의 변화, 혹은 스무 가지의 변화가 아니라 **영혼 전체의 변화**이며, 삶의 목표와 대화의 성향의 변화"라고 하였다.[30]

리처드 백스터는 거듭남의 징표를 다음과 같이 설명했다.

첫째, 그는 회심한 사람은 성령의 조명으로 그리스도의 탁월하심을 알게 된다고 했다. 그는 성령의 빛을 받은 사람을 이렇게 묘사했다.

> 과거에는 눈이 먼 사람이 태양의 빛을 상상하듯이 그리스도의 탁월하심을 알았습니다. 그러나 이제는 그리스도의 영광을 목격하는 사람으로서 그리스도의 탁월하심을 압니다.[31]

---

[29] 리처드 백스터에 있어서 거듭남과 회심은 같은 말이다. "거듭남이란 효과적 부르심과 같은 말이며, 회심, 성화와도 같은 말입니다. 회심과 성화는 영혼 속에 영적 생명의 원리가 최초로 주입되는 것을 말합니다." Richard Baxter, Saints' *Everlasting Rest* (Fearn, Ross-shire: Christian Focus Publications, 1998), 108.

[30] Baxter, *A Call to the Unconverted*, 18.

[31] Baxter, *Saints' Everlasting Rest*, 115.

둘째, 그는 회심한 자는 새로운 피조물이 된다고 가르쳤다.

> 자기의 즐거움을 위해 취했던 것을 포기하고, 이전에는 한 번도 하지 않았던 것에 자기의 즐거움을 두며, 이전에 살았던 것과 동일한 목적으로 살지 않고, 이전에 세상에서 추구했던 것과 같은 방식으로 살지 않게 됩니다. 이것은 한마디로, "그런즉 누구든지 그리스도 안에 있으면 새로운 피조물이라 이전 것은 지나갔으니 보라 새 것이 되었도다(고후 5:17)."라는 말씀과 같이 된 것입니다.[32]

셋째, 그는 회심한 사람은 모든 죄를 피하는 삶을 산다고 가르쳤다. 그는 진지하게 자신의 마음을 살펴서 참으로 회심했는지 다음과 같이 질문해 보라고 요청했다.

> **나는 나를 죽이려고 달려드는 원수에게서 도망가듯이 죄를 피하고 있는가?** 나는 하나님을 향한 거룩함과 순종의 삶에 나 자신을 드리고 있는가? 나는 그러한 삶을 사는 것을 사랑하고 즐거워하는가? 나는 세상과 육적인 자아에 대해서는 죽었으며 하나님과 하나님께서 약속하신 영광을 위해서 산다고 진실로 말할 수 있는가? 땅의 것보다 천국을 더 소망하며 가치 있는 것으로 여기고 있는가? … 이것이 회심한 영혼의 상태입니다."[33]

그는 회심한 사람은 범죄하지 않는다고 강조했다.

---

[32] Baxter, *A Call to the Unconverted*, 17.
[33] Baxter, *A Call to the Unconverted*, 20.

여러분은 여러분의 마음이 죄로부터 멀리 떠나 한때는 여러분이 사랑했던 죄를 이제는 미워하고, 전에는 마음에 두지 않았던 경건 생활을 사랑하며, 이제는 알려진 어떠한 죄도 고의적으로 짓는 일을 하지 않으며 살고 있다고 진심으로 말할 수 있습니까?[34]

(2) 청교도 존 오웬(John Owen, 1616-1683)

존 오웬은 거듭남을 이렇게 정의했다.

거듭남이란 하나님의 은혜의 능력에 의해서 우리 마음속에 비추어진 구원하는 영적인 빛에 의하여 우리 **마음속의 타고난 무지와 어둠과 소경됨이 제거되고**, 영적인 생명과 의의 새로운 원리가 우리에게 주어짐으로 말미암아 **우리 의지의 부패와 완고함이 제거되는 것입니다**. 그리고 하나님의 사랑이 우리 영혼 속에 부어짐으로 말미암아 **우리 정서의 무질서함과 반역이 치유되는 것입니다**.[35]

이와 같이 성령님에 의해 이해력과 의지와 정서 등 총체적인 영혼의 변화가 일어나는 것이 거듭남이다.

존 오웬은 거듭난 자에게는 다음과 같은 징표가 있다고 가르쳤다.

첫째, 성령의 조명으로 그리스도의 영광을 본다. 그는 성령의 조명으로 말미암아 "그리스도의 영광을 보는 것은 신자들이 이 세상에서뿐 아니라 오는 세상에서 누릴 수 있는 가장 위대한 특권 중 하나"라고 말했다.[36]

---

[34] Richard Baxter, *The Reformed Pastor* (Edinburgh: The Banner of Truth, 2001), 247.
[35] Owen, *A Discourse Concerning the Holy Spirit*, in WJO, 3, 224.
[36] Owen, *Meditation and Discourses on the Glory of Christ*, in WJO, 1, 287.

둘째, 존 오웬은 사람이 거듭날 때 심령이 전적으로 변화된다고 말했다.

> 거듭남의 근본은 '우리의 영이 새롭게 되는 것'이며 혹은 '우리의 마음이 새롭게 변화를 받는 것'입니다(롬 12:2). … 거듭남의 원리가 우리들 가운데 주입될 때 우리는 그를 '새 사람'이라고 부릅니다(엡 4:24). 왜냐하면 **거듭남의 원리는 우리들의 심령을 전면적으로 변화시키기 때문입니다.** 거듭남의 원리는 모든 영적이고 도덕적인 행동의 원리가 됩니다.[37]

그는 사람이 거듭날 때 "전 영혼"이 의롭고 바르게 변화된다고 했다.

> **사람은 그의 전 영혼과 마음과 의지와 정서가 의롭고 바르게 되어야만** 하나님의 요구에 순종하게 됩니다. 그러므로 먼저 우리가 거듭나야만 삶이 복음적으로 개혁되고 하나님의 뜻에 맞게 살게 됩니다. 거듭남은 영혼 속에 영적인 생명과 빛과 능력을 주는 새로운 구원하는 원리를 탄생시키는 것이요, 주입하는 것이요, 창조하는 것입니다. 이것이 있어야 삶의 복음적 개혁이 뒤따릅니다.[38]

셋째, 그는 거듭난 사람은 죄책뿐만 아니라 죄의 세력으로부터 자유로워진다고 했다.

---

37 Owen, *A Discourse Concerning the Holy Spirit*, in WJO, 3, 221–222.
38 Owen, *A Discourse Concerning the Holy Spirit*, in WJO, 3, 222.

우리는 그리스도께서 모든 정죄에서 우리를 자유롭게 하시기 위해 죽으신 것과 성령의 은혜를 주신 것을 함께 생각하지 않으면 안 됩니다. 성령의 은혜를 받음으로 하나님께로부터 태어난 우리는 죄를 짓지 않을 수 있는 것입니다. … 그리스도는 우리를 죄책에서 자유롭게 하실 뿐 아니라 **죄의 세력으로부터도 자유롭게 하십니다**. 거듭난 우리는 죄에 대하여 죽었으므로 **더는 죄 가운데 살지 않습니다**. 죄가 다시는 우리를 지배하지 못합니다.[39]

(3) 청교도 리처드 십스(Richard Sibbes, 1577-1635)

리처드 십스는 회심(거듭남)은 영혼의 전체 성향이 완전히 다른 방향으로 바뀌는 것이라고 말했다.

하나님께로 돌이킨다는 것은 마음의 성향이 바뀌는 것입니다. 이것을 보고 우리는 그 사람이 하나님께로 돌이킨 상태에 있다는 것을 알 수 있습니다. 사람이 하나님께로 돌이키면 그 사람의 의도나 목적의 모습 그리고 그 **영혼의 전체적인 성향이 완전히 다른 방향을 향하게 됩니다**. 즉 하나님을 향합니다. … 그 사람의 현재의 행동도 이전의 행동과 반대로 변합니다. 그 사람의 영혼의 성향만 바뀌는 것이 아닙니다. "그런즉 누구든지 그리스도 안에 있으면 새로운 피조물이라 이전 것은 지나갔으니 보라 새 것이 되었도다(behold, **all things** are become new, KJV)." 약간만 변한 것이 아닙니다. 모든 것이 새 것이 됩니다.[40]

---

39 Owen, *The Doctrine of the Saints' Perseverance Explained and Confirmed*, in WJO, 11, 297-298.

40 Richard Sibbes, "The Returning Backslider," in *The Works of Richard Sibbes*, vol. 2 (Edinburgh: The Banner of Truth Trust, 2001), 255.

(4) 청교도 스티븐 차녹(Stephen Charnock, 1628-1680)

스티븐 차녹은 "거듭나는 것은 실로 옛 사람을 벗어 버리는 것이며, 우리가 아담으로부터 물려받은 본성과 정욕, 부패한 생각과 감정들을 벗어 버리고 하나님께 자신을 드리며, 그리스도를 위해서 살며, 새로워진 삶을 살아가는 것"이라고 했다.[41]

그리고 "거듭남이란 마치 사람의 건강이 회복되면 신체의 기질과 체액(體液)에 변화가 생기는 것과 마찬가지로 **영혼의 상태와 성질에 일어나는 실제적인 변화**를 의미한다."[42]라고 말했다.

(5) 청교도 존 번연(John Bunyan, 1628-1688)

존 번연은 거듭남의 은혜를 받은 사람들에게는 반드시 은혜의 효과가 나타나는데, 그것은 주변에 있는 사람들이 보고 알 수 있는 것이라고 말했다. 다음 글은 『천로역정』에서 '믿음(Faithful)'이 말만 번지르르한 '수다쟁이(Talkative)'에게 한 말이다.

> 1. [참으로 거듭난 사람은] 그리스도에 대한 믿음을 **체험적으로** 고백하게 된다(롬 10:10).
> 2. 그러한 고백에 합당한 삶을 살게 된다. 즉 거룩한 생활을 하게 된다. 거룩한 마음과 경건한 가정(만일 그가 가정을 가지고 있다면) 그리고 세상에서 경건한 대화로 나타난다. 모든 것에서 거룩하게 되고, **내적으로 죄를 혐오하게 되어**, 가정 내에서도 죄를 멀리하게 되고 마침내 온 세

---

41 Stephen Charnock, *The New Birth, The Works of Stephen Charnock*, vol. 3 (Edinburgh: The Banner of Truth Trust, 1987), 14.
42 Charnock, *The New Birth*, 15.

상에서 거룩함을 증진시키게 된다. 위선자나 말로만 지껄이기를 좋아
하는 사람들처럼 단지 말로만 하는 것이 아니라 말씀의 능력에 따라 믿
음과 사랑으로 실제적으로 순종하는 것으로 나타난다(빌 3:27; 마 5:19;
요 14:15).[43]

'믿음'이 한 말을 요약하면 참된 믿음을 가진 사람은 '체험적으로' 믿음을 고백하며, 반드시 '죄를 혐오'하는 경건한 삶의 열매를 맺는다는 것이다.

(6) 청교도 에제키엘 홉킨스(Ezekiel Hopkins, 1634-1690)
조엘 비키와 마크 존스는 『청교도 신학의 모든 것』(*A Puritan Theology*)이라는 책에서 청교도 에제키엘 홉킨스의 가르침을 토대로 청교도들이 가르친 '거듭남의 표지들'을 4가지로 설명했다.[44]

첫 번째 표지는 자신이 은혜 속에 있는지 아닌지를 기꺼이 살피고 점검하는 태도를 지니는 것이다.
두 번째 표지는 하나님의 성도들에 대한 진실한 사랑이다(요일 3:14).
또 다른 표지는 "하나님의 모든 계명에 대한 보편적인 존경과 순종"이다.[45]

---

43 Bunyan, *The Pilgrim's Progress*, 98.
44 Joel R. Beeke and Mark Jones, *A Puritan Theology* (Grand Rapid, MI: Reformation Heritage Books, 2012), 479.
45 Ezekiel Hopkins, *The Nature and Necessity of Regeneration, in The Works of Ezekiel Hopkins*, 3 vols. ed. Charles W. Quick (reprint, Morgan, PA: Soli Deo Gloria, 1997), 2:277-285.

마지막 표지는 신자는 죄를 짓지 않는다는 것이다(요일 3:9, 10). 거듭난 자는 '모든' 죄에 대항한다. "그대의 눈이 아껴 두거나 그대의 마음이 간직하고 있는 욕심이 조금도 없는가?"[46]

이상으로 청교도들이 가르친 거듭남의 표징을 살펴보았다. 청교도들은 거듭난 자는 성령의 조명으로 그리스도의 탁월하심을 보고, 영혼 전체가 변화되어, 하나님과 성도에 대한 사랑을 가지고, 하나님의 모든 계명을 순종하려고 노력하며, 죄를 혐오하고, 죄를 원수를 피하듯이 피하고, 모든 죄에 대항한다고 가르쳤다.

청교도들의 가르침에 의하면 당신은 성령으로 거듭난 상태인가? 당신 주변의 크리스천들은 거듭난 상태인가?

6. 장 칼뱅의 거듭남에 대한 가르침

종교개혁가 장 칼뱅(John Calvin, 1509-1564)은 성령에 의한 그리스도와의 연합의 결과로 우리가 두 가지 은혜를 받는다고 했다. 칭의와 거듭남이 그것이다.[47] 칼뱅은 칭의와 거듭남(성화)이 반드시 동반되어야 함을 매우 강조했다. 마태복음 1장 21절 주석에서 이렇게 썼다.

> 구원에는 두 가지 면이 있습니다. 그분께서 속죄를 이루심으로 우리에게 값없는 죄 사함을 주시고, 이로 말미암아 우리가 우리의 치명적인 죄책에서 해방되어 하나님과 화목하게 되는 것이 그 하나입니다. 둘째는

---

46 Hopkins, *The Nature and Necessity of Regeneration*, in *Works*, 2:285-291.
47 Calvin, *Institutes*, Ⅲ. iii. 9.

그분의 성령에 의한 우리의 성화로 말미암아 그분께서 사탄의 폭정의 손아귀에서 우리를 건져내어 우리로 하여금 의에 대하여 살도록[벧전 2:24] 해 주시는 것입니다.[48]

칼뱅은 구원받은 자에게는 다음과 같은 표징이 있다고 가르쳤다.
첫째, 그는 성령의 조명에 의해 마음의 눈이 열리는 것이 구원에 필수적이라고 했다.

총명의 영이(욥 20:3) 마음의 눈을 밝혀 놓지 않으면 눈먼 자에게 아무리 빛이 비추어도 무익합니다. 그러므로 성령은 하늘나라의 보화를 우리에게 열어 주는 열쇠라고 불리며(계 3:7, 참조), 성령의 조명을 마음의 눈이 열리는 것이라고 표현한 것은 옳은 말입니다.[49]

둘째, 그는 구원받은 그리스도인에게는 성령의 내주와 성령의 내적 증언이 있다고 가르쳤다.

바울은 가르치기를, 우리는 성령님께서 말하게 하심으로 하나님을 '아버지'라고 부르며, 성령님만이 '우리의 영과 더불어 우리가 하나님의 자녀인 것을 증언'하신다고 합니다(롬 8:16). … 바울은 우리가 성령님께서 우리 안에 거하시는 것을 느끼지 못한다면, 부활의 복된 소망이 우리에게 없다고 가르칩니다(롬 8:11).[50]

---

48 Calvin, *Commentary*, Matt. 1:21.
49 Calvin, *Institutes*, Ⅲ. i. 4.
50 Calvin, *Institutes*, Ⅲ. ii. 39.

셋째, 그는 거듭난 자는 하나님의 형상이 회복되어,[51] 반드시 거룩한 삶의 열매를 맺는다고 가르쳤다. 그는 로마서 8장 5절 주석에서 육신에 따라 사는 사람은 거듭나지 못한 사람이라고 말했다.

> **육신에 있는 것, 즉 육신을 따라 사는 것은 거듭남의 은사가 결여되어 있는 것과 같습니다.** 일반적으로 말해서 본래의 인간 그대로 계속해서 사는 사람들은 모두가 거듭나지 못한 상태에 있는 것입니다.[52]

넷째, 거듭난 자는 죄를 이기는 삶을 산다고 했다. 요한일서 3장 10절 주석에서는 이렇게 썼다.

> **요한은 의롭게 살지 않는 모든 사람들은 하나님께 속한 자들이 아니라고 말하고 있습니다.** 왜냐하면 하나님께서는 그가 부르시는 모든 사람들을 그의 성령으로 거듭나게 해 주시기 때문입니다.[53]

이와 같이 칼뱅은 구원받은 자에게는 성령의 조명, 성령의 내주, 성령의 내적 증언이 분명히 있다고 했으며, 거듭난 자는 거룩하고 의로운 삶을 살게 된다는 것을 강조했다.

---

51 Calvin, *Commentary*, Eph. 4:24.
52 Calvin, *Commentary*, Rom. 8:5.
53 Calvin, *Commentary*, 1 John 3:10.

7. 신앙 위인들의 가르침과 거꾸로 가는 현대 교회의 현실

이상으로 교회사적으로 매우 존경받는 신앙 위인들의 구원론을 살펴보았다. 복음주의 대각성 설교자들과 청교도들 그리고 칼뱅이 가르친 거듭남의 징표에 의하면, 지금 당신은 거듭난 상태인가?[54]

참으로 기이하고 통탄할 일은 지금 교회들 중에 신앙 선조들의 가르침대로 가르치는 곳이 많지 않다는 것이다. 장로교회는 청교도의 신앙 유산을 이어받는다고 하지만, 정작 청교도의 가르침을 잘 모른다. 그리고 심지어 대적하는 경우가 흔하다. 칼뱅은 성령의 체험적 조명[55]과 체험적 내주[56]가 매우 중요하며, 구원에 필수적이라고 강조했다. 그러나 이것을 아는 사

---

[54] 필자는 『거룩한 구원』 제13장에서 '거듭난 사람의 표징' 15가지를 성경을 근거로 자세히 설명했다.
  1. 예수님에 대한 확실한 신적인 믿음을 갖게 된다(요일 5:20).
  2. 성령의 내적 증거를 갖게 된다(롬 8:16).
  3. 생수의 강 같은 기쁨이 나타난다(요 7:37-39).
  4. 놀라운 평안을 체험하게 된다(요 14:27).
  5. 기쁨으로 하나님을 찬미하게 된다(행 2:47).
  6. 신의 성품을 갖게 된다(벧후 1:4; 고후 5:17).
  7. 성령이 임한 사람은 내가 주님 안에 있고, 주님께서 내 안에 계신 것을 자각하게 된다(요 14:20).
  8. 하나님의 사랑이 부어짐으로 하나님과 성도들을 사랑하는 사람이 된다(벧전 1:8; 요일 3:10).
  9. 거듭난 사람은 원수까지 사랑한다(마 5:43, 44).
  10. 복음적 겸손을 가지게 된다(마 11:29; 갈 5:22, 23).
  11. 의를 행하고 죄를 짓지 않는 삶을 살게 된다(요일 3:9, 10).
  12. 세상을 이긴다(요일 5:3, 4).
  13. 영적 세계를 보게 되며, 성령님의 가르침을 듣게 된다. 즉 영 분별을 하게 된다(요일 2:27).
  14. 복음을 증언하게 된다(행 1:8).
  15. 거룩한 순종과 실천이 따르게 된다(요 14:15).
  위와 같은 성경의 표준에 의하면 오늘날 교인들 가운데 몇 %의 사람이 거듭난 사람이겠는가?
[55] Calvin, *Institutes*, Ⅲ. i. 4. 영적인 체험을 말한다. 육체적 체험을 말하는 것이 아니다.
[56] Calvin, *Institutes*, Ⅲ. ii. 39.

람도 많지 않다.

감리교회의 창설자가 존 웨슬리 목사이지만, 감리교인 중에 웨슬리의 구원론을 제대로 알고 신앙생활을 하는 경우가 흔하지 않다. 웨슬리의 구원론을 가르쳐 주면 오히려 반대하는 경우가 많다. 이것이 오늘날의 현실이다. 거듭남의 은혜를 받지 못한 거짓 목사들이 교회 강단을 차지한 결과다.

우리가 신앙 위인들의 가르침을 현대 크리스천들에게 정직하게 적용해 본다면, 현대 크리스천 대부분이 거듭남의 상태에 이르지 못했음을 인정하지 않을 수 없다.

당신이 아직 거듭남을 체험하지 못했다면, 이제라도 성령으로 확실하게 거듭나게 해 달라고 간절하게 기도하라.

> 너희가 악할지라도 좋은 것을 자식에게 줄 줄 알거든 하물며 너희 하늘 아버지께서 구하는 자에게 성령을 주시지 않겠느냐 하시니라(눅 11:13).

제 4 장

거룩한 삶에 대한 하나님의 경고에 비추어 보면 몇 명이 구원을 얻을 것인가?

모든 사람과 더불어 화평함과 거룩함을 따르라 이것이 없이는 아무도
주를 보지 못하리라(히 12:14).

현대 교회의 가르침 중 구원론만 문제가 있는 것이 아니다. 성화론에 대한 가르침도 문제가 많다. 우리의 구원에 있어서 거듭남이 중요하지만, 거기서 끝나는 것이 아니다. 성경은 거룩함이 없이는 아무도 주를 보지 못할 것이라고(히 12:14) 분명히 말씀하신다.

오늘날 많은 설교자들은 믿는다고 신앙고백을 하면 거룩하게 살지 않아도 천국에 갈 수 있는 것처럼 가르친다. 구원받은 후의 삶은 우리의 구원에 아무런 영향을 주지 않는다고 한다. 믿는 자는 이미 구원은 따 놓았고, 단지 상급의 문제만 남아 있다고 한다. 이것은 성경의 가르침이 아니다.

구원받은 후 '거룩한 삶이 있어야 천국에 갈 수 있다.'고 하면 '행위 구원론'이라고 딱지를 붙이며 공격하는 자들이 다수 있다. 그러나 성경에는 구

원받은 후 우리의 행위가 매우 중요하다고 가르치는 말씀이 매우 많다.[1]

성경은 성도는 범죄하지 않는 삶을 살아야 하고, 거룩하게 살지 않으면 천국에 들어가지 못한다고 여러 군데에서 너무나 분명히 경고한다.

> 모든 사람과 더불어 화평함과 거룩함을 따르라 이것이 없이는 아무도 주를 보지 못하리라(히 12:14).

> 불의한 자가 하나님의 나라를 유업으로 받지 못할 줄을 알지 못하느냐 미혹을 받지 말라(고전 6:9).

그리고 예수님께서는 끝까지 견디는 자가 구원을 얻을 것이라고 분명히 말씀하셨다.

> 불법이 성하므로 많은 사람의 사랑이 식어지리라 그러나 끝까지 견디는 자는 구원을 얻으리라(마 24:12, 13).

믿음과 거룩한 삶 가운데 끝까지 견디는 자만이 구원을 받을 것이다. 이러한 중요한 말씀은 오늘날 잘 가르쳐지지 않는다.

요한계시록을 보면, 주님께서는 장차 천국에는 순결하고 흠이 없는 자들이 들어간다고 분명히 말씀하신다.

---

[1] 여기서 분명히 밝혀 두지만, 필자는 '이신칭의'를 분명히 믿는다. 이에 대해서는 필자의 저서 『거룩한 칭의』(예영커뮤니케이션, 2015)를 보라. 그러나 칭의 얻고 거듭난 사람은 남은 생애 동안 계속해서 거룩한 삶을 살아야 한다. 이것은 성경의 너무나 명료한 가르침이다.

그들이 보좌 앞과 네 생물과 장로들 앞에서 새 노래를 부르니 땅에서 속
량함을 받은 십사만 사천 밖에는 능히 이 노래를 배울 자가 없더라 이
사람들은 여자와 더불어 더럽히지 아니하고 **순결한 자라** 어린 양이 어
디로 인도하든지 따라가는 자며 사람 가운데에서 속량함을 받아 처음
익은 열매로 하나님과 어린 양에게 속한 자들이니 **그 입에 거짓말이 없
고 흠이 없는 자들이더라**(계 14:3-5).

이처럼 천국에 들어가려면 거룩하고 순결한 삶이 필수이다. 청교도들
이 작성한 개혁주의 신조인 "웨스트민스터 신앙 고백"은 참으로 거룩한
삶을 살지 않는 자는 천국에 가지 못한다고 강조했다.

> 제13장: 성화(聖化, Sanctification)에 대하여
>
> 효과적으로 부름 받고 거듭나서 그들 안에 창조된 새 마음과 새 영을 지
> 닌 자들은 그리스도의 죽으심과 부활의 공로를 통하여, 그의 말씀과 그
> 들 속에 거하시는 성령에 의하여 실제적으로 인격적으로 점점 거룩하게
> 된다.[2] 몸 전체를 지배하던 죄의 권세는 파괴되고,[3] 몸의 각종 정욕이
> 더욱더 약화되며 죽고,[4] 나아가서 그들은 온갖 구원하시는 은혜 안에서
> 더욱더 살아나고 강건해져서[5] 참으로 거룩한 생활을 실천한다. **이와 같
> 은 거룩한 삶을 영위하지 않는 한 아무도 주님을 볼 수 없을 것**[6]**이다.**[7]

---

2   고전 6:11; 행 20:32; 빌 3:10; 롬 6:5, 6; 요 17:17; 엡 5:26; 살후 2:13
3   롬 6:6, 14
4   갈 5:24; 롬 8:13
5   골 1:11; 엡 3:16-19
6   고후 7:1; 히 12:14
7   Philip Schaff, *The Creeds of Christendom: With a History and Critical Notes*, 3 vols. (1931;

청교도 월터 마샬(Walter Marshall, 1628-1680)은 "이 땅에서의 거룩은 구원에 절대적으로 필요한 요소"라고 했다. "거룩한 삶은 구원에 필수적인 요소다. … 거룩함이 없이는 하나님을 볼 수 없기 때문이다(히 12:14). 더러운 돼지가 왕의 궁전에 어울리지 않는 것처럼, 거룩하지 않은 삶은 하나님의 영광스러운 임재에 적합하지 않다."[8]

청교도 존 오웬은 천국에 들어가기 위해 거룩한 삶이 중요하다고 하면서, 이것을 무시하는 자들에 대해 이렇게 말했다.

> 우리의 사도는 이렇게 말했다. "거룩함이 없이는 아무도 주를 보지 못하리라." 그리고 마태복음 5장 8절은 '마음이 청결한 자'만이 '하나님을 볼 것임이라.'라고 말씀하신다. … 사람이 사로잡히는 상상 가운데 이것만큼, 곧 현세에서 순결하게 되지 못하고, 성결하게 되지 못하고, 거룩하게 되지 못한 자들이 이후에 하나님을 향유할 때 주어지는 지복(至福) 상태에 들어가게 된다고 상상하는 것만큼, 미련하고도 유해한 것은 없다.[9]

이처럼 청교도들은 영원한 천국에 들어가기 위해서는 거룩한 삶을 사는 것이 매우 중요하다고 강조했다.[10] 조엘 비키와 마크 존스는 『청교도 신

---

reprint, Grand Rapid, MI: Baker Books, 2007), 3:629.

8 Walter Marshall, *The Gospel Mystery of Sanctification* (New York: Southwick & Pelsup, 1811), 138.

9 Owen, *A Discourse Concerning the Holy Spirit*, in WJO, 3, 574.

10 아우구스티누스도 복음을 믿고(요 5:22-24) 선한 열매(마 25:34-41)를 맺어야 최후의 심판을 면할 수 있다고 보았다(Book 20, 5). 이형기, 『역사 속의 종말론』 (서울: 대한기독교서회, 2004), 97.

학의 모든 것』에서 다음과 같이 말했다. "사람이 **거룩하지 않은 삶을 살아도** '그리스도를 영접하고' '거듭났다고' 주장하고, 천국에 갈 것을 기대할 수 있다는 현대의 복음주의 이단 사상(heresy)은 정통 청교도 사상과 지극히 거리가 멀다."[11]

그러면 '어느 정도 거룩하게 살아야 거룩하게 산 것이라고 할 수 있는가?' 하는 문제를 살펴보자. 다음의 성경 구절에 의하면 현대 교인 중 몇 명이 구원을 받을 것인지 당신 스스로 하나님 앞에서 판단해 보라.

1. 거룩한 삶에 대한 경고 ①: 다시는 범죄하지 말라

예수님을 믿고 회개하여 죄 사함을 받은 성도는 다시는 죄를 짓지 않는 삶을 살아야 한다. 예수님께서는 간음하다 현장에서 붙잡힌 여인을 용서하신 후 "나도 너를 정죄하지 아니하노니 가서 **다시는 죄를 범하지 말라**(요 8:11)."라고 명령하셨다.

오늘날 많은 설교자들은 죄를 짓고 회개하고, 또 죄를 짓고 회개하는 것을 당연한 듯이 설교한다. 그러나 예수님께서는 "다시는 죄를 범하지 말라."라고 하셨다는 것을 기억해야 한다. 예수님의 이 말씀을 듣고도 어느 제정신 가진 사람이 "저는 약해서 다시 범죄할 수밖에 없는데요. 예수님, 인간은 본래 연약해서 죄를 이길 수가 없어요. 죄를 계속 짓더라도 이해해 주세요." 이렇게 답할 수 있겠는가!

예수님께서 이 땅에 오셔서 십자가를 지신 것은 우리를 모든 불법에서 구속하시고(마 1:21; 딛 2:14), 새 영을 주사 다시는 죄의 종노릇하지 않게

---

11 Beeke and Jones, *A Puritan Theology*, 464. (각주 7번)

하기(겔 36:25-27; 롬 6:6; 요일 3:5, 9, 5:18; 눅 1:74, 75; 히 9:26, 10:17, 18) 위함이었다.

성경은 하나님께로부터 난 사람은 범죄하지 않는 삶을 사는 것이 마땅하다고 말씀하신다.

> 그가 우리 죄를 없애려고 나타나신 것을 너희가 아나니 그에게는 죄가 없느니라 **그 안에 거하는 자마다 범죄하지 아니하나니** 범죄하는 자마다 그를 보지도 못하였고 그를 알지도 못하였느니라(요일 3:5, 6).

> **하나님께로부터 난 자마다 죄를 짓지 아니하나니** 이는 하나님의 씨가 그의 속에 거함이요 그도 범죄하지 못하는 것은 하나님께로부터 났음이라(요일 3:9).

> **하나님께로부터 난 자는 다 범죄하지 아니하는 줄을 우리가 아노라** 하나님께로부터 나신 자가 그를 지키시매 악한 자가 그를 만지지도 못하느니라(요일 5:18).

여기 보면 하나님께로부터 난 자마다 죄를 짓지 않는다고 분명하게 나와 있다. 오늘날 거짓 설교자들은 이것을 가르치지 않고, 누군가가 범죄하지 않는 삶을 살아야 한다고 가르치면 그들을 오히려 심하게 공격한다. "어떻게 인간이 죄를 안 지을 수 있느냐?"라고 항변한다.

그러나 여기서 분명한 것은 앞 장에서 살펴본 대로 복음주의 대각성 운동을 일으킨 신앙 위인들과 청교도들은 거듭난 자는 성령께서 내주하시기에 죄를 짓지 않는 삶을 사는 것이 당연하다고 가르쳤다는 사실이다. 범죄하지 않는 삶을 사는 것은 거듭난 자의 가장 중요한 징표 중 하나이다.

조나단 에드워즈는 이렇게 말했다.

> 회심 때에 일어나는 변화는 인격 전반에 걸친 변화입니다. 은혜는 그 사람 속에 있는 **죄의 문제에 있어서 그 사람을 변화시킵니다.** 옛 사람이 벗어지고 새 사람을 입게 됩니다. 그는 철저하게 거룩함을 입습니다. 사람이 새로운 피조물이 되고, 옛 것은 지나가고 모든 것이 새롭게 됩니다. **모든 죄가 죽임을 당합니다.** 다른 여러 죄들도 그렇게 되지만 기질적인 죄들도 그렇게 됩니다.[12]

헨리 스쿠걸(Henry Scougal, 1650-1678)은 우리가 거듭날 때 거룩한 성품이 주어지는데, 한 번 주어진 "이 신적인 생명은 아주 소멸되지 않으며, 불신 세상을 뒤흔들고 압도하는 그런 **타락한 정서의 힘에 지배되지 않는다.**"[13]라고 했다. 그리고 그는 말했다. "그러므로 내가 사도 요한과 함께 다음과 같이 말하는 것이 마땅합니다. '하나님께로부터 난 자마다 죄를 짓지 아니하나니 이는 하나님의 씨가 그의 속에 거함이요 그도 범죄하지 못하는 것은 하나님께로부터 났음이라(요일 3:9).'"[14]

리처드 백스터는 회심하게 되면 죄로부터 단절된다고 했다.

---

12 Edwards, *Religious Affections*, in WJE, 2, 341-342.

13 Henry Scougal, *The Life of God in the Soul of Man* (Harrisonburg, VA: Sprinkle Publications, 1986), 35.
조지 윗필드는 스쿠걸의 책 『인간의 영혼 속에 있는 하나님의 생명』(*The Life Of God In The Soul Of Man*)을 읽고 자신에게 거듭남이 없음을 알고 회심하게 되었다.

14 Scougal, *The Life of God in the Soul of Man*, 37.

회심은 세속적인 마음을 하늘에 속한 마음으로 바꾸는 것이며, 하나님의 사랑스런 탁월함을 보는 것이며, 그리하여 결코 꺼질 수 없는 사랑으로 하나님을 사랑하는 것입니다. 회심은 **마음을 죄로부터 단절시키는 것**이며, 그리스도를 피난처로 삼도록 하는 것이며, 그리스도를 자기 영혼의 생명으로 감사하는 마음으로 영접하는 것입니다. 또한 결정적으로 마음과 생활이 방향 전환을 하는 것입니다.[15]

당신이 진정으로 회심한 사람이라면 어떠한 고의적 죄도 감히 지으려 하지 않을 것이고, 짓지도 않을 것입니다. 그리고 자신이 알고 있는 해야 할 어떤 의무도 소홀히 하지 않을 것입니다.[16]

존 웨슬리는 요한일서 3장 9절 말씀, 즉 하나님께로 난 자는 범죄하지 않는다는 말씀을 약화시켜 '그 말씀은 계속해서 습관적으로 죄를 짓는 일을 안 한다는 것을 의미할 뿐이다.'라고 변명하는 자들에 대해서 다음과 같이 경고했다.

> 사도 요한은 즉시 이어서, "하나님께로부터 난 자마다 죄를 짓지 아니하나니 이는 하나님의 씨가 그의 속에 거함이요 그도 범죄하지 못하는 것은 하나님께로부터 났음이라(요일 3:9)."라고 기록했습니다. 그러나 어떤 사람은 "그렇습니다. 하나님께로 난 자는 누구든지 습관적으로 죄를 짓지 않는 것이지요."라고 말합니다. **'습관적으로'라니요? 그것은 어디서 나온 말입니까?** 나는 그런 단어를 읽어 보지 못했습니다. 그런 말은 성경에 기록되어 있지 않습니다. **하나님께서는 꾸밈이 없이 명료하**

---

[15] Baxter, *A Call to the Unconverted*, 17.
[16] Baxter, *The Reformed Pastor*, 249.

게(plainly) 하나님께로 난 자는 '죄를 짓지 아니한다.'라고 말씀하셨습니다. 그런데 당신은 '습관적으로'라는 말을 덧붙인 것입니다. 도대체 당신이 누구관대 하나님의 계시를 고치며, '이 책의 말씀에 덧붙이는 일(계 22:18 참조)'을 하십니까? 간청하노니, 하나님께서 '이 책에 기록된 모든 재앙들을 더하시지 않도록' 조심하십시오. … 이 책의 말씀을 그렇게 취하여 전체적 의미와 정신을 내던져 버리고 죽은 문자만 남겨 놓는 여러분이여! 하나님께서 당신의 이름을 생명책에서 제하여 버리시지 않도록 조심하십시오![17]

사랑하는 독자여, 당신은 지금 범죄하지 않는 삶을 살고 있는가?[18] 죄 가운데 산다면 당신은 반드시 심판을 피하지 못할 것이다(고전 6:9, 10; 갈 5:19-21; 엡 5:3-6; 골 3:5, 6 등).

[부연 설명] 거듭난 자는 범죄하지 않는다는 가르침에 반대하는 자들이 많기에 오해를 피하기 위해 좀 더 설명을 덧붙이고자 한다.

거듭난 자는 범죄하지 않는다(요일 3:9)는 것은 실수나 과실, 과오가 전

---

17 Wesley, "The Marks of the New Birth," in WJW, 1, 420-421.
18 거듭난 자는 범죄하지 않는다는 말씀을 반대하는 사람이 많다. 그런 사람들이 흔히 제기하는 반론과 이에 대한 필자의 답변은 다음과 같다.
 ① 반론: 로마서 7장에 사도 바울도 "오호라, 나는 곤고한 사람이로다 이 사망의 몸에서 누가 나를 건져내랴(롬 7:24)." 했지 않느냐?
  답변: 로마서 7장은 율법적 각성 아래 있는 영혼의 상태를 말한다. 로마서 8장이 정상적인 그리스도인의 상태. 이에 대한 신앙 위인들의 자세한 설명은 『거룩한 구원』 217-222쪽을 보라.
 ② 반론: 구약의 다윗 왕도 죄를 짓지 않았느냐?
  답변: 다윗은 아직 성령의 내주가 없는 구약 시대의 인물이다(요 7:39, 16:7). 그래서 예수님께서 오신 것이다. 신약은 구약보다 더 나은 언약이다(히 8장 참조).

혀 없다는 말이 아니다. 거듭난 자도 부지중에 잘못을 행할 수는 있다. 그러나 참으로 거듭난 사람은 고범죄, 즉 고의적 죄, 죄인 줄 알고 짓는 죄, 의지적으로 짓는 죄를 짓지 않는다. 모든 죄를 원수를 피하듯이 피한다. 하나님의 씨, 즉 거듭난 생명이 있는 사람, 성령의 내주가 있는 사람(롬 8:9)은 죄를 극도로 미워하며 피할 것이다.

2. 거룩한 삶에 대한 경고 ②: 불의를 행하고 육체의 소욕대로 사는 자는 하나님 나라를 유업으로 받지 못한다

예수님을 믿는다고 하나 불의하게 사는 자들이 수다하다. 그러나 하나님께서는 불의한 자는 하나님 나라를 유업으로 받지 못한다고 엄중히 경고하셨다. 두렵고 떨리는 말씀이다.

> **불의한 자가 하나님의 나라를 유업으로 받지 못할 줄을 알지 못하느냐**
> 미혹을 받지 말라 음행하는 자나 우상 숭배하는 자나 간음하는 자나 탐색하는 자나 남색하는 자나 도적이나 탐욕을 부리는 자나 술 취하는 자나 모욕하는 자나 속여 빼앗는 자들은 하나님의 나라를 유업으로 받지 못하리라(고전 6:9, 10).

불의한 일에는 무엇이 있는가? 음행, 우상 숭배, 간음, 탐색, 남색, 도적, 탐욕을 부리는 것, 술 취함, 모욕하는 것, 속여 빼앗는 것 등 모든 불법적이고 악한 일이 불의한 일이다. 이러한 일을 행하는 자들은 하나님의 나라를 유업으로 받지 못한다고 하나님께서 매우 강하게 경고하셨다.

성경에는 이와 똑같은 경고의 말씀이 여러 곳에 나온다(갈 5:19-21; 엡

5:3-6; 골 3:5, 6 등). 에베소서 5장 5, 6절에서는 이렇게 말씀하셨다.

> 너희도 정녕 이것을 알거니와 음행하는 자나 더러운 자나 탐하는 자 곧 우상 숭배자는 다 그리스도와 하나님의 나라에서 기업을 얻지 못하리니 누구든지 헛된 말로 너희를 속이지 못하게 하라 **이로 말미암아 하나님의 진노가 불순종의 아들들에게 임하나니**(엡 5:5, 6).

하나님께서는 우리가 육신대로 살면 '반드시' 죽을 것이라고 말씀하셨다.

> 너희가 **육신대로 살면 반드시 죽을 것이로되** 영으로써 몸의 행실을 죽이면 살리니 무릇 하나님의 영으로 인도함을 받는 사람은 곧 하나님의 아들이라(롬 8:13, 14).

하나님께서는 육체의 일을 행하는 자는 하나님 나라를 유업으로 받지 못할 것이라고 분명히 경고하셨다.

> **육체의 일은 분명하니** 곧 음행과 더러운 것과 호색과 우상 숭배와 주술과 원수 맺는 것과 분쟁과 시기와 분냄과 당 짓는 것과 분열함과 이단과 투기와 술 취함과 방탕함과 또 그와 같은 것들이라 전에 너희에게 경계한 것 같이 경계하노니 **이런 일을 하는 자들은 하나님의 나라를 유업으로 받지 못할 것이요**(갈 5:19-21).

위 구절에서 '시기하는' 사람, '분내는' 사람, '술 취하고 방탕한' 사람까지도 하나님 나라를 유업으로 받지 못한다고 하셨음을 기억하라!

이처럼 불의를 행하고 육체의 소욕에 따라 사는 사람은 아무도 하나님 나라에 들어가지 못한다는 매우 강한 경고의 말씀이 성경에 많이 나오지만 오늘날 설교자들은 이것을 거의 가르치지 않는다.

3. 거룩한 삶에 대한 경고 ③: 범죄하지 않고 육체의 욕심을 따라 살지 않기 위해서 성령에 따라 살아야 한다

성도가 육체에 따라 살지 않으려면 반드시 성령님의 가르치심을 받는 삶을 살아야 한다.

> 내가 이르노니 너희는 성령을 따라 행하라 그리하면 육체의 욕심을 이루지 아니하리라(갈 5:16).

하나님께서는 거듭난 자에게는 성령의 가르치심이 있다고 분명히 말씀하신다(요일 2:20, 27).

> 너희는 주께 받은 바 기름 부음이 너희 안에 거하나니 아무도 너희를 가르칠 필요가 없고 오직 그의 기름 부음이 모든 것을 너희에게 가르치며 또 참되고 거짓이 없으니 너희를 가르치신 그대로 주 안에 거하라(요일 2:27).

당신은 지금 성령의 가르치심을 받고 살아가고 있는가? 성령의 가르치심을 받지 못하고 사는 사람은 죄를 짓는 삶을 살 수밖에 없다.

모든 성도는 회심 후 가능한 가장 빠른 시간 안에 성령님의 음성을 듣고 살아가는 법을 배워야 한다. 매순간 성령님의 음성을 듣고 살지 않으면 누구든 마귀의 유혹을 받아 육체의 욕심대로 살게 된다. 성령의 음성은 내주하시는 하나님의 영이 거듭난 영에게 말씀하시는 음성이며(사 30:20, 21) 우리의 이성과 양심을 통해서 말씀하시며 세미한 음성으로 말씀하신다(왕상 19:12). 항상 말씀하신다. 그러므로 우리는 무시로 성령 안에서 기도하면서 살아야 한다(엡 6:18). 범죄하지 않는 삶을 살려면 반드시 성령의 음성 듣는 법을 속히 배워야 한다.

사람이 성령의 음성을 거역하여 죄를 지으며 하나님께서 기뻐하지 않는 일을 행하게 되면 성령께서 근심하게 되며(엡 4:30), 성령을 소멸하게 된다(살전 5:19). 당신은 성령님의 음성을 듣는 법을 아는가? 그리고 매순간 성령님의 음성을 듣고 사는가?

4. 거룩한 삶에 대한 경고 ④: 진리를 아는 지식을 받은 후 고범죄를 지으면 다시 속죄하는 제사가 없다

오늘날 많은 교인들이 믿는다고 하면서도 죄를 짓는 것을 두려워하지 않는다. 그러나 하나님께서는 히브리서 6장 4-6절에서 회심 후 타락한 자는 다시 용서받을 수 없다고 경고하신다.

> 한 번 빛을 받고 하늘의 은사를 맛보고 성령에 참여한 바 되고 하나님의 선한 말씀과 내세의 능력을 맛보고도 타락한 자들은 다시 새롭게 하여 회개하게 할 수 없나니 이는 그들이 하나님의 아들을 다시 십자가에 못 박아 드러내 놓고 욕되게 함이라(히 6:4-6).

성령에 참여하여 신자로서의 삶을 시작했다가 다시 타락하는(fall away, KJV) 자들은 다시 새롭게 할 수 없다. 그러므로 믿은 후 범죄하고 타락하는 것을 매우 주의해야 한다.

어떤 이들은 이 말씀이 배교, 즉 기독교 신앙을 완전히 버리는 것에 대한 경고일 뿐이라고 해석한다. 물론 이 말씀이 배교를 포함하지만, 배교뿐만 아니라 다시 죄 가운데 빠지는 것을 경고한 말씀이라고 보아야 한다.

히브리서 6장 6절 "타락한 자들은"에 해당하는 헬라어 분사는 "파라페손타스(παραπεσόντας)"이다. 이 단어는 신약성경에서 단 한 번 이곳에서만 사용되었다.[19] 이 단어가 과연 배교만을 지칭하는가? 이 단어의 용례를 자세히 살펴보면, 꼭 배교로만 한정지을 수 없음을 알 수 있다.

미카엘리스는(W. Michaelis) "파라피프토(παραπίπτω)"의 의미를 '타락하다', '과거로 돌아가다', '실수를 범하다'로 설명하면서, 신약성경에서 이 단어와 어근을 같이하는 헬라어 명사 "παράπτωμα(타락, 죄, 엡 1:7, 2:1, 5)"는 항상 '죄'를 의미하며, 어떤 경우에도 '배교'란 의미로 사용되지 않았다고 설명했다.[20]

신약학자 총신대학교 주성준 교수는 칠십인경(LXX) 구약성경에서 "παραπίπτω"의 용례를 살펴보고 그리고 히브리서 전체에서 이 단어의 용례를 자세히 살펴보면 히브리서 6장 6절의 "παραπεσόντας"를 그리스도를 전적으로 부인하는 배교로 한정할 필요가 없다고 주장했다. 그는 이 단어가 어디서나 '범죄하고 타락한다'는 의미로 사용되었다고 말했다. "히브리서 6

---

19 신약성경에서 παραπεσόντας는 히브리서 6장 6절에 단 한 번 나오는 단어이며, παραπίπτω(타락하다, to fall away)의 부정과거 분사 능동태 목적격 남성 복수형이다.

20 W. Michaelis, "παράπτωμα" in *Theological Dictionary of New Testament*, ed. Gerhard Kittel and Gerhard Friedrich, trans. G. W. Bromiley, vol. 6 (Grand Rapids, MI: Wm. B. Eerdmans Publishing Co. 1969), 170-172.

장 6절의 타락을 배교로 본다면 이럴 경우 성경 안에서 'παραπίπτω' 혹은 이 단어의 파생어를 배교로 보는 유일한 예에 해당한다."²¹라고 그는 주장했다.

히브리서 6장 4-6절 말씀은 한때 은혜를 체험했지만 배교를 하거나 혹은 죄를 짓는 생활 가운데로 타락하는 자에 대해 경고하시는 말씀이다. 이들은 다시 새롭게 하여 회개하게 할 수 없다. 그러므로 성도는 죄를 짓는 것을 매우 경계해야 한다.

히브리서 10장 26-31절에서도 진리를 아는 지식을 받은 후 짐짓 죄를 범하면 다시는 속죄하는 제사가 없다고 분명히 경고하셨다. 아래 구절은 성경 말씀 중에서 가장 두려운 경고의 말씀 중 하나이다.

> 우리가 진리를 아는 지식을 받은 후 **짐짓 죄를 범한즉**(sin wilfully, KJV) 다시 속죄하는 제사가 없고 오직 무서운 마음으로 심판을 기다리는 것과 대적하는 자를 태울 맹렬한 불만 있으리라 모세의 법을 폐한 자도 두세 증인으로 말미암아 불쌍히 여김을 받지 못하고 죽었거든 하물며 하나님의 아들을 짓밟고 자기를 거룩하게 한 언약의 피를 부정한 것으로 여기고 은혜의 성령을 욕되게 하는 자가 당연히 받을 형벌은 얼마나 더 무겁겠느냐 너희는 생각하라(히 10:26-29).

하나님께서는 이 구절에서 "짐짓 죄"를 범하는 일, 즉 죄인 줄 알면서 고의적으로 죄를 짓는 것에 대한 최강의 경고를 하셨다. 짐짓 죄를 범하는

---

21 주성준, "히브리서 6장 4-6절 본문에 대한 신학적 재고," 『總神大論叢』 제33집 (2014년): 177-202. 이에 대한 자세한 설명은 이 논문을 참고하라.
"παραπεσόντας" 단어에 관련된 헬라어 연구는 이 논문의 도움을 많이 받았다.

것이 이토록 무서운 것이다. 그러나 오늘날 이런 말씀에 귀를 기울이는 사람을 찾아보기 어렵다.

고의적 죄를 범하는 자에게는 다시 속죄하는 제사가 없다고 하면 너무 엄격하고 가혹한 해석이 아닌가 하며 반발하는 자들이 많다. 하지만 여기서 반드시 알아야 할 것이 있다. 심지어 은혜의 복음이 아직 분명히 제시되지 않은 구약 시대에도 **고범죄(故犯罪)는 용서받지 못했다는 사실을 기억해야 한다.** 구약 시대에 고범죄를 지은 사람은 속죄제를 드릴 수조차 없었다.

속죄제는 하나님 앞에 지은 죄를 대속받기 위한 것으로서, 부지중에 죄를 범하였다가 나중에 그것을 깨닫는 경우에 한했다(레 4:2, 13, 22, 27; 민 15:27-31). 여호와의 계명 중 하나라도 **부지중에 범하여** 허물이 있는데, 나중에 범한 죄를 깨닫거나(레 4:14) 그가 범한 죄를 누가 그에게 깨우쳐 주는 경우에만(레 4:23, 28) 속죄를 위한 제사를 드릴 수 있었다.[22] 그러나 고의로 무엇을 범하는 사람은 여호와를 훼방하는 자로서 그 백성 중에서 끊어질 것이라고 하셨다(민 15:30).

> 만일 한 사람이 **부지중에 범죄하면** 일 년 된 암염소로 속죄제를 드릴 것이요 제사장은 그 부지중에 범죄한 사람이 부지중에 여호와 앞에 범한 죄를 위하여 속죄하여 그 죄를 속할지니 그리하면 사함을 얻으리라 이스라엘 자손 중 본토 소생이든지 그들 중에 거류하는 타국인이든지 누구든 부지중에 범죄한 자에 대한 법이 동일하거니와 본토인이든지 타국인이든지 **고의로 무엇을 범하면** 누구나 여호와를 비방하는 자니 그

---

[22] 도피성도 "부지중에 살인한" 자만 그리로 도피할 수 있었다(민 35:15; 신 4:42, 19:4; 수 20:5).

의 백성 중에서 끊어질 것이라 그런 사람은 여호와의 말씀을 멸시하고 그의 명령을 파괴하였은즉 그의 죄악이 자기에게로 돌아가서 온전히 끊어지리라(민 15:27-31).

아직 신약에 약속된 본격적 구원의 은혜, 즉 보혈과 성령의 은혜가 온전히 주어지지 아니한 구약에서조차 고의로 계명을 어기고 죄를 지은 자는 용서받을 길이 없었음을 명심해야 한다. 얼마나 하나님의 계명이 지엄한지 당신은 생각해 보았는가!

하나님께서 신약 성도들에게 요구하시는 삶이 구약 시대 성도들에게 요구하시는 것보다 더 엄중하고 높다. 그것은 신약 시대 성도들은 예수님의 십자가의 은혜와 성령의 은혜 아래 살고 있기 때문이다. 신약 시대에 살면서 짐짓 죄를 범하면 구약 율법 아래 있는 사람들보다 더욱 큰 형벌을 받게 될 것이다!

히브리서 10장 26-29절의 말씀은 매우 중요하기에 좀 더 상세한 논의를 하도록 하겠다.

[1] 히브리서 10장 26-29절의 말씀이 '짐짓 죄'가 아니라 '배교'에 대한 경고만을 의미하는가? 어떤 사람은 이 말씀이 배교에 대한 경고라고 주장하면서 "구약에서 죽임을 당하는 죄는 하나님을 떠나 우상을 섬기는 배교의 죄뿐이었다."라고 말하는데[23] 그것은 사실이 아니다.

구약 율법을 보면 죽임을 당하는 죄가 배교 외에도 여러 가지가 있었

---

23 칼뱅은 "율법 자체는 어떠한 종류의 허물이나 위반도 죽음으로 형벌하지는 않았고 다만 사람이 그 종교로부터 완전히 떠났을 경우의 배교에 대해서만 죽음으로 형벌하였다."라고 말했다(Calvin, *Commentary*, Heb. 10:28). 그러나 이것은 오류다. 출 31:14, 35:2; 민 15:32-36, 35:16-21, 29-31; 신 17:8-13 등을 보라.

다. 안식일을 위반하는 사람(출 31:14, 35:2; 민 15:32-36)은 죽이도록 명령하셨다. 그리고 부모의 말을 듣지 않는 자(신 21:18), 부모를 치는 자(출 21:15), 부모를 저주하는 자(출 21:17), 고의로 살인한 사람(출 21:14; 민 35:16-21, 29-31), 사람을 납치한 자(출 21:16), 간음한 자(신 22:23-24), 동성애자(레 20:13), 제사장이나 재판관의 판결을 듣지 않는 사람(신 17:8-13) 등도 죽이라고 명령하셨다. 고의로 살인한 자는 도피성으로 도망해도 잡아서 죽이도록 하셨다(신 19:11-13).

> 너희는 안식일을 지킬지니 이는 너희에게 거룩한 날이 됨이니라 그 날을 더럽히는 자는 모두 죽일지며 그 날에 일하는 자는 모두 그 백성 중에서 그 생명이 끊어지리라(출 31:14).

> 이는 너희의 대대로 거주하는 곳에서 판결하는 규례라 사람을 죽인 모든 자 곧 살인한 자는 증인들의 말을 따라서 죽일 것이나 한 증인의 증거만 따라서 죽이지 말 것이요 **고의로** 살인죄를 범한 살인자는 생명의 속전을 받지 말고 반드시 죽일 것이며(민 35:29-31).

> 누구든지 여인과 동침하듯 남자와 동침하면 둘 다 가증한 일을 행함인즉 반드시 죽일지니 자기의 피가 자기에게로 돌아가리라(레 20:13).

이상과 같이 구약 율법에는 배교 외에도 중한 죄를 짓는 자는 죽이도록 명하셨다. 고범죄를 짓는 자는 회개의 기회도 없이 죽임을 당했다(민 35:29-31). 그러므로 구약에서 죽임당하는 죄가 배교 죄밖에 없었다는 말은 틀린 말이다.

신약은 구약보다 더 큰 은혜가 베풀어진 시대이기 때문에 죄에 대한 심판이 더 크다는 것이 히브리서 10장 26-29절 말씀의 핵심이다. 그리스도의 속죄의 피가 이미 뿌려졌으며 은혜의 성령의 도우심이 있는데 고의적으로 죄를 짓는 자의 당연히 받을 형벌은 얼마나 더 무겁겠는가?(히 10:29)

[2] 본문의 경고가 배교에 대한 경고만 아니라 자범죄에 대한 경고라고 지적하는 위대한 신앙 선조들의 글들이 많이 남아 있다. 크리소스토무스, 알렉산드리아의 클레멘스, 오리게네스, 테르툴리아누스, 테오도루스 등 초대교회 교부들 중에 많은 사람들이 '짐짓 죄'를 자범죄를 짓는 것으로 보았다.

초대교회 교부인 황금의 입 크리소스토무스(Johannes Chrysostomus, c. 347-407)[24]의 히브리서 10장 26, 27절 주석을 보면, 그가 본문에서 말씀하는 '짐짓 죄'를 믿은 후 짓는 자범죄로 보았음을 알 수 있다. 그는 이 구절을 "깨끗하게 된 후에 토했던 것으로 다시 돌아가는 사람"에 대한 경고로 보았다.[25]

> 어떻게 사람이 '하나님의 아들을 발로 밟을' 수 있는가? 성령에 참여한 후 죄를 짓는다면, 그것이 그를 발로 밟는 것이 아닌가? 그를 경멸하는 것이 아닌가? … 당신은 과식과 술 취함으로 그를 발로 밟았다. … 얼마나 더 쓰라린 심판이 있을지 생각하라.[26]

---

24 크리소스토무스는 398년에 로마 제국의 수도인 콘스탄티노플의 대감독이 되었다. 엄격한 규율과 금욕적 생활을 강조하며, 권력자들과 부자들의 사치와 인색함을 신랄하게 비판하는 예언자적인 설교를 하였다. 사치스러운 황후 유독시아(Eudoxia)의 미움을 사 407년 외딴 유배지에서 세상을 떠났다.

25 Chrysostom, *Homilies on the Epistle to the Hebrews*, ch. 10. v. 26, 27, NPNF(I) 14:457.

26 Chrysostom, *Homilies on the Epistle to the Hebrews*, ch. 10. v. 26, 27, NPNF(I) 14:458.

크리소스토무스는 과식과 술 취함 외에 재물에 탐욕을 부리는 자, 사치스런 복장을 하는 자, 도둑들, 살인자들, 기타 악을 행하는 자들에 대해 경고했다.[27]

알렉산드리아의 클레멘스(Clemens, c. 150-c. 215)[28]도 이 구절을 자범죄에 대한 경고의 말씀으로 보았다.

> 죄 용서를 받은 자는 앞으로 다시는 죄짓는 일을 삼가야 합니다. ⋯ '우리가 진리를 아는 지식을 받은 후 짐짓 죄를 범한즉 다시 속죄하는 제사가 없고, 오직 무서운 마음으로 심판을 기다리는 것과 대적하는 자를 태울 맹렬한 불만 있을 것입니다.' 끊임없이 죄를 짓고 회개하기를 반복하는 이들은 계속 죄의식을 지니고 있다는 점만 제외하면 단번에 영원히 믿음에서 떠난 이들과 다를 바가 없습니다. ⋯ 한 번 회개한 행위를 되풀이한다는 것은 이미 죄라고 정죄한 행위를 고의적으로 범하는 것입니다.[29]

그는 "죄를 사해 달라고 계속 반복해서 구하는 것은, 그 회개가 참 회개가 아니고 회개의 모양만 가졌기 때문이다."라고 하였다.[30]

---

27 Chrysostom, *Homilies on the Epistle to the Hebrews*, ch. 10. v. 26, 27, NPNF(I) 14:458-459.
28 알렉산드리아의 클레멘스는 알렉산드리아 교리문답 학교의 교장이었다. 오리게네스의 스승이었다.
29 Clement of Alexandria, Stromateis 2,13,56-57, quoted in *Ancient Christian Commentary on Scripture: New Testament X. Hebrews*, ed. Erik M. Heen and Philip D. W. Krey (Downers Grove, IL: InterVarsity Press, 2005), 165.
30 참고. 박윤선, 『헌법주석』(수원: 영음사, 2011), 174.

오리게네스(Origenes, 185-254 순교)³¹도 이 구절을 다시 죄를 짓는 자들에 대한 경고로 보았다.

> 그러나 당신이 다시 죄를 짓는다면, 예전의 질책이 다시 당신에게 떨어질 것입니다. 그리고 그것은 더욱 무서운 질책이 될 것입니다. 왜냐하면 '하나님의 아들을 짓밟고 자기를 거룩하게 한 언약의 피를 부정한 것으로 여기는' 죄는 모세의 율법을 어긴 것보다 훨씬 더 중대한 죄이기 때문입니다.³²

테르툴리아누스(Tertullianus, 145-220)는 "권징을 받았다가 다시 범죄하는 신자는 교회법으로는 회복되지 못한다."라고 했는데 그 이유는 한 번 회개한 자라면 다시 범죄할 수 없기 때문이라고 했다.³³ 그는 "바울은 세례 후에 지은 죄들에 대해서는 용서받을 수 없음을 분명히 말한다."³⁴라고 했다.

몹수에스티아의 테오도루스(Theodorus, c. 350-428)³⁵도 이 구절을 배교가 아니라 나쁜 죄로 타락하는 자들에 대한 경고로 보았다.

---

31 오리게네스는 이집트의 알렉산드리아 학파에 속한 자로 당대의 가장 위대하고 영향력이 큰 사상가였다. 데키우스 박해 때 심한 고문을 당한 뒤 죽었다.
32 Origen, Homilies on Joshua 5.6, quoted in Heen and Krey, ed., *Ancient Christian Commentary on Scripture: New Testament X. Hebrews*, 167.
33 참고. 박윤선, 『헌법주석』, 173.
34 Tertullian, *De Pudicitia* 9, 16.
35 몹스에스티아의 테오도루스는 시리아 신학자인데 그리스도의 신성과 인성 양성론을 확립하는 데 큰 기여를 했다. 특히 그는 그리스도 안의 인성의 완전성을 강조했다. 그는 성경의 거의 모든 책을 주석하여 안티오키아 학파의 가장 저명한 성서주석가로 이름이 났다.

더 나은 상태에서 더 나쁜 상태로 변해 버린 자들은 죽은 이들 가운데에서 다시 살아날 때 결국 벌을 면치 못할 것입니다. 왜냐하면 그들은 이 땅에서 어떤 회개도 허용되지 않기 때문입니다. 그런 사람은 지금 이 세상에서 회개를 거절할 뿐 아니라 회개하려는 마음조차 가질 수 없기 때문에, 죄에 떨어진 상태에 만족해합니다. 그리고 자기가 넘어진 것을 깨닫지도 못합니다. 또한 이성이 결여되어 모든 종류의 죄를 매우 즐기면서 저지릅니다.[36]

이상 살펴본 바와 같이 초대교회 교부들은 한 번 은혜를 체험한 후 짐짓 죄를 짓는 것을 매우 경계하였음을 알 수 있다.[37] 짐짓 죄에 대한 반복적 회개와 죄 사함이 불가능하다는 말씀이 현대에 사는 우리가 보기에는 매우 엄격한 규정이다. 그러나 이상근 박사는 그의 주석에서 "초대교회가 이런 엄격한 규율에 지배된 것은 분명한 사실"이라고 썼다.[38]

『베이커 성경주석』에도 보면 본문에 나오는 짐짓 죄를 '죄들을 고의적으로 계속 범하는 것'으로 해석하고 있다.

'짐짓 죄를 범하면'이라는 말의 의미는 … '우리가 자발적으로 죄를 짓는

---

[36] Theodore of Mopsuestia, Fragments on the Epistle to the Hebrews 10.26-27, quoted in Heen and Krey, ed., *Ancient Christian Commentary on Scripture: New Testament X. Hebrews*, 166.
[37] 알렉산드리아의 클레멘스는 세례 후에 짓는 죄는 용서받을 수 없는 것으로 보았다 (Clement of Alexandria, *Stromateis* ii. 13). Philip E. Hughes, *A Commentary on the Epistle to the Hebrews* (Grand Rapids, MI: Wm. B. Eerdmans Publ. Co. 1977), 213. 『헤르마스의 목자』(120-140년경 로마에서 쓰인 사도교부 문서)는 세례 받은 후에 지은 죄에 대해 진정으로 참회한다면 한 번은 용서받을 수 있는 가능성이 있지만 두 번째는 불가능하다고 했다. *Shepherd of Hermas*, Vision II. ii. 1. ; Commandment iv. 3.
[38] 이상근, 『갈라디아 · 히브리서』 (대한예수장로회 총회교육부, 1973), 230.

자라면,' 즉 '우리가 고의적이고 자발적으로 하나님의 뜻에 반항하는 상태에 있다면'이다. 저자는 유대인들이 고의적으로 범하는 죄들, 즉 '고범죄들'에 대해 말할 뿐만 아니라(민 15:30; 시 19:13; 참조. 히 6:4-8, 12:16, 17), 사람이 회개의 문을 스스로 닫아 버리고서 '악아, 네가 나의 선이 되어라.'라고 말하는 것처럼 스스로 택한 삶의 법칙으로서 고의적으로 계속 죄를 범하는 것에 대해서도 말하고 있다. 베드로후서 2장 20절 및 마태복음 12장 43-45절에서 그러한 상태가 잠깐 언급되고 있다.
— Farrar의 글에서 인용.[39]

[3] 히브리서 10장 26절에서 말씀하는 "짐짓 죄"가 배교만 가리키는 것이 아니라 하나님의 중요 계명들을 어기는 것을 말하고 있음은 본문 자체가 분명히 말씀해 준다. 만일 오직 배교에 대한 경고를 하시기 원하셨다면, "너희가 짐짓 죄를 범하면"이라고 말씀하시지 않고, "너희가 다른 신을 섬기면", "다른 우상을 섬기면" 혹은 "믿음을 버리면", "배교하면"이라고 말씀하시면 간단히 뜻이 전달되었을 것이다.

하나님께서 '배교'를 지칭하기 위해 '짐짓 죄를 범한즉'이라고 두루뭉술하게 말씀하셨다고 보는 것은 부자연스럽다. 하나님께서 배교를 경고하실 때는 언제나 분명한 표현으로 그것을 말씀하셨다(신 13:1, 2, 17:3 등). 십계명 제1계명과 제2계명을 보면, 하나님께서는 다른 신을 섬기지 말고 우상을 만들지 말라고 명확히 알리셨다.

---

39 George Barlow and Robert Tuck, *The Preacher's Complete Homiletic Commentary. On the Epistles of St Paul the Apostle I, II Timothy, Titus, Philemon-Barlow. On the Epistles to the Hebrews and the General Epistle of James-Tuck.* vol. 29 (Grand Rapid, MI: Baker Book House, 1978), Heb. 10:26-31.

[4] 구약에서는 '짐짓' 하나님의 말씀을 어기면 하나님을 훼방하는 자라고 하셨으며 백성 중에서 끊어질 것이라고 하셨다.

> 본토 소생이든지 타국인이든지 무릇 **짐짓 무엇을 행하면** 여호와를 훼방하는 자니 그 백성 중에서 끊쳐질 것이라 그런 사람은 여호와의 말씀을 멸시하고 그 명령을 파괴하였은즉 그 죄악이 자기에게로 돌아가서 온전히 끊쳐지리라(민 15:30, 31, 개역한글).

하나님의 계명을 어기는 것은 그 계명을 명하신 '하나님을 훼방'하는 것이다. 이처럼 신약 시대 교인들이 성령의 은혜를 체험하고 진리를 아는 지식을 받은 후 짐짓 죄를 범하는 것은 하나님의 아들을 짓밟고, 자기의 죄를 씻어 거룩하게 한 언약의 피를 부정한 것으로 여기는 일이며, 그리스도의 은혜를 깨닫게 하신 은혜의 성령을 욕되게 하는 행위이다. 그러므로 그 심판이 더욱 크다는 뜻이다.

> 모세의 법을 폐한 자도 두세 증인으로 말미암아 불쌍히 여김을 받지 못하고 죽었거든 하물며 하나님의 아들을 짓밟고 자기를 거룩하게 한 언약의 피를 부정한 것으로 여기고 은혜의 성령을 욕되게 하는 자가 당연히 받을 형벌은 얼마나 더 무겁겠느냐 너희는 생각하라(히 10:28, 29).

정직하고 겸손하게 이 구절들을 묵상해 보라. 그러면 히브리서 10장 26-29절의 말씀이 하나님의 계명을 고의적으로 어기는 것을 경고하신 것임을 명백히 깨닫게 될 것이다.

[5] 청교도 존 번연은 이 구절을 어떻게 해석했는가? 번연도 사람이 회심한 후 다시 자범죄를 짓는 것에 대한 경고로 해석했다. 『천로역정』에 보면 배도자에 대해 아주 자세히 설명한 부분이 나온다. 크리스천이 '해석자(Interpreter)'의 집에서 즐겁게 환대를 받으며 일곱 가지 광경을 보며 해석자로부터 교훈을 받는데 그중 여섯 번째가 배도한 자에 대한 광경이다.

해석자가 크리스천의 손을 잡고 매우 컴컴한 방 안으로 들어갔다. 그 방 안에는 쇠창살이 달린 감방이 하나 있었고 그 감방 안에 한 남자가 앉아 있었다. 그는 몹시 슬퍼하는 사람처럼 보였다. 팔짱을 낀 채 땅바닥만 바라보며 가슴을 찢을 듯이 깊은 한숨을 내쉬고 있었다.

이 사람이 왜 이런 모습으로 있는지 크리스천이 물었을 때 해석자는 직접 가서 물어보라고 말해 주었다. 크리스천은 그 남자에게로 다가가서 "당신은 누구요?" 하고 물어보았다. 그 남자는 "예전엔 이런 사람이 아니었는데 이제는 그만 이런 꼴이 되었소이다."라고 대답했다.

크리스천: 그렇다면 전에는 어떤 사람이었습니까?

그 남자: 전에는 나 자신은 물론 다른 사람들도 모두 인정해 주는 아주 훌륭한 신자였지요(눅 8:13). 그때 나는 틀림없이 하늘나라에 갈 수 있다고 자신하면서 그리로 갈 생각만 해도 기뻤었지요.

크리스천: 그런데 지금은 도대체 어떻게 된 것입니까?

그 남자: 이제 나는 절망의 인간이 되어 버렸습니다. 이 쇠창살 감방 안에 갇혀 난 나갈 수가 없게 되었습니다. 아! 이젠 절대 나갈 수가 없습니다!

크리스천: 그런데 어쩌다가 이 지경이 되었소?

그 남자: 나는 깨어 있지 않고 근신하지 않았지요. 세상적 정욕이 내 목

을 얽매도록 했지요. 나는 마침내 말씀의 빛과 하나님의 선하심을 거역하여 죄를 지었습니다. 내가 성령을 근심시켰기에 성령이 내게서 떠나가 버렸습니다. 마귀의 유혹에 빠져 마귀가 내게 왔습니다. 내가 하나님을 노엽게 하였으므로 하나님께서는 내게서 떠나가셨습니다. 내 마음이 너무나 굳어졌기 때문에 나는 회개할 수도 없게 되었습니다.

이 말을 듣고 나서 크리스천은 해석자에게 "이와 같은 사람은 이제는 전혀 희망이 없습니까?" 하고 물었다. 그러자 해석자는 "그에게 직접 물어 보시지오."라고 대답했다.

크리스천: 절망의 감방 속에서 벗어날 수 있는 희망은 없습니까?
그 남자: 없습니다. 전혀 없어요.
크리스천: 왜요? 찬송 받으실 하나님의 아들은 매우 자비하시지 않습니까?
그 남자: 나는 나 자신의 정욕을 위해 그를 십자가에 다시 한 번 못 박은 죄인입니다(히 6:6). 나는 그분을 멸시했고(눅 19:14) 그분의 의마저도 멸시했습니다. 또한 그분의 피를 부정한 것으로 여겼고 은혜의 성령을 욕되게 했습니다(히 10:28, 29). 그리하여 마침내 나는 모든 언약으로부터 나 자신을 스스로 끊어 버린 몸이 되었습니다. 그리하여 지금 내게 남아 있는 것은 위협, 무시무시한 위협, 원수 된 나를 잡아먹을 것 같은 확실한 심판과 불타는 분노의 무서운 위협만이 있을 뿐입니다.
크리스천: 도대체 어떤 일로 인해서 이런 비참한 꼴이 되었습니까?
그 남자: 이 세상의 정욕과 쾌락과 부귀영화 때문이었습니다. 이런 것들을 향유하면 많은 즐거움을 얻을 수 있을 것이라고 그때는 믿고 있었지

요. 그러나 이제는 그 모든 것들이 무시무시한 독충처럼 나를 물어뜯으며 괴롭히고 있습니다.[40]

[6] 남아프리카의 성자로 불리는 앤드류 머리(Andrew Murray, 1828-1917)는 이 구절을 어떻게 해석했는가? 그도 이 구절을 고의적 죄를 짓는 것을 경고한 것으로 해석했다. 어느 정도 중한 죄를 짓는 것이 짐짓 죄에 해당되는가? 앤드류 머리는 이에 대해 이렇게 썼다.

'무엇이 짐짓 범하는 죄(willful sin)인가? 언제 우리가 짐짓 죄를 범하는지를 어떻게 알 수 있는가?' 답이 주어질 수 없다. 무엇이 짐짓 짓는 죄이고 어느 것이 그렇지 않은지 선을 그을 수 있는 사람은 이 땅 위에 아무도 없다. 오직 보좌 위에 앉으셔서 사람의 마음을 아시는 분만이 판단할 수 있다. 그렇다면 우리가 무엇이 짐짓 짓는 죄인지 알 수 없다면, 이 경고가 무슨 유익이 있을까? 실은 그렇기 때문에 이 경고가 우리에게 가장 유익한 것이다. 그것은 어떤 죄가 짐짓 죄일 수도 있고, 아니면 짐짓 죄로 빠지게 할 수 있다는 생각 때문에 우리로 하여금 어떤 죄든지 지어서는 아니 된다는 두려움을 갖게 해 준다. 극단적인 죄만 짓지 않는다면 자기는 안전하다는 생각을 가지고 짐짓 죄가 무엇인지 알려고 하는 자는 스스로를 속이는 것이다. 짐짓 죄를 피하는 유일한 확실한 길은 모든 죄를 멀리하는 것이다. … 오, 신자여, 여기에 당신의 유일한 안전이 있다. 하나님의 모든 뜻에 전적으로 순종하는 깊은 경지로 들어가 모든 죄를 멀리하라. 그렇게 하면 짐짓 짓는 죄로부터 자신을 지킬 것이

---

40 Bunyan, *The Pilgrim's Progress*, 36-37.

다.⁴¹

위에서 우리는 경건한 신앙 선조들이 히브리서 10장 26-31절을 해석한 것을 살펴보았다.

성경은 고범죄를 지으면 다시는 속죄하는 제사가 없다고 분명히 말씀한다. 그러므로 성령을 거슬러 죄를 짓는 것을 매우 조심해야 한다. 히브리서의 다음 구절도 같은 내용을 말씀하고 있다.

> 음행하는 자와 혹 한 그릇 음식을 위하여 장자의 명분을 판 에서와 같이 망령된 자가 없도록 살피라 너희가 아는 바와 같이 그가 그 후에 축복을 이어받으려고 눈물을 흘리며 구하되 버린 바가 되어 회개할 기회를 얻지 못하였느니라(히 12:16, 17).

이 글을 적는 필자도 히브리서 10장 26-31절 말씀이 '기독교를 완전히 떠나는 배교'에 대해서만 말씀하신 것이었다면 한 인간으로서 부담이 적었을 것이다. 그러나 겸손하고 정직하게 하나님의 이 말씀을 상고해 보면 고범죄에 대한 경고임을 부인하기 어렵다. 만일 이 경고가 단순히 배교에 대한 경고라 생각하여 죄 짓는 것을 가볍게 여겨 죄를 지었다가, 이 말씀이 고범죄에 대한 경고의 말씀이라면 당신은 어떻게 하겠는가!

전체적으로 히브리서는 믿음 생활을 시작한 자들에게 끝까지 믿음 안에서 인내할 것을 강권한 내용이다.

---

41 Andrew Murray, *The Holiest of All* (New Kensington, PA: Whitaker House, 1996), 416-417.

> 그리스도는 하나님의 집을 맡은 아들로서 그와 같이 하셨으니 우리가 소망의 확신과 자랑을 끝까지 굳게 잡고 있으면 우리는 그의 집이라 그러므로 성령이 이르신 바와 같이 오늘 너희가 그의 음성을 듣거든 광야에서 시험하던 날에 거역하던 것 같이 너희 마음을 완고하게 하지 말라 (히 3:6-8).

우리는 믿음을 가지게 되었다고 방심할 것이 아니라 끝까지 믿음의 인내를 지켜야 한다.

> 우리는 뒤로 물러가 멸망할 자가 아니요 오직 영혼을 구원함에 이르는 믿음을 가진 자니라(히 10:39).

히브리서 10장 26-29절 말씀에 의하면 현 시대에 구원받을 자가 얼마나 되겠는가!

5. 거룩한 삶에 대한 경고 ⑤: 죄 짓기를 반복하는 자는 개나 돼지와 같다

오늘날 많은 설교자들과 교인들은 사람이 믿는다고 해도 연약해서 죄를 짓고 회개하기를 되풀이할 수밖에 없다고 변명한다. 그러나 베드로 사도는 죄를 반복해서 짓는 자는 개와 돼지와 같다고 경고했다.

> 만일 그들이 우리 주 되신 구주 예수 그리스도를 앎으로 세상의 더러움을 피한 후에 다시 그 중에 얽매이고 지면 그 나중 형편이 처음보다 더 심하리니 의의 도를 안 후에 받은 거룩한 명령을 저버리는 것보다 알

지 못하는 것이 도리어 그들에게 나으니라 참된 속담에 이르기를 개가 그 토하였던 것에 돌아가고 돼지가 씻었다가 더러운 구덩이에 도로 누웠다 하는 말이 그들에게 응하였도다(벧후 2:20-22).

의의 도를 안 후에 다시 죄를 범하는 것은 개가 그 토하였던 것을 다시 먹고, 돼지가 씻었다가 더러운 구덩이에 다시 눕는 것과 같다고 하셨다.

이 구절에 의하면 오늘날 교인들 중 몇 명이나 개나 돼지가 아닌 삶을 살고 있는가?

6. 거룩한 삶에 대한 경고 ⑥: 세상과 벗된 삶을 살지 말라

현대의 많은 크리스천들은 하나님보다 세상을 사랑하고 세상을 따라 산다. 세상을 따라 사는 자는 천국에 들어가지 못할 것이다. 세상의 것들을 사랑하고 추구하는 것은 작은 죄가 아니다. 그것은 하나님과 원수가 되는 것이다.

간음한 여인들아 **세상과 벗된 것이 하나님과 원수 됨**을 알지 못하느냐 그런즉 누구든지 세상과 벗이 되고자 하는 자는 스스로 하나님과 원수 되는 것이니라(약 4:4).

사도 바울은 "이 세대를 본받지 말라."라고 강권했다.

그러므로 형제들아 내가 하나님의 모든 자비하심으로 너희를 권하노니 너희 몸을 하나님이 기뻐하시는 거룩한 산 제물로 드리라 이는 너희가 드릴 영적 예배니라 **너희는 이 세대를 본받지 말고** 오직 마음을 새롭게 함으로 변화를 받아 하나님의 선하시고 기뻐하시고 온전하신 뜻이 무엇인지 분별하도록 하라(롬 12:1, 2).

이 세대를 본받지 말라는 것은 '이 세상의 것들을 사랑하지 말고 살라.'는 말씀이다.

이 세상이나 세상에 있는 것들을 사랑하지 말라 누구든지 세상을 사랑하면 아버지의 사랑이 그 안에 있지 아니하니 이는 **세상에 있는 모든 것이 육신의 정욕과 안목의 정욕과 이생의 자랑이니** 다 아버지께로부터 온 것이 아니요 세상으로부터 온 것이라 이 세상도, 그 정욕도 지나가되 오직 하나님의 뜻을 행하는 자는 영원히 거하느니라(요일 2:15-17).

육신의 정욕과 안목의 정욕과 이생의 자랑을 따라 사는 자는 천국에 들어가지 못한다(갈 5:19-21; 롬 8:13). "육신의 정욕"대로 산다는 것은 방탕과 향락을 좋아하며 사는 것을 말한다. 성경은 "향락을 좋아하는 자는 살았으나 죽었느니라(딤전 5:6)."라고 말씀한다.
"안목의 정욕"이란 눈에 보이는 물질에 대한 소유욕, 즉 재물 욕심을 말한다. "이생의 자랑"이란 허영심, 명예욕, 사람들의 눈에 높임 받고자 하는 욕망을 말한다.
이런 세상에 속한 것들을 쫓아다니며 사는 사람은 하나님과 원수가 되는 것이며, 천국에 갈 자격이 없다. 오늘날 교인들 중에 이런 것들을 추구하지 않고, 오직 하나님의 뜻을 행하기를 기뻐하는 자가 얼마나 되겠는가!

7. 거룩한 삶에 대한 경고 ⑦: 서기관과 바리새인보다 더 나은 의를 가지고 살지 않는 자는 결코 천국에 들어가지 못한다

예수님께서 산상수훈에서 신약 성도들은 서기관과 바리새인보다 나은 의를 가지고 살아야 한다고 말씀하셨다. 그렇지 않으면 결단코 천국에 들어가지 못할 것이라고 분명히 경고하셨다.

> 내가 너희에게 이르노니 너희 의가 서기관과 바리새인보다 더 낫지 못하면 **결코 천국에 들어가지 못하리라**(마 5:20).

그러면 서기관과 바리새인들보다 나은 의는 어떤 것을 말하는가? 그것은 마음의 거룩함을 갖고 사는 것을 말한다. 특히 바리새인들은 외적인 종교 활동이 매우 많았다. 바리새인들은 종교적 열심이 대단하여 철저한 안식일 준수(마 12:1, 2), 온전한 십일조는 물론이요(마 23:23), 이레에 두 번씩 금식하고(눅 18:12; 마 9:14), 바다와 육지를 다니며 전도도 많이 했다(마 23:15). 그러나 그들의 마음이 더러웠다.

> 화 있을진저 외식하는 서기관들과 바리새인들이여 잔과 대접의 겉은 깨끗이 하되 그 안에는 탐욕과 방탕으로 가득하게 하는도다 눈 먼 바리새인이여 너는 먼저 안을 깨끗이 하라 그리하면 겉도 깨끗하리라 화 있을진저 외식하는 서기관들과 바리새인들이여 회칠한 무덤 같으니 겉으로는 아름답게 보이나 그 안에는 죽은 사람의 뼈와 모든 더러운 것이 가득하도다 이와 같이 너희도 겉으로는 사람에게 옳게 보이되 안으로는 외식과 불법이 가득하도다(마 23:25-28).

예수님께서는 서기관과 바리새인보다 나은 의를 마태복음 5장 21-48절에서 다섯 가지로 나누어 상세히 말씀해 주셨다.
첫째, 장차 천국에 들어가려면 거짓 없는 순수하고 뜨거운 형제 사랑을 가지고 살아야 한다.

> 옛 사람에게 말한 바 살인하지 말라 누구든지 살인하면 심판을 받게 되리라 하였다는 것을 너희가 들었으나 나는 너희에게 이르노니 **형제에게 노하는 자마다 심판을 받게 되고** 형제를 대하여 라가라 하는 자는 공회에 잡혀가게 되고 **미련한 놈이라 하는 자는 지옥 불에 들어가게 되리라**(마 5:21, 22).

신약 성도는 그리스도 안의 형제들을 나보다 낮게 여기고(빌 2:3), 존중하고 살아야 한다. 그리스도 안의 형제에게 노하거나 미련한 놈이라 욕하는 자는 지옥 불에 들어가게 될 것이다.
둘째, 장차 천국에 들어가려면 이성에 대하여 부정한 마음을 버리고, 순결한 마음을 가지고 살아야 한다.

> 또 간음하지 말라 하였다는 것을 너희가 들었으나 나는 너희에게 이르노니 음욕을 품고 여자를 보는 자마다 마음에 이미 간음하였느니라(마 5:27, 28).

셋째, 장차 천국에 들어가려면 항상 진실하고 정직하게 말해야 한다.

> 또 옛 사람에게 말한 바 헛 맹세를 하지 말고 네 맹세한 것을 주께 지키

라 하였다는 것을 너희가 들었으나 … 오직 너희 말은 옳다 옳다, 아니라 아니라 하라 이에서 지나는 것은 악으로부터 나느니라(마 5:33, 37).

넷째, 장차 천국에 들어가려면 내게 악을 행하는 자를 대적하지 말아야 한다. 즉 복수심을 갖지 말아야 한다.

또 눈은 눈으로, 이는 이로 갚으라 하였다는 것을 너희가 들었으나 나는 너희에게 이르노니 악한 자를 대적하지 말라 누구든지 네 오른편 뺨을 치거든 왼편도 돌려 대며 또 너를 고발하여 속옷을 가지고자 하는 자에게 겉옷까지도 가지게 하며 또 누구든지 너로 억지로 오 리를 가게 하거든 그 사람과 십 리를 동행하고 네게 구하는 자에게 주며 네게 꾸고자 하는 자에게 거절하지 말라(마 5:38-42).

다섯째, 장차 천국에 들어가려면 원수까지 사랑해야 한다.

또 네 이웃을 사랑하고 네 원수를 미워하라 하였다는 것을 너희가 들었으나 나는 너희에게 이르노니 너희 원수를 사랑하며 너희를 박해하는 자를 위하여 기도하라(마 5:43, 44).

우리 자신의 힘으로는 서기관과 바리새인보다 나은 거룩한 삶을 살 수는 없다. 그러나 하나님의 성령으로 거듭나게 되면 성령께서 이러한 삶을 살 수 있는 힘을 주시고, 살 수 있도록 인도해 주신다.[42]

---

42 로이드 존스는 거짓 선지자에 대해서 이렇게 말했다. "거짓 선지자는 산상 설교를 실천해야 한다고 말해 주지 않습니다. 만일 우리가 산상 설교를 실천하지 않고 이 설교를 듣기만

신약 시대 성도들은 메시아 예수님께서 오셔서 대속의 은혜를 베풀어 주시고, 성령 내주의 선물이 주어진 시대에 살아가기 때문에 구약보다 더 높은 수준의 거룩한 삶을 살라고 명하신 것이다(히 8:6-13).

8. 거룩한 삶에 대한 경고 ⑧: 먼저 그의 나라와 그의 의를 구하며 살라

구원받은 성도는 먼저 그의 나라와 그의 의를 구하며 살아야 한다.

> 그런즉 너희는 먼저 그의 나라와 그의 의를 구하라 그리하면 이 모든 것을 너희에게 더하시리라(마 6:33).

예수님께서는 천국 복음을 전하러 이 세상에 오셨다(눅 4:43). 사도 바울의 가르침의 핵심이 천국 복음이었다(행 19:8, 20:25, 28:23, 30, 31).

어떻게 하는 것이 하나님 나라를 확장하며 사는 것인가? 마귀의 포로 된 죄인들에게 복음을 전하여 성령으로 거듭나게 함으로 하나님 나라로 들어가게 하는 것이 하나님 나라를 확장하는 것이다.

> 그가 우리를 흑암의 권세에서 건져내사 그의 사랑의 아들의 나라로 옮기셨으니(골 1:13).

우리는 "의와 평강과 희락(롬 14:17)"의 하나님 나라를 확장하는 데 삶의 1차적 목적을 두어야 한다. 그렇지 않고, 죄악 가운데 살며 세상을 따라

한다면 우리는 저주를 받을 것입니다." Martyn Lloyd-Jones, *Studies in the Sermon on the Mount* (Grand Rapids, MI: Wm. B. Eerdmans Publishing Co., 1976), 504.

살면 천국에 들어가지 못할 것이다.

당신은 지금 하나님의 자녀로서 성령의 권능을 힘입어 하나님 나라를 확장하는 데 전념하고 있는가?

9. 거룩한 삶에 대한 경고 ⑨: 단 한 번의 범죄도 두려워하라

신구약 성경을 보면, 하나님의 중요한 명령 혹은 계명을 단 한 번 어겼다가 죽거나 신세를 망친 경우가 매우 많다.

- 마귀의 유혹을 받아 단 한 번 선악과를 따 먹음으로 인류 전체에게 불행을 가져온 아담, 하와(창 3:1-24)
- 소돔을 나오다가 단 한 번 뒤돌아보다가 소금기둥이 된 롯의 아내(창 19:26)
- 팥죽 한 그릇을 얻기 위해 장자의 명분을 판 에서(창 25:29-34). 그는 눈물을 흘리며 다시 장자의 명분을 얻고자 했으나 할 수 없었다(히 12:16, 17).
- 가나안 땅을 정탐한 12정탐꾼 중에 부정적인 보고를 한 열 명의 정탐꾼들 그리고 그들의 부정적인 보고를 듣고 하나님을 원망한 수백만의 이스라엘 백성들은 그 일로 젖과 꿀이 흐르는 가나안 땅에 영구히 들어가지 못했다(민 14:1-24).
- 므리바 물가에서 불순종하여 가나안 땅에 못 들어간 모세와 아론(민 20:1-13, 23, 24, 27:12-14)
- 들릴라의 꾀임에 빠져 머리털이 잘린 후 두 눈이 빠지고 비참하게 죽은 삼손(삿 16:4-22)

- 제사장 신분이 아닌 자가 제멋대로 제사를 드렸다가 하나님께 버림받고 왕위가 폐위된 사울 왕(삼상 13:8-15)
- 한 번의 간음죄로 가정과 나라가 풍비박산된 다윗(삼하 11:2-27)
- 구약에서 하나님의 중요한 계명을 어기는 자는 한 번의 범죄로 사형을 당했다(출 21:14, 15, 16, 17, 31:14; 레 20:13; 신 17:8-13, 21:18, 22:23, 24 등).
- 성령 모독 및 성령 거역 죄는 한 번의 범죄로 다시는 용서 받을 수 없다(마 12:31, 32).
- 사도 베드로 앞에서 성령을 속이고 단 한 번 거짓말을 했다가 죽은 아나니아와 삽비라 부부(행 5:1-11)

신앙생활은 한 번의 선택으로 하나님 앞에서 생과 사가 결정되는 수가 많다. 하나님을 경외하는 자라면 하나님의 말씀을 한 번이라도 어기는 것을 두려워해야 한다. 거짓 설교자들은 죄를 대수롭지 않게 여기도록 가르치나, 하나님을 경외하고 성경을 제대로 읽는 사람은 한 번의 범죄가 얼마나 무서운지 알 것이다. 영원한 지옥이든지 아니면 극심한 징계다(히 12:4-13).

하나님의 모든 말씀과 명령을 지키도록 주의하되 특히 십계명을 어기는 것을 주의하라. 하나님의 계명을 위반하고 죄를 짓는 것은 성령을 근심시키는 일이며(엡 4:30) 성령을 소멸하는 위험한 길로 가는 것이다(살전 5:19).[43]

---

[43] 견인의 약속과 경고의 말씀의 관계 : 거룩한 삶이 없이는 주님을 볼 수 없다고 하면 어떤 사람은 묻는다. "그러면 견인의 은혜는 없는 것인가? 거듭난 성도가 파멸할 정도로 심각하게 타락할 수 있는가?"라고 묻는다.
필자는 성도의 견인을 분명히 믿는다. 성경에는 견인의 은혜에 대한 말씀이 매우 명백히

지금까지 우리는 성경에 나오는 거룩한 삶에 대한 엄중한 경고를 살펴보았다. 거룩하게 산다는 것이 무엇인가? 다시는 고범죄를 짓지 않는 삶을 사는 것이다(요 8:11; 요일 3:9). 불의를 행하지 않고(고전 6:9, 10) 육신대로 살지 않고 성령에 따라 사는 것이다(롬 8:13; 갈 5:16). 세상을 따르는 삶을 살지 않는 것이다(약 4:4). 서기관과 바리새인보다 더 나은 의를 가지고 사는 것이다(마 5:20). 먼저 하나님의 나라와 그의 의를 구하며 사는 것이다(마 6:33). 단 한 번의 범죄도 두려워하며(히 6:4-6, 10:26-29) 근신하며 사는 것이다. 이렇게 사는 사람만이 재림하시는 주님을 기쁨으로 볼 수 있을 것이다.

거룩한 삶에 대한 하나님의 엄중한 경고에 비추어 볼 때 오늘날 크리스천 중에 몇 %가 천국에 들어가겠는가?

여러 군데 나온다(요 6:38-40, 10:27-29; 딤후 1:12 등).
참으로 거듭난 자는 히브리서 6장 4-6절, 10장 26-31절의 경고의 말씀을 기꺼이 받아들여 죄 짓기를 두려워하며 죄와 세상을 이기며 살 것이다(요일 3:9, 10, 5:4 등). 이렇게 살 수 있도록 하나님께서 붙들어 주실 것이다(유 1:1; 요 10:28-30 등). 이것이 견인의 은혜다. 그러나 참된 거듭남이 없는 사람은 죄를 이길 마음도 의지도 힘도 없다. 결코 죄를 이기는 삶을 살 수 없다. 그들은 결국은 멸망할 것이다.

J. C. 라일 – "구원받는 자가 매우 적다"

이 책 초고를 완성한 뒤 우연히 J. C. 라일(J. C. Ryle, 1816-1900)[44]이 쓴 "구원받는 자가 매우 적다"라는 글을 보게 되었다. 여기에 소개하는 것이 유익할 것 같아서 소개한다.

라일은 "구원받는 자가 매우 적다"라는 글에서 어느 시대든 구원받는 자가 매우 적다고 했다. "성경에 따르면 매우 적은 수(few)만이 천국에 가게 됩니다. 세상에 사는 사람들은 구원이 아주 쉬운 일이라고 생각하지만 성경에 따르면 **구원에 이르는 길은 협착하고 그 문은 좁습니다**."[45]

라일은 독자들에게 영국이나 스코틀랜드의 개신교 교구민들의 신앙 상태를 점검해 보고 구원받을 자가 많을지 판단해 보라고 하였다.

> 영국의 모든 교구 안에서 몇 사람이 남게 될 것입니까? 철저하고 진실하게 교구를 조사한다면 몇 사람이 구원받는 길 위에 있을 것입니까? 몇 사람이 진정으로 죄를 뉘우치고, 진정으로 그리스도를 믿고, 진실로 거룩한 자에 속할 것입니까? 나는 이 글을 읽는 모든 독자들이 하나님

---

44 J. C. 라일에 대해서 로이드 존스는 "라일 목사는 생전에 복음적 개혁주의 신앙의 대표자요, 가장 유명한 사람으로 알려졌다. 그의 책은 청교도 신학의 정수다."라고 말했다. 라일과 동시대 사람인 찰스 스펄전은 그를 "잉글랜드 국교회가 배출한 최고의 인물"이라고 묘사했다.

45 J. C. Ryle, *Old Paths* (Public Domain, 2013), 59.

의 눈처럼 정직하게 양심에 따라 판단해 주길 바랍니다. 내가 설명한 대로 성경에 따라 한 교구를 엄밀히 조사해 보십시오. 당신이 그 조사를 끝마치고 나면 슬프게도 매우 소수(few)만이 구원받는 길 안에 들어서 있다는 결론에 도달하게 될 것입니다.[46]

라일은 자신의 주장이 너무 편협하고 배타적이라고 비난하는 자들에 대해 이렇게 말했다.

나는 어떤 사람도 하늘나라에 들어오지 못하게 하고 싶은 생각은 추호도 없습니다. 내가 말하고 싶은 것은 회심하여, 믿음이 있고, 거룩한 영혼들 외에는 그 누구도 하늘나라에 들어갈 수 없다는 것입니다. 또한 내가 주장하고 싶은 것은 성경 말씀과 주어진 사실로 미루어 볼 때, **회심하고 믿음이 있는 거룩한 영혼은 매우 적은 수(few)에 불과하다는 것입니다.**[47]

마지막으로 라일은 "수많은 사람이 잃어버린 바 될 것이고 아주 적고도 적은 사람만이 구원받게 될 것입니다."라고 하면서 다음과 같이 끝맺었다. "당신이 구원받았다면 나는 당신이 구원받은 영혼답게 세상을 살아가고, 또한 **구원받는 영혼들이 아주 소수에 불과하다**는 것을 깨달은 사람답게 살아가기를 바랍니다."[48]

---

46 Ryle, *Old Paths*, 62.
47 Ryle, *Old Paths*, 64.
48 Ryle, *Old Paths*, 67.

제 5 장

당신은 하나님의 거룩한 말씀을 듣고 떠는가?

여호와께서 이와 같이 말씀하시되 하늘은 나의 보좌요 땅은 나의 발판이니 너희가 나를 위하여 무슨 집을 지으랴 내가 안식할 처소가 어디랴 나 여호와가 말하노라 내 손이 이 모든 것을 지었으므로 그들이 생겼느니라 무릇 마음이 가난하고 심령에 통회하며 내 말을 듣고 떠는 자 그 사람은 내가 돌보려니와(사 66:1, 2).

잠언 1장 7절은 "여호와를 경외하는 것이 지식의 근본이거늘"이라고 말씀하신다. 그런데 현대인들은 대부분 도무지 하나님을 두려워하지 않는다. 하나님의 엄중한 말씀을 두려워하지 않는다. 교인들조차 하나님을 두려워하지 않는다. 하나님의 말씀을 무시하는 교만하고 방자하고 태만한 교인들이 너무나 많다.

1. 하나님의 말씀을 듣고 떠는 자만 구원을 받을 것이다

구약 이스라엘 백성을 향하여 하나님께서 다음과 같이 말씀하셨다.

나 여호와가 말하노라 내 손이 이 모든 것을 지었으므로 그들이 생겼느니라 무릇 마음이 가난하고 심령에 통회하며 **내 말을 듣고 떠는 자** 그 사람은 내가 돌보려니와(사 66:2).

당신은 어떠한가? 하나님의 말씀을 듣고 떠는가? 당신은 앞 장(1-4장)에서 제시한 구원과 성화에 대한 하나님의 엄중한 경고의 말씀을 얼마나 떨리는 마음으로 읽었는가? 다음의 성경 구절을 당신은 얼마나 떨리는 마음으로 읽고 받아들이고 있는가?

너희가 육신대로 살면 반드시 죽을 것이로되 영으로써 몸의 행실을 죽이면 살리니(롬 8:13).

우리가 진리를 아는 지식을 받은 후 짐짓 죄를 범한즉(sin wilfully, KJV) 다시 속죄하는 제사가 없고 오직 무서운 마음으로 심판을 기다리는 것과 대적하는 자를 태울 맹렬한 불만 있으리라(히 10:26, 27).

장차 예수님께서 다시 오실 때 하나님의 말씀을 듣고 두려워 떨며 순종한 자만이 구원을 받을 것이다.

2. 하나님의 말씀은 더하거나 빼서는 안 된다

하나님의 말씀을 순종할 때는 하나님의 말씀에 더하거나 빼서는 안 된다. 분부하신 그대로 순종해야 한다(신 4:2, 12:32).

내가 너희에게 명령하는 말을 **너희는 가감하지 말고** 내가 너희에게 내리는 너희 하나님 여호와의 명령을 지키라(신 4:2).

내가 이 두루마리의 예언의 말씀을 듣는 모든 사람에게 증언하노니 만일 **누구든지 이것들 외에 더하면** 하나님이 이 두루마리에 기록된 재앙들을 그에게 더하실 것이요 만일 **누구든지 이 두루마리의 예언의 말씀에서 제하여 버리면** 하나님이 이 두루마리에 기록된 생명나무와 및 거룩한 성에 참여함을 제하여 버리시리라(계 22:18, 19).

하나님의 말씀에 더하거나 빼면서 순종한다고 하는 것은 진정한 순종이 아니다. 하나님께서는 온전한 순종을 요구하신다. 하나님의 말씀에 더하는 사람은 재앙을 그만큼 받을 것이요, 하나님의 말씀에서 제하는 사람은 천국에 들어가지 못할 것이라고 말씀하셨다. 이보다 더 분명하고 강력한 말씀이 또 있겠는가!

3. 하나님의 말씀을 어긴 자의 최후

열왕기상 13장 1−32절을 보면, 매우 특이한 사건이 나온다. 우리에게 주시는 교훈이 매우 준엄하다. 유다에서 온 하나님의 사람이 벧엘에서 금송아지 우상에게 분향하는 여로보암을 만나 하나님의 심판을 예언하고 돌아가는 길에 벧엘에 사는 한 늙은 선지자의 거짓말에 속아서 하나님의 명령을 어겼다가 사자에게 죽임을 당했다는 내용이 나온다.

하나님께서는 유다에서 온 하나님의 사람에게 여호와의 말씀으로 명령하여 이르시기를 "떡도 먹지 말며 물도 마시지 말고 왔던 길로 되돌아가지 말라(왕상 13:9)."라고 하셨다. 그런데 이 하나님의 사람이 벧엘에서 돌아가는 길에 벧엘에 살던 한 늙은 선지자가 따라와 "나도 그대와 같은 선지자라. 천사가 여호와의 말씀으로 내게 이르기를 그를 네 집으로 데리고 돌아가서 그에게 떡을 먹이고 물을 마시게 하라 하였느니라(왕상 13:18)." 하며 속였다.

그 불행한 하나님의 사람은 '천사가 여호와의 말씀으로' 자신에게 말했다는 늙은 선지자의 말에 속아서 그 늙은 선지자의 집에 가서 떡도 먹고 물도 마셨다. 그는 먹는 상 앞에서 하나님의 질책을 듣고 돌아가는 길에 사자에게 죽임을 당했다.

지나가는 사람들이 길에 버려진 하나님의 사람의 시체를 보고 늙은 선지자가 사는 성읍에 와서 이 소식을 알렸다. 이때 늙은 선지자는 이렇게 외쳤다.

> 이는 여호와의 말씀을 어긴 하나님의 사람이로다 여호와께서 그에게 하신 말씀과 같이 여호와께서 그를 사자에게 넘기시매 사자가 그를 찢어 죽였도다(왕상 13:26).

이 말씀은 하나님의 말씀을 우리가 얼마나 철저하게 그대로 순종해야 하는지 보여 준다. 하나님께서 믿으라고 하시면 믿고(요 3:16), 회개하라고 하시면 회개하고(행 2:37-39), 옛 사람을 십자가에 못 박으라 하시면 못 박고(갈 5:24), 성령을 받으라고 하시면 성령을 받고(눅 11:13; 요 3:5; 행 1:4, 5, 8), 자범죄를 짓지 말라(요일 3:9; 히 10:26-29)고 하시면 그대로 순종해야 한다. 영으로써 몸의 행실을 죽이는 자라야 산다(롬 8:13)고 말씀하시면 그대로 믿고 순종해야 한다. 이와 같이 하는 자만이 하나님 나라를 유업으로 받을 것이다.

4. 하나님의 말씀 외에 다른 누구의 말에도 미혹되지 말라

유다에서 온 하나님의 사람은 벧엘에 사는 늙은 선지자의 말을 그대로 어리석게 믿었다가 죽임을 당했다. 그의 어리석음과 경솔함이 그의 죽음을 가져왔다.

사도 바울은 고린도전서 6장 9절에서 "불의한 자가 하나님의 나라를 유업으로 받지 못할 줄을 알지 못하느냐? 미혹을 받지 말라."라고 강경하게 경고했다. 사람의 말에 흔들리지 말고 하나님의 분명한 말씀을 붙잡으라는 것이다.

누가 '천사가 여호와의 말씀으로 자기에게 말했다(왕상 13:18).'라고 하더라도 믿어서는 안 된다. 바울은 갈라디아서에서 다음과 같이 최강의 경고를 했다.

> 그리스도의 은혜로 너희를 부르신 이를 이같이 속히 떠나 다른 복음을 따르는 것을 내가 이상하게 여기노라 다른 복음은 없나니 다만 어떤 사람들이 너희를 교란하여 그리스도의 복음을 변하게 하려 함이라 그러나 우리나 혹은 하늘로부터 온 천사라도 우리가 너희에게 전한 복음 외에 다른 복음을 전하면 저주를 받을지어다 우리가 전에 말하였거니와 내가 지금 다시 말하노니 만일 누구든지 너희가 받은 것 외에 다른 복음을 전하면 저주를 받을지어다(갈 1:6-9).

하늘로부터 천사가 와서 말해도 기록된 말씀과 다르면 따라서는 안 된다. 이것을 기억하는 것은 우리의 영원한 운명에 매우 중요하다. 우리에게 어떤 유혹이 오더라도 우리가 받은 분명한 하나님의 말씀을 경외하는 마음으로 그대로 지켜야 한다.

제 6 장

배도: 거짓 평강을 외친 예레미야 시대의 거짓 선지자들

> 보라 그들이 여호와의 말을 버렸으니 그들에게 무슨 지혜가 있으랴 그러므로 내가 그들의 아내를 타인에게 주겠고 그들의 밭을 그 차지할 자들에게 주리니 그들은 가장 작은 자로부터 큰 자까지 다 욕심내며 선지자로부터 제사장까지 다 거짓을 행함이라 그들이 딸 내 백성의 상처를 가볍게 여기면서 말하기를 평강하다, 평강하다 하나 평강이 없도다(렘 8:9-11).

오늘날 교회의 영적 상황은 주전 587년 구약 이스라엘이 죄악으로 말미암아 바벨론 제국에 의해 멸망당하기 전의 상황과 매우 비슷하다.

1. 백성들의 대대적인 멸망에는 거짓 평강만 외치는 설교자(거짓 선지자)들의 죄가 크다

구약 이스라엘 멸망 전에 이스라엘 백성들의 죄악과 타락 때문에 하나님의 진노의 칼이 문 앞에 이르렀으나 그 땅에 있던 '모든' 선지자들과 제사장들은 "평강하다, 평강하다."라고만 외쳤다.

그러므로 여호와의 분노가 내게 가득하여 참기 어렵도다 그것을 거리에 있는 아이들과 모인 청년들에게 부으리니 남편과 아내와 나이 든 사람과 늙은이가 다 잡히리로다 내가 그 땅 주민에게 내 손을 펼 것인즉 그들의 집과 밭과 아내가 타인의 소유로 이전되리라 여호와의 말씀이니라 이는 그들이 가장 작은 자로부터 큰 자까지 다 탐욕을 부리며 선지자로부터 제사장까지 다 거짓을 행함이라 그들이 내 백성의 상처를 가볍게 여기면서 말하기를 **평강하다 평강하다 하나 평강이 없도다** 그들이 가증한 일을 행할 때에 부끄러워하였느냐 아니라 조금도 부끄러워하지 않을 뿐 아니라 얼굴도 붉어지지 않았느니라 그러므로 그들이 엎드러지는 자와 함께 엎드러질 것이라 내가 그들을 벌하리니 그때에 그들이 거꾸러지리라 여호와의 말씀이니라(렘 6:11-15).

예레미야 당시 거짓 선지자들은 하나님을 멸시하는 자들에게 "너희가 평안하리라."라고 말했다(렘 23:17). 당시 선지자들은 "자기 마음의 완악한 대로 행하는 모든 사람"의 마음과 귀를 즐겁게 하기 위해서 "재앙이 너희에게 임하지 아니하리라."라고 달콤한 말만 했다(렘 23:17). 이것은 오늘날 설교자들과 매우 유사하다.[1]

---

[1] 제자훈련으로 대형교회를 이룩하고 한국의 많은 목사들이 존경하는 목사 1위로 선정하는 옥OO 목사는 은퇴 후 복음주의협의회에서 다음과 같이 고백했다.
"은퇴를 하고 나서 매일 집에서 집사람이랑 가정 예배를 보는데, 성경 한 장 한 장 읽어 넘어가는데, 기가 막히는 거예요. 복음은 좋아요. 복음은 읽으면 행복하고 감사하고, 그 복음을 적용하는 면으로 넘어가면, 숨이 콱콱 막히는 거예요.
왜냐하면 내가 그대로 살지 못하니까. 그리고 가만히 돌이켜 보면, 내 목회 때 이 말씀을 정말 하나님의 말씀으로 전한 일이 몇 번 있느냐? 한 번도 전하지 못한 말씀이 수두룩하다는 거예요. 왜 전하지 못했느냐? 교인들이 부담스러워 하니까.
또 그런 말씀을 자꾸 전하면 부정적으로 생각하는 목사처럼 들리니까 자연히 기피하게 되는 것이지요. 그래서 지금 집에서 성경을 보면서 저 자신이 하나님의 말씀을 거리낌 없이 가감하지 않고 말씀대로 전하는 목회자의 양심을 빼 먹고 25년 사역을 했구나 하는 저 자

하나님의 포도원을 황무지로 만드는 주범, 즉 교회를 망치는 주범이 바로 거짓 목사들, 거짓 설교자들이다.

> **많은 목자가 내 포도원을 헐며** 내 몫을 짓밟아서 내가 기뻐하는 땅을 황무지로 만들었도다 그들이 이를 황폐하게 하였으므로 그 황무지가 나를 향하여 슬퍼하는도다 온 땅이 황폐함은 이를 마음에 두는 자가 없음이로다(렘 12:10, 11).

2. 이스라엘 멸망 전에 이스라엘에서 사역하던 '모든' 선지자들과 제사장들이 거짓을 행하는 자들이었다

많은 사람들이 궁금해한다. "그 당시만 해도 이스라엘에 수많은 제사장들과 선지자들과 성직자들이 있었는데, 진리를 구하는 사람이 참으로 한 명도 없었는가?" 이에 대한 답이 예레미야 6장에 나온다.

> 내가 그 땅 주민에게 내 손을 펼 것인즉 그들의 집과 밭과 아내가 타인의 소유로 이전되리라 여호와의 말씀이니라 이는 그들이 가장 작은 자로부터 큰 자까지 다 탐욕을 부리며 **선지자로부터 제사장까지 다 거짓을 행함이라**(렘 6:12, 13).

이스라엘이 멸망하기 전에는 이스라엘 백성 중에 아이부터 어른까지

신의 가책과 아픔을 많이 느낍니다. 이대로는 안 됩니다." (옥OO, 한국복음주의협의회 월례발표회 발표문, 2008. 01. 11.)
이것이 평생 제자훈련으로 한국에서 가장 유명한 교회를 이끌었던 목사의 은퇴 후 고백이다.

전부 '다' 탐욕으로 살았으며, 그 땅의 선지자와 제사장들이 '다' 거짓을 행하였다. 그중에 한 명도 진리를 마음에 두고, 진실하게 사는 사람이 없었다(렘 5:1).

예레미야 8장에도 같은 말씀이 나온다.

> 그러므로 내가 그들의 아내를 타인에게 주겠고 그들의 밭을 그 차지할 자들에게 주리니 그들은 가장 작은 자로부터 큰 자까지 다 욕심내며 선지자로부터 제사장까지 다 거짓을 행함이라(렘 8:10).

이처럼 하나님의 심판이 가까운 때에는 모든 선지자, 제사장, 파수꾼이 타락하는 시대가 될 것이다.

3. 말세에는 특히 거짓 선지자들을 주의해야 한다

예루살렘 멸망 당시에 예레미야 외에 모두가 거짓 선지자들이었다는 것을 살펴보았다. 그러면 신약에는 거짓 선지자들이 없는가? 예수님과 사도들은 거짓 선지자, 거짓 선생의 등장을 여러 번 경고하셨다(마 7:15, 24:11, 24; 막 13:22; 눅 6:26; 행 13:6; 벧후 2:1; 요일 4:1; 계 16:13, 19:20, 20:10 등).

예수님께서는 "거짓 선지자들을 삼가라 양의 옷을 입고 너희에게 나아오나 속에는 노략질하는 이리라(마 7:15)."라고 경고하셨으며, 사도 바울은 사탄의 일꾼들도 겉으로는 "의의 일꾼으로 가장"하니 주의하라고 경고했다(고후 11:15).

예수님께서는 특히 종말이 가까이 왔을 때 거짓 선지자가 많이 일어날 것을 예언하셨다.

> 거짓 그리스도들과 거짓 선지자들이 일어나 큰 표적과 기사를 보여 할 수만 있으면 택하신 자들도 미혹하리라(마 24:24).

종말이 되면 하나님의 진리의 말씀을 전하는 대신 거짓 구원과 거짓 평안을 전하는 자들이 교회 강단을 온통 차지하게 될 것이다(딤후 4:3, 4). 이미 오늘날 현실이 그렇지 않은가!

제 7 장

배도:
달콤한 거짓말만 의존하는 어리석은 백성들

보라 너희가 무익한 거짓말을 의존하는도다 너희가 도둑질하며 살인하며 간음하며 거짓 맹세하며 바알에게 분향하며 너희가 알지 못하는 다른 신들을 따르면서 내 이름으로 일컬음을 받는 이 집에 들어와서 내 앞에 서서 말하기를 우리가 구원을 얻었나이다 하느냐 이는 이 모든 가증한 일을 행하려 함이로다 내 이름으로 일컬음을 받는 이 집이 너희 눈에는 도둑의 소굴로 보이느냐 보라 나 곧 내가 그것을 보았노라 여호와의 말씀이니라(렘 7:8-11).

백성들의 대대적인 멸망에는 거짓 설교자, 거짓 목사들의 죄만 큰 것이 아니다. 거짓 선지자를 흔쾌히 따르는 백성들의 죄도 마찬가지다. 오늘날은 자기 귀를 즐겁게 해 주는 스승을 찾기에 급급한 교인들이 대부분이다. 휘튼 칼리지의 해프만 교수는 오늘날 교인들의 무지에 대해 다음과 같이 말했다.

21세기 초의 교회는 정체성의 위기에 직면해 있다. 대부분의 기독교인들은 성경의 가장 기초적인 가르침조차도 이해하지 못하고 있다. 많은

> 신자들에게 성경은 닫힌 책이다. … 오늘날 신도들의 특징은 '성경 문맹'이라고 할 수 있다.[1]

오늘날 교회 현실을 냉철하게 분석하는 사람들은 해프만의 지적을 부인하기 어려울 것이다. 그러나 정작 교인들은 자신들이 얼마나 무지한지 관심조차 없다.

1. 어리석은 백성들은 거짓 설교자들의 무익한 거짓말만 의존한다

구약 이스라엘이 멸망할 당시에 이스라엘 백성들은 참 선지자 예레미야의 경고는 듣지 않고 거짓 선지자들이 말하는 무익한 거짓말만 의지했다.

> **보라 너희가 무익한 거짓말을 의존하는도다** 너희가 도둑질하며 살인하며 간음하며 거짓 맹세하며 바알에게 분향하며 너희가 알지 못하는 다른 신들을 따르면서 내 이름으로 일컬음을 받는 이 집에 들어와서 내 앞에 서서 말하기를 우리가 구원을 얻었나이다 하느냐 이는 이 모든 가증한 일을 행하려 함이로다 내 이름으로 일컬음을 받는 이 집이 너희 눈에는 도둑의 소굴로 보이느냐 보라 나 곧 내가 그것을 보았노라 여호와의 말씀이니라(렘 7:8-11).

당시 모든 선지자들은 백성들에게 "죄를 짓고 마음대로 살아도 너희는

---

[1] Scott J. Hafemann, *The God of Promise and the Life of Faith* (Wheaton, IL: Crossway Books, 2001), 19.

구원받은 백성이다! 구원은 확실히 받았으니 걱정 말고 평강하라."라고 안심시켰다. 타락한 이스라엘 백성들은 도둑질하며 살인하며 간음하며 거짓 맹세하면서도 자기들에게 구원받았다고 말해 주는 거짓 선지자들의 말을 신뢰했다. 그리고 성전에 와서 "우리는 구원받았다!"라고 자신 있게 말했다.

오늘날 교인들과 너무나 흡사하다. 거듭나지 못한 채 갖가지 악을 행하면서 교회에 나와서는 "나는 하나님의 성도다! 천국을 보장받았다!" 이렇게 외친다. 죄악을 행하면서도 성전에 와서 구원받았다고 외치는 자들에 대해 하나님께서는 무엇이라고 말씀하셨는가?

> 내 이름으로 일컬음을 받는 이 집이 너희 눈에는 도둑의 소굴로 보이느냐 보라 나 곧 내가 그것을 보았노라 여호와의 말씀이니라(렘 7:11).

2. 바른 말을 듣기 싫어하고 선지자에게 부드러운 말만 하라고 요구하는 백성들

이사야 30장을 보면, 이스라엘 백성들은 한 술 더 떠서 선견자와 선지자에게 부드러운 말만 하라고 요구했다.

> 대저 이는 패역한 백성이요 거짓말 하는 자식들이요 여호와의 법을 듣기 싫어하는 자식들이라 그들이 선견자들에게 이르기를 선견하지 말라 선지자들에게 이르기를 우리에게 **바른 것을 보이지 말라 우리에게 부드러운 말을 하라 거짓된 것을 보이라** 너희는 바른 길을 버리며 첩경에서 돌이키라 이스라엘의 거룩하신 이를 우리 앞에서 떠나시게 하라 하는도다(사 30:9-11).

선지자에게 거짓된 것이라도 좋으니 부드럽고 달콤한 말을 하라고 요구하는 것은 오늘날 교인들과 너무나도 비슷하다.

미가 선지자²가 이스라엘 백성의 죄악이 너무 커서 하나님께서 심판을 보내지 않을 수 없다고 경고하니 이스라엘 백성은 미가 선지자가 전한 하나님의 말씀을 듣고 회개하기는커녕 그런 무서운 예언을 전하지 말라고 했다. 자기들에게 욕하지 말라고 하며(미 2:6) 미가 선지자를 배척하고 그 대신 황당하게 거짓말을 하는 거짓 선지자들을 더 좋아했다(미 2:11).

이처럼 하나님의 말씀은 듣기 싫어하고 황당한 거짓말을 신뢰하는 것이 이스라엘 백성이었다. 말세에는 이러한 경향이 더욱 뚜렷이 나타날 것이다(딤후 4:3, 4).

기독교 조사기관 처치 그로우쓰 투데이(Church Growth Today)는 조엘 오스틴 목사가 시무하는 텍사스 휴스톤의 레이크우드 처치(Lakewood Church)가 미국에서 가장 큰 교회라고 최근에 발표했다.³ 그 교회는 매주 52,000명의 사람들이 출석하는 것으로 알려졌다. 조엘 오스틴은 "자신은 한 번도 지옥에 관한 설교를 한 적이 없다."라고 자랑하는 목사다. 그는 건강, 부, 행복, 성공, 번영, 풍요, 꿈, 긍정만 이야기한다. 그는 귀를 즐겁게 하는 전문가다. 그는 예수님 외에도 구원이 있는 것처럼 모호하게 말하는 목사다.⁴ 존 맥아더 목사(1939-)는 한 설교에서 조엘 오스틴을 "모든 면에

---

2 이사야와 같은 시대에 예언했던 선지자로 주전 740-698년에 유다 왕국에서 사역했다.
3 LA중앙일보. 2016.9.14. 미주판 6면.
4 조엘 오스틴은 미국 CNN 방송의 유명한 토크쇼인 래리 킹 라이브(Larry King Live)에 2005년 6월 출연해 래리 킹과 다음과 같은 대담을 나누었다.
   킹: "만약 당신이 유태인이나 이슬람 교도라면 어떻게 되는 것입니까? 당신이 예수 그리스도를 받아들이지 않는 사람이라면 어떻게 됩니까?"
   오스틴: "글쎄요. 나는 그런 부분에 대해 얘기할 때는 아주 조심하려고 노력합니다. 예수를 안 믿으면 천국에 가지 않는다는 부분에 대해서는 아주 조심해야 돼요. 글쎄요. 잘 모

서 이교도 종교인이며 거의 범신론자"라고 경계했다. 현대 교인들은 조엘 오스틴과 같은 목사, 그런 설교를 하는 교회를 매우 좋아한다.

예수님께서는 거짓 선지자들에 대해서 다음과 같이 말씀하셨다.

> 그러나 화 있을진저 너희 부요한 자여 너희는 너희의 위로를 이미 받았도다 화 있을진저 너희 지금 배부른 자여 너희는 주리리로다 화 있을진저 너희 지금 웃는 자여 너희가 애통하며 울리로다 모든 사람이 너희를 칭찬하면 화가 있도다 그들의 조상들이 거짓 선지자들에게 이와 같이 하였느니라(눅 6:24-26).

3. 하나님께서도 기이하게 여기시는 세대

하나님께서는 이스라엘 백성들이 거짓된 자들을 좋아하고 따르는 것을 보시고 기이하고 놀랍다고 하셨다.

> 이 땅에 기이하고 놀라운 일이 있도다 선지자들은 거짓을 예언하며 제사장들은 자기 권력으로 다스리며 내 백성은 그것을 좋게 여기니 그 결국에는 너희가 어찌 하려느냐(렘 5:30, 31, 개역한글).

지금도 많은 교인들이 구원(거듭남)이 무엇인가에 대해 진지하게 알고자 하지 않는다. 거룩한 삶이 무엇인지에 대해 고민하지 않는다. 다가올 종말을 어떻게 맞이해야 할지 관심이 없다.

르겠어요."

그 대신에 달콤한 말로 거짓 구원과 거짓 평안을 전하는 거짓 선지자의 설교를 좋아하고, 세상적 권력으로 다스리는 제사장을 좋아하고 따른다. 하나님께서 이들을 보시고 기이하고 놀랍다고 하신다.

4. 거짓 선지자들의 죄악과 거짓 선지자가 전하는 달콤한 말만 좋아하는 백성들의 죄악이 똑같다

거짓 평안으로 미혹하는 거짓 선지자의 죄악과 그에게 묻는 자의 죄악이 같다고 하나님께서 말씀하셨다.

> 만일 선지자가 유혹을 받고 말을 하면 나 여호와가 그 선지자를 유혹을 받게 하였음이거니와 내가 손을 펴서 내 백성 이스라엘 가운데에서 그를 멸할 것이라 **선지자의 죄악과 그에게 묻는 자의 죄악이 같은즉** 각각 자기의 죄악을 담당하리니(겔 14:9, 10).

타락한 백성이 타락한 지도자를 낳는다. 이기적이고, 세속적이고, 탐욕적인 교인들은 참 선지자를 싫어하고 오히려 거짓 선지자를 좋아한다. 그들은 공생 관계에 있는 것이다. 둘 다 심판을 면하지 못할 것이다.

예수님께서 제자들을 파송하시면서 다음과 같이 말씀하셨다.

> 너희를 영접하는 자는 나를 영접하는 것이요 나를 영접하는 자는 나를 보내신 이를 영접하는 것이니라 선지자의 이름으로 선지자를 영접하는 자는 선지자의 상을 받을 것이요 의인의 이름으로 의인을 영접하는 자는 의인의 상을 받을 것이요(마 10:40, 41).

하나님의 진실한 선지자를 영접하면 선지자의 상을 받을 것이다. 마찬가지로 거짓 선지자를 영접하는 자들은 거짓 선지자들이 받을 심판을 받을 것이다. 거짓 선지자를 추종하면, 마귀와 거짓 선지자가 있는 영원한 불과 유황 못에 들어갈 것이다(계 20:10).

제 8 장

지금은 총체적 배도의 시대다

> 너는 이것을 알라 말세에 고통하는 때가 이르러 사람들이 자기를 사랑하며 돈을 사랑하며 … 쾌락을 사랑하기를 하나님 사랑하는 것보다 더하며 경건의 모양은 있으나 경건의 능력은 부인하니 이 같은 자들에게서 네가 돌아서라(딤후 3:1-5).

지금은 총체적 배도의 시대다. 사도 바울은 예수님께서 세상에 다시 오시기 전에 배도의 일이 있을 것이라고 말씀했는데(살후 2:1-12) 오늘날 교회의 현실을 보면, 이미 배도의 물결이 교회 안에 강하게 역사하고 있다. 성령으로 거듭나서 거룩하게 사는 진정한 신자는 찾아보기 어렵고, 가라지들, 즉 거짓 신자들이 예배당을 가득 채우고 있다.

1. 이기적 믿음, 세속적 믿음이 지배하는 시대

사도 바울은 디모데후서 3장에서 종말 신자들이 배도하는 모습을 그림 그리듯이 분명히 보여 주고 있다.

너는 이것을 알라 말세에 고통하는 때가 이르러 사람들이 **자기를 사랑하며 돈을 사랑하며** 자랑하며 교만하며 비방하며 부모를 거역하며 감사하지 아니하며 거룩하지 아니하며 무정하며 원통함을 풀지 아니하며 모함하며 절제하지 못하며 사나우며 선한 것을 좋아하지 아니하며 배신하며 조급하며 자만하며 쾌락을 사랑하기를 하나님 사랑하는 것보다 더 하며 **경건의 모양은 있으나 경건의 능력은 부인하니** 이 같은 자들에게서 네가 돌아서라(딤후 3:1-5).

말세 신자들은 "자기를 사랑"하며, "돈을 사랑"한다. 즉 말세는 이기주의, 물질주의, 세속주의가 모든 사람을 지배하는 시대다. 경건의 모양은 있으나 경건의 능력은 없는 교인들이 교회를 가득 채우는 시대다.

데이빗 윌커슨은 그의 책『마지막 때의 환상과 징조』에서 종말에 일어날 일에 대해 예언적으로 말하기를 "마지막 시대 그리스도인에게 가해지는 가장 큰 유혹은 번영이 될 것입니다. … 저는 수많은 그리스도인이 물질에 집착하고 사로잡힌 것을 보았습니다."[1]라고 말했다.

사도 바울은 디모데후서 4장에서 종말 시대의 배도 현상을 이렇게 예언했다.

때가 이르리니 사람이 바른 교훈을 받지 아니하며 귀가 가려워서 자기의 사욕을 따를 스승을 많이 두고 또 그 귀를 진리에서 돌이켜 허탄한 이야기를 따르리라 그러나 너는 모든 일에 신중하여 고난을 받으며 전도자의 일을 하며 네 직무를 다하라(딤후 4:3-5).

---

1   David Wilkerson, *The Vision and Beyond* (Lindale, TX: World Challenge Publication, 2003), 46, 48.

종말에는 교인들이 물질과 세상을 사랑하며 거룩한 진리의 말씀을 듣기 싫어하고 대신 세상적인 욕심을 채워 줄 설교자를 찾아다닐 것이다. 허탄한 이야기 듣기를 좋아할 것이다.

2. 기복주의 신앙이 곧 배도다

오늘날 교회에서 보게 되는 가장 큰 문제점 중의 하나는 기복주의 신앙이다. 성도는 이 세상이나 세상에 있는 것들을 사랑해서는 안 된다(요일 2:15). 그런데 기복주의 신자는 현세적이고 세상적인 목적으로 교회를 다닌다. 물질적 복을 구하기 위해, 세상의 출세와 성공을 위해, 자신과 가족의 건강을 위해, 자식들 시집 장가 잘 보내기 위해, 세상의 힘 있는 자와 인맥을 맺기 위해 교회를 열심히 다닌다.

참된 기독교는 죽었던 영혼이 그리스도의 십자가의 복음을 믿고 회개하여 하나님의 성령으로 거듭나(요 3:5), 하나님의 성품에 참여하고(벧후 1:4), 이 세상을 본받지 말고(롬 12:1, 2), 이 세상 정욕을 다 버리고(딛 2:12), 진정한 사랑을 실천하면서(롬 13:8-10), 하나님 나라를 확장하는(마 6:33) 데 있다. 이것은 성경 전체에 걸쳐서 계속하여 강조하시는 하나님의 말씀이다.

그러나 기복적인 교인들은 이런 거룩한 하나님의 말씀에는 관심이 없다. 세상적인 것에 관심이 있을 뿐이다. 기복주의 교인들보다 더 치명적인 존재는 기복주의적인 설교자들이다. 기복주의 설교자들은 교인들의 이러한 세속적, 육적 욕망을 자극하여 교인들을 끌어모으는 데 일차적인 관심을 가진다.

기복주의 신앙의 특징은 육적이다. 그것의 뿌리는 마귀로부터 비롯되었다. "세상적이고 정욕적인 것"은 "마귀적인 것"이다(약 3:15).

3. 지금은 교회의 세속화 시대이다

오늘날 대부분의 교인들은 진리를 알고 진리를 실천하기 위해서 교회를 다니지 않는다. 신자들은 자기들의 세속적인 욕망을 채울 수 있는 교회를 찾아다닌다.

지금은 교회가 불신자 내지 세속적인 신자들의 입맛에 맞추려고 교회의 거룩함을 포기하고 있다. 예를 들면, "1970년대 후반부터 미국에서 가장 규모가 큰 복음주의 교회들 중 몇몇이 주일 집회의 재미를 돋우기 위해 수선을 떠는 익살극이나 보드빌(vaudeville)[2], 레슬링 시합, 심지어는 모의 스트립쇼와 같은 세속적인 책략을 도입하고 있다."[3]

사람들이 왜 이런 곳에 몰리는가? 자신들의 세속적 기호를 충족시켜 주기 때문이다. 이런 교회가 음녀 교회다(약 4:4). 요한계시록 17장에 나오는 음녀 심판이 바로 이런 교회에 대한 심판을 말씀하는 것이다.

교회는 성도들에게 모든 세속의 욕심을 끊고 성령으로 거듭나 하나님의 말씀에 따라 희생 봉사하면서 살아야 한다고 가르쳐야 마땅하거늘 세속적인 미끼로 교인들을 유인하고 있는 것이 지금 세상 교회들의 모습이다.

이러한 세속적인 교회가 거대 교회가 된 경우가 허다하다. 존 맥아더 목사는 이렇게 말했다. "이 거대한 교회들 가운데 몇몇은 우아한 컨트리클럽이나 휴양 호텔을 닮았다. 이 교회들은 볼링장, 영화관, 건강 온천, 식

---

2 노래, 춤, 음악, 묘기, 요술 등을 곁들인 소희극.
3 John MacArthur, *Ashamed of the Gospel* (Wheaton, IL: Crossway Books, 2010), 32.

당, 무도장, 롤러스케이트장, 최신식으로 꾸민 멀티 코트 체육관 등과 같은 인상적인 시설들로 특징을 나타낸다. 오락과 유흥은 필연적으로 이 기업들의 가장 눈에 띄는 측면이다. 그런 교회들은 교회 성장을 배우는 학생들의 메카가 되었다."[4]

뉴욕 힐송 교회가 2016년 5월 6일부터 7일까지 개최한 2016 Hillsong NYC Colour Women's Conference 폐막식 행사에서 힐송 교회에서 사역하는 한 젊은 목사가 '벌거벗은 카우보이(Naked Cowboy)'[5]를 흉내 낸 차림으로 등장하여 기타를 치며 노래하여 많은 여성들의 열화와 같은 환호를 받았다.

우리나라도 1980년대부터 점점 세속화의 추세가 힘을 발휘하더니 이제는 많은 교회가 세속적인 분위기에 휩싸였다. 오늘날 많은 교회의 추세가 이러니 교인들도 이런 풍조에 대해서 문제의식을 못 느끼고 있다. 그리스도인다운 행동과 세속적 행동을 나누는 많은 구분이 희미해졌다. 기독교인과 비기독교인의 차이가 보이지 않는다.

4. 사교 목적으로 출석하는 교인들

교회를 하나의 사교 장소로 생각하고 다니는 사람도 많다. 이런 사람들은 교회를 선택할 때 그 교회가 하나님의 말씀대로 가르치고 행하는지에 대해서는 관심을 갖지 않고 단지 교회가 큰지, 편의 시설이 잘 되어 있는지, 사교적 분위기가 괜찮은지에 대해서만 신경을 쓴다.

---

4 MacArthur, *Ashamed of the Gospel*, 82.
5 미국 뉴욕 타임스 스퀘어 광장에서 카우보이 모자에 팬티 한 장만을 입고 기타를 치며 구걸을 하는 사람.

이런 교회는 죄를 애통해 하는 눈물도, 가슴을 찢는 회개도, 육체와 함께 그 정욕과 탐심을 십자가에 못 박는 것(갈 5:24)도, 성령님의 거듭나게 하시는 역사도, 십자가도 없다. 그저 인간적 목적이 우선이다.

결혼식과 장례식을 잘 치를 수 있는 교회일수록 인기가 높다. 필자는 송파구의 초대형 교회를 다니게 된 아는 사람을 만난 적이 있다. 평소 속물근성이 많은 그는 입에 침이 마르도록 자기 교회의 장례위원회의 활약상을 자랑했다. 그의 이야기를 다 듣고 난 다음에 "그러면 너는 성령으로 거듭났느냐? 그것에 대해서 그 교회에서 듣고 배운 바가 있느냐?"라고 물어 보았다. 예상대로 그는 아주 당황하면서 별 관심이 없다는 듯이 화제를 다른 데로 돌렸다.

사랑의교회 설립자 옥한흠 목사의 아들 옥성호 씨가 지은 『Why? 그 이후』란 책을 읽어 보았다. 그는 지금 신축 예배당에 가지 않고 있으면서 사랑의교회와 현 담임 목사의 부패와 타락을 질타하며 사랑의교회 갱신을 위해 노력하고 있는 중이다. 그는 현재 대형 교회 교인들의 생태를 다음과 같이 기술했다.

오OO [현재 담임] 목사는 특히나 큰 교회를 다니는 사람들은 '네트워크' 때문에 교회가 필요하지 목사의 도덕성, 말씀의 은혜 때문에 가는 것이 아님을 너무도 잘 안다. 교회 속에서 만들어진 네트워크는 부모뿐 아니라 주일학교의 아이들까지 촘촘하게 연결된다. 행여 그 네트워크가 생계와 연계된다면 교회는 한마디로 난공불락의 요새가 된다. 오OO 목사만이 아니다. 대형 교회 목사들은 단 한 명의 예외도 없이 교

인들의 이러한 속성을 너무도 잘 안다.[6]

다음은 광림교회, 충현교회, 여의도순복음교회의 개혁을 요구하는 평신도들에 대해 취재한 기사다. 교인들이 적극적으로 교회 개혁에 앞장서지 못하는 주된 이유 중 하나가 자기들이 큰 교회를 떠나면 결혼식 등에 올 사람이 없다는 것이다. 다음은 기사 중 일부다.

> 그러나 충사모, 교사모의 예에서 보듯 광평연[7]의 정당한 요구는 아직까지 실패한 쿠데타에 머물고 있다. 동면에서 깨어난 평신도 그룹의 외침이 한국 교회 전체의 반향을 일으키지 못하는 이유는 도대체 어디에 있을까?
>
> 광평연 회원인 오OO 집사는 "교인들 대부분이 하나님과 정의를 위한 신앙이 아니라 자기 자신만을 위한 신앙심에서 빠져 나오지 못하고 있기 때문이다."고 분석하고 있다. …
>
> 충사모 김OO 집사의 견해도 오 집사와 일치한다. 김 집사는 "교인들이 대개 잘못을 알면서도 매우 지엽적인 문제들 때문에 소극적인 자세를 갖고 있다."고 설명하고 있다. 김 집사가 말하는 지엽적인 문제는 △ 만약 충현교회를 나가면 미아 신세가 된다. △ 결혼식 등 집안 행사에 올 사람이 없다. △ 충현동산(교회 묘지)에도 묻히지 못한다는 것 등이다.

---

6 옥성호, 『Why? 그 이후』 (수원: 도서출판 은보, 2016), 201. OO은 필자가 처리함.
7 충현교회 개혁을 위한 '충현교회를 사랑하는 사람들의 모임(충사모)', 여의도순복음교회의 개혁을 위한 '교회사랑장로모임(교사모)', 광림교회 개혁을 위한 '광림사랑평신도연합(광평연)'.

김 집사는 "교회 생활을 오래 한 사람은 교회를 떠난다는 생각은 거의 하지 못하죠."라고 말하고 "교회를 떠난다는 것은 곧 천애 고아가 되는 것이라고 생각합니다."라고 설명한다.[8]

이런 교인들에게 중요한 것은 예수님이나 진리가 아니라 결혼식, 장례식을 치를 때 사람이 얼마나 올 수 있는가이다. 이런 자들에게 "무릇 내게 오는 자가 자기 부모와 처자와 형제와 자매와 더욱이 자기 목숨까지 미워하지 아니하면 능히 내 제자가 되지 못하고 … 이와 같이 너희 중의 누구든지 자기의 모든 소유를 버리지 아니하면 능히 내 제자가 되지 못하리라(눅 14:26, 33)."라고 하신 예수님의 말씀을 들려주면 어떻게 반응할 것인지 궁금하다.

5. 배도를 이기는 길: 마귀의 세 가지 시험을 이기신 그리스도

마귀는 항상 사람들로 하여금 육신의 정욕과 안목의 정욕과 이생의 자랑을 쫓아다니도록 유혹한다. 배도한 시대의 삯꾼 목사들은 평신도들이 교회에 다니면서도 동시에 이런 것들을 추구할 수 있게 만든다. 건강, 부, 행복, 성공, 번영, 풍요 등은 항상 사탄이 교묘히 참된 복인 것처럼 위장해서 제시하는 것들이다. 현대 교인들은 이런 것들에 열광한다.

대형 교회 속에서 자란 옥성호 씨는 한국의 대형교회가 열렬히 성공과 출세를 추구하는 분위기에 깊이 빠져 있다고 진단했다. "오늘날 한국 교회들, 특히 대형 교회들을 한 마디로 표현한다면 자본주의적 성공주의에 뼛

---

8 출처: https://godpeople.or.kr/story/47230 (2016. 7. 7.)
　OO은 필자가 처리함.

속 깊이 물든 상태라고 할 수 있습니다."⁹ 기복과 성공이 오늘날 한국 교회 교인들의 머리와 가슴을 지배하고 있다.

누가복음 4장 1-13절, 마태복음 4장 1-11절을 보면, 예수님께서 공생애를 시작하시기 전에 40일을 금식하신 후 광야에서 마귀에게 세 가지 시험을 받으시고, 그 시험에서 승리하시는 내용이 나온다.

첫째로, 마귀는 육신의 정욕(요일 2:16)으로 시험했다. 마귀는 40일 동안 금식으로 굶주린 예수님께 "네가 만일 하나님의 아들이어든 이 돌들에게 명하여 떡이 되게 하라(눅 4:3)." 하면서 유혹했다. 마귀는 오늘날에도 인간들로 하여금 육신적인, 물질적인 것에 집중하도록 만든다.

둘째로, 마귀는 안목의 정욕(요일 2:16)으로 시험했다. 첫 번째 유혹에 실패한 마귀가 이번에는 예수님을 지극히 높은 산으로 데리고 가서 천하만국과 그 영광을 보여 주며 말하기를 "이 모든 권위와 그 영광을 내가 네게 주리라 이것은 내게 넘겨 준 것이므로 내가 원하는 자에게 주노라 그러므로 네가 만일 내게 절하면 다 네 것이 되리라(눅 4:6, 7)."라고 유혹했다. 이것은 눈에 보이는 물질적 소유, 현세적 영광으로 유혹하는 마귀의 시험을 보여 준다.

셋째로, 마귀는 이생의 자랑(요일 2:16)으로 시험했다. 두 번의 유혹에 실패하자 마귀는 예수님을 성전 꼭대기에 세우고 "네가 만일 하나님의 아들이어든 여기서 뛰어내리라 기록되었으되 하나님이 너를 위하여 그 사자들을 명하사 너를 지키게 하시리라 하였고 또한 그들이 손으로 너를 받들어 네 발이 돌에 부딪치지 않게 하시리라 하였느니라(눅 4:9-11)." 하며 시편 91편 11, 12절 말씀을 인용하며 유혹했다. 이는 자기 과시욕, 명예욕,

---

9 옥성호, 『아버지와 아들』(서울: 부흥과개혁사, 2008), 168.

허영심으로 유혹하는 사탄의 유혹을 보여 준다.

예수님의 세 가지 시험 사건의 교훈이 무엇인가? 마귀는 항상 사람들로 하여금 세상적이고, 육신적이고, 이기적인 소욕으로 유혹한다. 이런 유혹과 시험을 못 이기면 성도로서 삶을 시작할 수 없다. 예수님께서는 이 세 가지 시험을 이기시고 공생애를 시작하셨다.

예수님께서는 어떻게 마귀의 시험을 이기셨는가? 세 번 모두 하나님의 말씀으로 이기셨다. 마귀의 첫 번째 시험에 대해서 예수님께서는 "기록되었으되 사람이 떡으로만 살 것이 아니요 하나님의 입으로부터 나오는 모든 말씀으로 살 것이라 하였느니라(마 4:4)."라고 하시면서 마귀의 시험을 물리치셨다. 이 말씀은 신명기 8장 3절에 나오는 말씀이다.

내게 절하면 세상의 모든 권위와 영광을 주겠다는 마귀의 두 번째 유혹에 예수님께서는 "사탄아 물러가라 기록되었으되 주 너의 하나님께 경배하고 다만 그를 섬기라 하였느니라(마 4:10)."라고 하시며 마귀를 물리치셨다. 이 말씀은 신명기 6장 13절에 나온다.

세 번째 마귀의 시험에서는 "기록되었으되 주 너의 하나님을 시험하지 말라 하였느니라(마 4:7)."라고 하시면서 마귀를 격퇴하셨다. 이 말씀은 신명기 6장 16절 말씀이다.

배도를 이기는 길이 무엇인가? 예수님께서는 세 번 다 하나님의 거룩한 말씀으로 마귀를 물리치셨다. 하나님의 말씀은 마귀를 격퇴하는 유일한 무기다(시 119:11).

구원의 투구와 성령의 검 곧 하나님의 말씀을 가지라(엡 6:17).

6. 세속적 믿음보다 더욱 충격적인 배도: 동성애와 종교다원주의

교인들이 하나님보다 세상을 사랑하는 것이 음행이요 배도다. 그런데 놀랍게도 근래에 들어와서 이것과는 비교할 수 없을 정도로 심각한 배도가 세계 교회 중에 누룩처럼 퍼지고 있다.

최근에 동성애와 종교다원주의를 허용하는 교회가 매우 많이 생겼다. 오히려 교인들 중 그것을 반대하는 사람들보다 찬성하는 사람이 더 많아지는 참담한 현상이 벌어지고 있다.

미국의 대표적 교단 중 하나인 미국장로교(PCUSA: Presbyterian Church in the United States of America)[10]는 2011년에 헌법을 수정해 게이나 레즈비언 등 동성애자들에게도 교회의 영적 지도자인 목사, 장로, 안수집사가 될 수 있도록 했다. 221차 총회(2015년)에서는 동성 간 결혼을 허용할 수 있도록 규례문안을 바꾸는 안건을 표결 결과 429 대 175로 통과시켰다.

미국의 또 다른 대표적 교단 중 하나인 미국연합감리교(UMC: United Methodist Church)는 2000년 5월 5일부터 12일까지 개최되었던 총회에서 750 대 210으로 동성애를 찬성하였다.[11]

2015년 실시한 한 조사[12]에 의하면, 미국 백인 주류 장로교인 중에 동성결혼을 강하게 선호하는 비율이 31%, 보통 선호하는 비율이 38%가 된다. 이렇게 동성결혼을 찬성하는 비율이 총 69%에 이른다.

길레스피 목사는 영국감리교회(Methodist Church – U.K.)가 동성애자

---

10 2005년도 교회 수 10,960. 신도 수 2,313,662명. 교역자 수 8,752명. 미국장로교(PCUSA)는 WCC 정회원이다.
11 기독교신문, 2000년 5월 21일, 제1563호, p. 2. 미국연합감리교(UMC)는 WCC 정회원이다.
12 대중종교연구소(Public Religion Research Institute)가 2015년 4월에 4만 명이 넘는 사람들을 인터뷰한 자료다.

들에게 안수하여 목사로 사역하도록 결의한 것을 반대했다가 영국감리교로부터 파면을 당했다. 그는 7년 동안 시무한 루에스감리교회(Looes Methodist Church)를 떠나 50여 명의 성도와 함께 독립 개척했다.[13]

또한 현재는 종교다원주의가 기독교계를 휩쓸고 있다. 2008년에 실시한 한 조사[4]에 의하면, '예수 그리스도를 따르는 사람만이 구원을 받을 수 있다.'라는 고백에 미국 장로교 목사의 35%만이 동의하고 있다. 나머지 65%는 동의하지 않는다. 지금 이 시대 미국 장로교의 목사들 중에는 이처럼 예수님께서 유일한 구주(요 14:6)라는 사실을 인정하지 않는 사람이 더 많다. 이런 사람들이 교회의 다수를 차지하고 있는 것을 보면 배도의 끝에 이르렀음을 알 수 있다.

미국장로교(PCUSA)의 제222회 총회(2016년) 개회 식순에서 무슬림이 알라의 이름을 부르며 기도한 일이 발생했다. 총회 첫날 올랜도 테러와 찰스턴교회 테러 희생자를 위한 추모 시간에 포틀랜드 무슬림 커뮤니티를 대표해 와지디 사이드(Wajidi Said) 씨가 단상에 올라와 "알라여, 우리와 우리 가족, 우리의 주를 복 주소서. 우리를 '바른 길', 아브라함, 이스마엘, 이삭, 모세, 예수, 무함마드 등 모든 선지자의 길로 인도하소서. 그들 모두에게 평화가 있기를. 아멘."이라고 기도했다.

초대형 교회인 여의도순복음교회 조OO 목사는 2004년 5월 12일 동국대 불교대학원 최고위과정 특강에서 종교다원주의를 용인하는 것으로 보

---

13 *Ecumenical Press Service*, 94. 07. ; 조영엽, 『세계교회협의회(W.C.C.)의 실상을 밝힌다.』 (서울: 언약 출판사, 2010), 291.
14 미국 장로교 안에서 행하는 '장로교 패널'의 2008년 조사 결과다. 장로교 패널은 미국 장로교 본부에서 1973년부터 시작해 매 3년마다 교단 전체의 의견을 파악하기 위해 행하는 조사를 위한 모집단(母集團)이다.

이는 발언을 하여 논란이 일어났다.[15]

세계적인 부흥사로 알려진 빌리 그래함(Billy Graham, 1918-) 목사는 1997년 5월 31일 로버트 슐러 목사와의 인터뷰에서 종교다원주의적 구원관을 분명히 피력했다.[16] 2006년 8월 미국의 시사 주간지 「뉴스위크」와의 인터뷰에서도 그는 변함없는 자신의 다원주의적 구원관을 밝혔다.[17]

어찌하여 주님의 교회가 이 지경이 되었는가!

---

15 다음은 특강 후 질의응답한 내용이다.
Q. "그리스도 외에는 구원을 받을 수 없다는 것으로 알고 있습니다. 오늘 목사님의 말을 기독교 외 예수님, 하나님 외에도 구원을 받을 수 있다는 말로 생각해도 되겠는가?"
조OO 목사: "저는 그 차별성이라고 말하는 것은 불교는 불교의 구원의 메시지가 있습니다. … 불교는 불교대로 구원의 방식을 존중을 하고, 인정을 하고, 기독교는 기독교대로의 구원의 방식을 존중하고 인정해야 합니다. 종교는 평등하다는 공통분모에서 차별성을 인정하고 함께 살아가자라는 것입니다. 저는 우리 집안에서도 우리 집안 식구들 중에도 아직도 불교를 믿는 가족들이 있습니다. 그래도 서로 아무런 저항감을 느끼지 않습니다. 서로 차별성을 인정하고 있기 때문입니다. 우리 동생은 불교를 통해서 구원을 받겠다는 확신을 믿기 때문에 존중하고 인정하고, 나는 기독교 목사니까 기독교를 통해서 구원을 받는 것을 인정하고 내 것만 절대 진리라고 인정할 수 없습니다." (www.christiantoday.us)
또 조 목사는 앞으로의 소망에 대해 묻는 질문에 "은퇴 후 종교 간의 대화 문화를 형성하는 데 기여하고 싶다."는 계획을 밝혔다. 「불교신문」 2032호. 2004년 5월 18일자. http://www.ibulgyo.com/news/articleView.html?idxno=59418

16 Iain Murray, *Evangelicalism Divided* (Edinburgh: Banner of Truth Trust, 2000), 73-74. 인터넷에서도 그 동영상을 볼 수 있다.

17 빌리 그래함은 교황 요한 바오로 2세를 "현세의 가장 위대한 종교 지도자며 또한 20세기의 가장 위대한 도덕적 영적 리더 중 하나"라고 극찬하며 친가톨릭 성향을 유지해 왔다. 빌리 그래함은 공개적으로 교황의 '세계 종교' 운동을 지지한다.

제 9 장

지금 기독교계에
가라지 신자(거짓 신자, 거짓 목회자)가 너무 많다

이에 예수께서 무리를 떠나사 집에 들어가시니 제자들이 나아와 이르되 밭의 가라지의 비유를 우리에게 설명하여 주소서 대답하여 이르시되 좋은 씨를 뿌리는 이는 인자요 밭은 세상이요 좋은 씨는 천국의 아들들이요 가라지는 악한 자의 아들들이요 가라지를 뿌린 원수는 마귀요 추수 때는 세상 끝이요 추수꾼은 천사들이니 그런즉 가라지를 거두어 불에 사르는 것 같이 세상 끝에도 그러하리라(마 13:36-40).

슬프게도 오늘날 주위를 보면, 그리스도인다운 교인보다 이상한 교인들, 상식으로 이해가 되지 않는 교인들이 너무나 많다. 교회를 열심히 다니는데 하나님을 경외하는 마음이 전혀 없이 다니는 사람, 교회를 다니지만 예수님을 구주로 믿지 않는 사람, 교회를 다니지만 진리를 구하려는 마음이 전혀 없는 사람, 자기 욕심을 채우려고 교회 다니는 사람 등 별별 희한한 사람들이 많다. 왜 거룩한 주님의 교회에 이렇게 거룩하지 못한 이상한 인간들이 많은가?

이러한 교회 현실을 인간적으로 생각해 보면 이해가 안 되나 성경을 보면 이러한 일이 벌어질 것이 미리 자세히 예언되었다. 마태복음 13장을 보면, 예수님께서 천국에 대한 여러 가지 비유를 하셨는데 그중에 하나가 유명한 가라지 비유다.

> 예수께서 그들 앞에 또 비유를 들어 이르시되 천국은 좋은 씨를 제 밭에 뿌린 사람과 같으니 사람들이 잘 때에 그 원수가 와서 곡식 가운데 가라지를 덧뿌리고 갔더니 싹이 나고 결실할 때에 가라지도 보이거늘 집 주인의 종들이 와서 말하되 주여 밭에 좋은 씨를 뿌리지 아니하였나이까 그런데 가라지가 어디서 생겼나이까 주인이 이르되 **원수가 이렇게 하였구나** 종들이 말하되 그러면 우리가 가서 이것을 뽑기를 원하시나이까 주인이 이르되 가만 두라 가라지를 뽑다가 곡식까지 뽑을까 염려하노라 둘 다 추수 때까지 함께 자라게 두라 추수 때에 내가 추수꾼들에게 말하기를 가라지는 먼저 거두어 불사르게 단으로 묶고 곡식은 모아 내 곳간에 넣으라 하리라(마 13:24-30).

이 비유의 핵심은 집 주인이 제 밭에 좋은 씨를 뿌렸지만, 원수가 와서 곡식 가운데 가라지를 덧뿌리고 갔다는 것이다.

1. 가라지 신자는 원수 마귀의 자식들이다

예수님께서 하나님 나라에 대한 여러 비유를 하신 후 무리를 떠나 집에 들어가셨을 때 제자들이 나아와 밭의 가라지의 비유를 설명해 달라고 간청했다. 이때 예수님께서 가라지 비유를 다음과 같이 설명해 주셨다.

좋은 씨를 뿌리는 이는 "인자(마 13:37)", 즉 예수님 자신이라고 말씀하셨다. "가라지는 악한 자의 아들들(마 13:38)"이요, "가라지를 뿌린 원수는

마귀(마 13:39)"라고 하셨다.[1]

거짓 신자는 다름 아닌 원수 마귀가 교회 안에 심어 놓은 마귀의 자식들이라는 말씀이다. 무서운 일이다! 교회 안에 원수의 자식들이 있다니! 예수님께서는 바리새인을 향하여 "독사의 자식"이라고 말씀하셨다. "독사의 자식들아 너희는 악하니 어떻게 선한 말을 할 수 있느냐 이는 마음에 가득한 것을 입으로 말함이라 선한 사람은 그 쌓은 선에서 선한 것을 내고 악한 사람은 그 쌓은 악에서 악한 것을 내느니라(마 12:34, 35)." "뱀들아 독사의 새끼들아 너희가 어떻게 지옥의 판결을 피하겠느냐(마 23:33)."

그러므로 거짓 목사, 거짓 신자들을 조심해야 한다. 거짓 목사들은 겉으로는 양의 탈을 쓰고 오지만 그 속에는 노략질하는 이리이다(마 7:15; 행 20:29). 거짓 신자들은 양의 탈을 쓴 마귀의 자식들이다.

2. 마귀가 거짓 신자를 교회에 심는 이유

하나님의 교회에 대한 마귀의 최상의 공격 수단은 가라지 신자(거짓 목사, 거짓 신자)를 교회 안에 심는 것이다. 마귀가 가라지를 교회 안에 심으면 교회에 어떤 악영향을 미치게 되는가? 그 피해는 말할 수 없이 크다.

(1) 가라지 신자의 부도덕한 행실로 그리스도의 몸된 교회가 세상에서 욕을 먹게 된다

예수님의 명예가 실추된다. 주기도문의 첫 기도 내용이 "하늘에 계신

---

1   마귀는 하나님께 반역했다가 심판을 받은 천사장으로(겔 28:12-19; 사 14:12-17) 사탄이라고 하기도 한다. 추정하건데, 마귀는 천사 3분의 1을 꾀어 함께 타락하게 하여 귀신이 되게 하였다(계 12:4; 마 25:41).

우리 아버지여 이름이 거룩히 여김을 받으시오며(마 6:9)"인데 이것이 불가능하게 된다.

(2) 거짓 목사, 거짓 신자의 악한 행실 때문에 영혼 전도의 문이 막힌다

(3) 교회 내에 진정한 '거짓 없는 뜨거운 형제 사랑(벧전 1:22)'이 불가능하게 된다

형제 사랑은 교인들에게 명령하시는 최고의 명령 중 하나이다. "그의 계명은 이것이니 곧 그 아들 예수 그리스도의 이름을 믿고 그가 우리에게 주신 계명대로 서로 사랑할 것이니라(요일 3:23)." 거짓 형제는 "애찬에 암초(유 1:12)"같은 존재가 되어 형제 사랑을 파괴하고 불가능하게 한다.

(4) 세속적 마음, 곧 세상의 영, 마귀의 영이 교회에 침투하여 교회가 세상의 지배를 받게 된다

거룩해야 할 교회의 생명력이 죽게 된다. 소금이 맛을 잃게 된다. 세상 사람들의 발에 밟히게 된다(마 5:13).

(5) 미지근한 신앙을 용인하는 거짓된 믿음, 거짓된 교리가 교회에서 세력을 얻게 되어 참되고 순수한 믿음, 순수한 교리를 파괴한다

(6) 마침내 교회 내에서 진정한 성도와 사역자가 거짓 목사와 거짓 교인들에게 오히려 핍박을 받으며, 축출당하게 된다

그러나 그때에 육체를 따라 난 자가 성령을 따라 난 자를 박해한 것 같

이 이제도 그러하도다(갈 4:29).

3. 거짓 신자는 참된 교회와 성도를 공격하는 마귀의 특수부대다

가라지 신자는 애당초 예수님을 순수하게 믿을 마음도 가지지 않은 채, 죄의 각성의 경험도, 칭의의 경험도, 복음적 회개의 경험도, 거듭남의 경험도, 진리에 대한 사랑도 없이 세속적인 동기로 교회에 출석한다. 이들의 정체는 마귀가 침투시킨 마귀의 자식들이다(마 13:38). 이러한 가라지 신자가 없었다면 얼마나 좋았을까!

이러한 가라지 신자는 불신자보다 더 큰 예수님의 원수다. 한국의 대부흥사 김익두 목사는 "성령의 세례"란 설교에서 다음과 같이 설교했다.

> **예수의 원수는 미신자(未信者)보다 신자 중에 많은 것입니다.** 성경을 모르는 자보다 성경을 잘 아는 자 중에 있는 것입니다. 예수님 당시 성경학자이던 바리새교인이, 예수를 십자가에 못 박아 죽인 것을 보십시오. 근대에 있어서도 신학자가 예수를 반대하지 않았습니까?[2]

거짓 신자들은 평소에는 잠복해 있다가 필요시 자기의 본성을 드러내고 반대하고 공격한다. 거짓 신자, 거짓 목사는 하나님 나라의 가장 큰 원수다. 조나단 에드워즈는 이렇게 말했다.

> 지금까지 언제나 마귀는 가짜 신앙과 참된 신앙을 뒤섞어 놓고 분별이

---

2 김익두, "성령의 세례," 『성령을 받으라』 (서울: 도서출판 기쁜날, 2006), 103.

되지 못하게 하는 방법으로 그리스도의 나라와 대의에 맞서서 가장 큰 이득을 취하여 왔습니다. 명백한 것은, 마귀는 주로 이 수단으로 그리스도의 교회가 처음 세워진 이후 있었던 모든 신앙 부흥에 대항해 싸웠던 것입니다. 마귀는 바로 이 수단으로 사도 시대와 그 이후에 걸쳐서, 유대인들과 이방인들의 박해를 모두 합친 것보다 더 크게 기독교의 대의를 망가뜨렸습니다. 사도들은 그들의 모든 서신에서 자신들이 후자[박해]보다는 전자[거짓 신자]의 해악을 더 우려했음을 보여 줍니다.[3]

4. 교회 안에 거짓 신자들이 가득할 것이 성경에 많이 예언되었다

하나님께서는 교회에 가라지 신자들이 등장할 것을 성경의 여러 곳에서 경계하셨다. 말세는 가라지 신자들이 교회 내의 대부분을 차지하게 될 것이다. 그리하여 교회를 배도하게 만들고 교회의 생명을 죽일 것이다.

예수님께서는 가라지 비유를 하신 후 겨자씨 비유를 주셨다. 천국은 "밭에 갖다 심은 겨자씨 한 알"과 같다고 하셨다(마 13:31, 32). 이 겨자씨 비유는 예수님께서 세우신 하나님 나라가 처음에는 미약하지만 나중에는 온 세계에 가득할 것을 예언하신 것이다.

예수님께서 겨자씨 비유를 말씀하신 후 누룩 비유를 주셨다.

> 또 비유로 말씀하시되 천국은 마치 여자가 가루 서 말 속에 갖다 넣어 전부 부풀게 한 누룩과 같으니라(마 13:33).

---

3 Edwards, *Religious Affections*, in WJE, 2, 86.

누룩 비유는 무엇을 말하는가? 마귀가 거짓 신자를 통해 교회 안에 온갖 죄와 잘못된 교리를 퍼뜨릴 것을 예언하신 것이다.[4]

누룩은 무엇을 상징하는가? 누룩이라고 하면 성경에서 일반적으로 죄를 상징한다.

> 너희가 자랑하는 것이 옳지 아니하도다 적은 누룩이 온 덩어리에 퍼지는 것을 알지 못하느냐 너희는 누룩 없는 자인데 새 덩어리가 되기 위하여 묵은 누룩을 내버리라 우리의 유월절 양 곧 그리스도께서 희생되셨느니라 이러므로 우리가 명절을 지키되 묵은 누룩으로도 말고 악하고 악의에 찬 누룩으로도 말고 누룩이 없이 오직 순전함과 진실함의 떡으로 하자(고전 5:6-8).

누룩은 특히 마귀가 심은 잘못된 교훈을 가리킨다. 예수님께서는 제자들에게 "삼가 바리새인과 사두개인들의 누룩을 주의하라(마 16:6)."라고 말씀하셨는데, 이것은 바리새인과 사두개인들의 잘못된 '교훈'을 조심하라는 것이었다. "제자들이 떡의 누룩이 아니요 바리새인과 사두개인들의 교훈을 삼가라고 말씀하신 줄을 깨달으니라(마 16:12)."

사도 바울은 진리의 가르침을 떠나게 하는 거짓 교훈의 위험에 대해 경고할 때 누룩 비유를 했다.

> 너희가 달음질을 잘 하더니 누가 너희를 막아 진리를 순종하지 못하게

---

[4] 메릴 엉거는 "넷째 비유는 가루 서 말 속에 숨겨져 있는 누룩의 비유로 이 시대에 거짓 가르침(여자)으로 잘못된 누룩을 말씀의 진리에 침투시키는 것을 경고하는 것이다(참고 마 16:11, 12; 막 8:15; 고전 5:6; 갈 5:9)."라고 말했다. Merrill F. Unger, *Unger's Bible Handbook* (Chicago: Moody Press, 1992), 478.

하더냐 그 권면은 너희를 부르신 이에게서 난 것이 아니니라 적은 누룩이 온 덩이에 퍼지느니라(갈 5:7-9).

여자[5]가 누룩을 가루 서 말 속에 넣어 전부 부풀게 한 것은 교회 내에 배도의 세력이 지배하게 될 것을 예언하신 것이다. 2천 년 역사를 통해서 마귀는 교회에 대해서 가만히 있지 않았다. 마귀는 교회 안에 누룩을 심었다. 마귀는 교회 안에 가라지 신자를 심어 죄악을 퍼뜨리고, 잘못된 교리를 침투시켜 교회 전체를 병들게 하고 죽이고자 온 힘을 쏟아부었다.

데살로니가전서 2장 3절을 보면 먼저 배도하는 일이 발생한 후 예수님께서 재림하신다고 하셨다. 종말이 되면 마귀의 누룩, 즉 온갖 죄악과 잘못된 교훈이 대부분의 교회를 지배하게 될 것이다.[6]

5. 가라지는 장차 풀무 불에 던져질 것이다

종말에 하나님께서 가라지를 다 모아서 불사르고 심판하신다는 것이 하나님의 계획이다.

> 가라지를 뿌린 원수는 마귀요 추수 때는 세상 끝이요 추수꾼은 천사들이니 그런즉 가라지를 거두어 불에 사르는 것 같이 세상 끝에도 그러하

5　"성경은 종종 종교적으로 부패한 것을 상징하기 위해 여자를 사용한다(마 13:33; 계 2:20)." Unger, *Unger's Bible Handbook*, 870.

6　칼 뢰비트(1897-1973)는 아우구스티누스의 역사관을 이야기하면서 "크리스천의 견해에 있어서는 역사 속에는 오직 하나의 진보만이 있다. 즉 그것은 신앙과 불신앙, 그리스도와 적그리스도의 구분이 점점 더 날카로워지는 진보다."라고 말했다. Karl Löwith, *Meaning in History* (Chicago and London: The University of Chicago, 1949), 172.

리라(마 13:39, 40).

왜 세상의 종말이 있는가? 하나님께서 공의로 세상을 심판하시기 위해서 종말이 필요한 것이다. 이 세상은 하나님과 마귀, 선과 악의 전쟁터다. 하나님 나라와 사탄의 나라의 전쟁터다. 그러므로 마귀의 종으로 악의 편에 섰던 거짓 신자들을 심판하시는 것은 하나님의 공의다.

교회에 출석한다고 해서 다 천국에 들어가는 것이 아니다. 가라지 신자들은 장차 모두 풀무 불에 들어갈 것이다.

> 인자가 그 천사들을 보내리니 그들이 그 나라에서 모든 넘어지게 하는 것과 또 불법을 행하는 자들을 거두어 내어 풀무 불에 던져 넣으리니 거기서 울며 이를 갈게 되리라(마 13:41, 42).

하나님 나라에서 참된 성도들을 넘어지게 한 거짓 신자들은 모두 풀무 불에 던져져 그곳에서 영원히 울며 이를 갈게 될 것이다. 성령으로 거듭나지 못하고, 거룩한 삶을 살지 않고, 그 대신 악을 행한 모든 거짓 신자들의 운명이 이렇게 될 것이다.

6. 가라지(거짓 신자)의 유형

하나님께서는 "영을 다 믿지 말고 오직 영들이 하나님께 속하였나 분별하라(요일 4:1)."라고 말씀하셨다.

가라지 신자, 즉 거짓 교인들은 주로 다음과 같은 유형으로 분류할 수

있다.7

(1) 첫 번째는 서기관과 바리새인들과 같은 '형식주의 신자들'이 있다

형식주의 신자란 겉으로는 바리새인들과 같이 종교적 모든 외양은 있으나, 내적인 경건한 신앙을 부인하는 사람들을 말한다. 이들은 외적이고 형식적인 종교생활은 바쁘게 하지만, 예수님에 대한 순수한 믿음과 철저한 회개와 자기 부인도 없고, 성령에 의한 내적 본성의 체험적 거듭남에 대해 관심이 없다. 디모데후서 3장 5절에서 말씀하신 대로 "경건의 모양은 있으나 경건의 능력은 부인"하는 신자들이다.

미국 1차 대각성 운동이 일어났을 때 부흥을 반대했던 옛 빛파(Old Lights, 혹은 Old Side) 목사들이 이에 해당한다. 이들은 신앙에 이성과 추론만 있으면 되지, 느낌이나 정서 등이 동반되는 영적인 체험은 필요 없다고 가르치면서 대각성 운동을 반대하여 부흥의 불길이 꺼지는 데 앞장섰다.8 오늘날도 성령에 의한 실질적이고 체험적인 거듭남을 부인하는 신학자, 목사, 교인들이 많다.

---

7 이하 내용은 『거룩한 구원』 273-286쪽에 나오는 내용을 발췌하여 다시 정리한 내용이다. 보다 자세한 영 분별은 『거룩한 구원』 제20장을 참조하라.

8 '옛 빛파'의 리더인 찰스 촌시(Charles Chauncy, 1705-1787)의 지도력이 대각성 운동의 쇠퇴의 주요 원인으로 인정되고 있다. 촌시는 공개적으로 "강한 정서적" 신앙에 반대했다. Charles Chauncy, *The Out-Pouring of the Holy Ghost: A Sermon Preach'd in Boston, May 13, 1742. On a Day of Prayer Observed by the First Church There, to Ask of God the Effusion of His Spirit* (Boston: Printed by T. Fleet, for D. Henchman and S. Eliot in Cornhill, 1742).
가우스태드는 찰스 촌시의 입장을 다음과 같이 설명했다. "종교는 '설명하고 변호하면' 되는 것이지, 꼭 믿고 느낄 필요는 없다. 이성은 여왕이고, 신학은 시녀이다." Edwin Scott Gaustad, *The Great Awakening in New England* (New York: Harper & Brothers, 1957), 83-84.

(2) 두 번째는 마술사 시몬과 같은 '잘못된 은사주의자들'이 있다

잘못된 은사주의자란 마치 마술사 시몬이 그러했던 것처럼(행 8:20, 21) 성령님을 자기의 사유물 정도로 생각하는 사람들을 말한다. 전직 마술사였던 시몬은 사도 베드로가 사마리아 성도들에게 안수하여 성령을 받게 하는 것을 보고 베드로에게 돈을 주며 그 능력을 자기에게 팔라고 하였다(행 8:4-24). 마술사 시몬의 가장 큰 잘못은 성령님을 인격적인 하나님의 영으로 이해하지 못하고, 어떤 종교적 능력을 행사할 수 있는 수단으로 본 것이다.

오늘날도 우리 주변에 마술사 시몬이 가졌던 것과 비슷한 태도를 지니고 있는 사람들을 흔히 볼 수 있다. 이상한 성령 운동하는 사람들이 많다. 모두 마술사 시몬의 계보를 잇는 사람들이다. 이들은 방언, 신유, 예언, 능력 등 외적인 성령의 은사에 대해서는 관심이 많으나, 우리의 이기적인 본성을 이타적이고 거룩한 신의 본성으로 바꾸어 주시는 성령의 구원 은혜에는 별 관심이 없다. 은사주의는 고린도전서 1장 22절에서 경계한 표적주의다. 표적주의는 물질주의의 일종이다.

(3) 세 번째는 사두개인들과 같은 '이성숭배 자유주의 신자들'이 있다

이성숭배 자유주의 신자들이란 사두개인들과 같이 모든 영적이고 초월적인 것을 인정하지 않는 사람들을 말한다(마 22:23). 누가는 사도행전에서 사두개인에 대해서 다음과 같이 말한다. "사두개인은 부활도 없고 천사도 없고 영도 없다 하고 바리새인은 다 있다 함이라(행 23:8)."

오늘날도 기독교인이라고 자처하는 사람들 중에 모든 성경이 하나님의

감동으로 된 하나님의 말씀이라는 것(딤후 3:16; 벧후 1:21)[9]을 부정하고, 예수님의 성육신도, 부활도, 육체적인 재림도 부정하고, 성령도 부인하고, 거듭남도 부인하고, 천사와 귀신의 존재도 부정하고, 홍해가 갈라진 것도 부정하는 사람들이 상당히 많다. 자유주의 신학자들이 이러한 사상을 퍼뜨려 왔다. 자유주의 신학자들은 종교다원주의를 추구한다. 이들은 분명한 적그리스도들이다(요일 3:22).

(4) 네 번째로 경계해야 할 대상은 많은 우매했던 군중들과 같은 '기복주의 신자들'이다

이들은 그리스도를 위하여 좁은 길로 가는 것을 원치 않고, 세상적인 욕구를 채우려고 교회를 다니는 사람들이다. 이들은 복음이 마치 자신들의 세상적인 복을 채워 주기 위해 존재하는 것처럼 생각한다. 예수님께서 이 땅에 계실 동안에 수많은 군중들이 예수님을 따라 다녔다. 그러나 그들 중 대부분이 예수님을 따라다닌 동기가 순수하지 않고 육적인 데 있었다(요 6:26). 이들의 신앙은 한마디로 땅의 것을 추구하는 신앙이다. 이들은 다음으로 소개할 개와 같은 자들이다.

(5) 다섯 번째로 경계해야 할 대상은 옹졸한 속물들인 '개들'이다

톨스토이의 『참회록』을 읽어 보면, 톨스토이가 러시아 정교회를 다니면

---

[9] 모든 성경은 하나님의 감동으로 된 것으로 교훈과 책망과 바르게 함과 의로 교육하기에 유익하니 이는 하나님의 사람으로 온전하게 하며 모든 선한 일을 행할 능력을 갖추게 하려 함이라(딤후 3:16, 17).
먼저 알 것은 성경의 모든 예언은 사사로이 풀 것이 아니니 예언은 언제든지 사람의 뜻으로 낸 것이 아니요 오직 성령의 감동하심을 받은 사람들이 하나님께 받아 말한 것임이라(벧후 1:20, 21).

서 주변에 세상적 목적으로 교회를 다니는 사람들 때문에 마음에 고통을 받은 내용이 나온다. 진리에는 관심이 없고, 잔칫상에서 떨어지는 부스러기를 주워 먹으려고 교회를 어슬렁거리며 다니는 자들이 바로 개다. 성경에는 개들을 조심하라는 말씀이 많이 나온다(마 7:6; 빌 3:1, 2; 계 22:15).

(6) **여섯 번째는 거짓 평안을 외치는 '거짓 선지자'가 있다**

거짓 선지자의 특징은 세속적인 인간의 마음을 얻기 위해 하나님의 말씀을 왜곡하여 인간들 수준에 맞추는 것이다. 그 자신이 옛 사람을 십자가에 못 박고 좁은 문으로 들어간 적이 없기 때문에, 자기 마음으로 지어낸 묵시를 가르치며 거짓 평안을 외친다(렘 23:16, 17).

(7) **일곱 번째로 경계해야 할 대상은 아주 교묘하고 위험한 타입인데, 바로 '위선적인 종교인들'이다**

말로는 거듭남이 있어야, 거룩한 삶이 있어야 천국에 들어갈 수 있다는 등 신앙 위인들이 가르친 것과 같은 거룩한 교리를 말하지만, 행실은 전혀 그렇지 못한 사람들이 있다. 이들은 스스로는 거룩하게 거듭난 적이 없고 거룩하게 살지 않지만 신앙 위인들의 강력한 가르침이 효과가 있는 것을 알고 신앙 위인들의 이름을 들먹이며 이들의 좋은 설교와 글들을 끌어다 사용하며 때로는 그럴 듯한 말을 한다.

외식하는 위선적 종교인들은 조나단 에드워즈, 조지 윗필드, 존 웨슬리, 장 칼뱅 등 신앙 위인들을 높이 칭송하나, 그들의 내면과 삶을 관찰해 보면 신앙 위인들의 가르침과 매우 다르다. 설교할 때 위인들의 가르침을 자주 소개하나 물로 희석해서 자기가 필요한 만큼만 소개한다.

그래서 예수님께서는 그들의 '열매'로 거짓 선지자를 분별하라고 강하게 경계하신 것이다(마 7:16). 예수님께서는 "서기관들과 바리새인들이 모세의 자리에 앉았으니 그러므로 무엇이든지 그들이 말하는 바는 행하고 지키되 그들이 하는 행위는 본받지 말라 그들은 말만 하고 행하지 아니하며(마 23:2, 3)"라고 경고하셨다.

이상 유형별로 거짓 영들을 분석해 보았다. 거짓 영들은 한마디로 교회 안에서 자신의 타락하고 부패한 정체를 감추고 참된 사역자, 교인 행세를 하며 사리사욕을 채우고자 하는 자들이다. 거짓 영들은 그 특징이 육신적이고, 세속적이다.

7. 거짓 신자는 분별하여 멀리해야 한다

거짓 신자는 "애찬에 암초(유 1:12)"요, 교회에 매우 위험한 자들이다. 그러므로 거짓 신자를 경계하고 멀리해야 한다(마 7:15; 빌 3:2; 살후 3:2 등).

> 종말로 나의 형제들아 주 안에서 기뻐하라 너희에게 같은 말을 쓰는 것이 내게는 수고로움이 없고 너희에게는 안전하니라 개들을 삼가고 행악하는 자들을 삼가고 손할례당을 삼가라(빌 3:1, 2, 개역 한글).

왜 이렇게 사도 바울이 개들과 행악자들을 조심하라고 신신당부를 했는가? 거짓 신자들은 자신의 거룩하지 못한 정체를 감추고 있다가 기회가 되면 하나님의 참된 일꾼을 공격한다. 사도 바울은 자신이 거짓 형제의 위험을 많이 당했음을 다음과 같이 말했다.

여러 번 여행하면서 강의 위험과 강도의 위험과 동족의 위험과 이방인의 위험과 시내의 위험과 광야의 위험과 바다의 위험과 거짓 형제 중의 위험을 당하고(고후 11:26).

거짓된 심령들이 얼마나 위험한지는 사도 바울의 다음의 기도 요청을 보면 짐작할 수 있다.

종말로 형제들아 너희는 우리를 위하여 기도하기를 주의 말씀이 너희 가운데서와 같이 달음질하여 영광스럽게 되고 또한 우리를 무리하고 악한(unreasonable and wicked, KJV) 사람들에게서 건지옵소서 하라 믿음은 모든 사람의 것이 아님이라(살후 3:1, 2, 개역한글).

8. 거짓 신자들의 공통된 정체

(1) 거짓 신자들은 인격의 기초 소양을 보면 영성과 도덕성에 있어서 격이 떨어지는 자들이다[10]

거짓 신자들은 하나님을 경외하는 마음이 결여되어 있으며 타인을 진정으로 배려하는 마음이 결여되어 있다.

(2) 이들은 진실함이 없고, 거짓을 행하며, "양의 옷을 입고(마 7:15)" 나아오며, 자신을 의로운 자로 포장하기를 잘한다

---

10 영성은 하나님을 경외하고 두려워하며 거룩함을 추구하는 소양을 가리킨다. 도덕성은 타인을 배려하며 선악을 구별할 줄 아는 능력이다.

이것은 이상한 일이 아니니라 사탄도 자기를 광명의 천사로 가장하나니 그러므로 사탄의 일꾼들도 자기를 의의 일꾼으로 가장하는 것이 또한 대단한 일이 아니니라 그들의 마지막은 그 행위대로 되리라(고후 11:14, 15).

그래서 겉모양만 보면 속기 쉽다. 그러나 그들의 내면을 보면 세속적이고, 탐욕적이고, 이기적이고, 완고하고, 교만하고, 교활하고, 거짓과 속임에 능하고, 본성이 악하다. 한마디로 인성에 있어서 저급한 품성을 지녔다.[11]

(3) 거룩함이 없고 육에 속했다

형식주의, 은사주의, 자유주의, 기복주의, 개들, 거짓 선지자, 위선적인 종교인 할 것 없이 모든 거짓 신자들은 성령으로 거듭나지 못하고 육에 속했기 때문에 거룩함이 근본적으로 결여되어 있다. 한마디로 "육에 속한 자며 성령이 없는 자(유 1:19)"가 거짓 신자, 가라지다.

참된 성도와 가라지 교인의 가장 큰 차이는 거룩함에 있다. 참으로 성령으로 거듭난 성도는 신의 성품을 받아서 본성이 거룩하다(벧후 1:4). 그

---

11 [영들 분별하는 법] 사람을 영 분별할 때 영성과 도덕성을 기준으로 A, B, C, D, E, F type으로 나누면 분별하기 쉽다.
  - A type: 영성과 도덕성이 매우 훌륭한 사람. 하나님을 매우 경외하고 형제를 사랑한다.
  - B type: A type보다는 못하지만 영성과 도덕성이 좋은 사람.
  - C type: 자신의 부족을 인정하나 하나님을 경외하고 형제를 사랑하고자 하는 마음이 진실로 있는 사람. C type까지가 참된 성도, 택자라고 할 수 있다.
  - D type: 거짓 신자. 세상을 사랑하고 자기를 사랑한다.
  - E type: 하나님 인식이 없는 이방인.
  - F type: 영성, 도덕성, 감성, 지성 등 인격의 전반 혹은 특정 부분이 심하게 파괴된 사람.
  말세에는 A, B, C type은 희귀하고, D, E, F type이 인구 중 대다수를 차지한다.

러나 모든 거짓 신자들은 내주하시는 성령이 없기에 육에 속한 자들이며, 육체의 욕심을 따라 행한다.

(4) 선을 증오하고 공격한다

가라지 신자는 모두 "악한 자의 아들들(마 13:38)"이다. 즉 악한 마귀의 자식들이다. 그러므로 본성이 악하다. 이런 자들은 잠복해 있다가 인간적으로 자신의 세상적인 이해관계에 손해가 생길 것 같으면 뒤에서 수군수군하면서(롬 1:29) 진리를 대적하고 참된 일꾼들을 대적한다(딤후 3:8, 13, 14 등). 이것이 사도 바울이 말한 거짓 형제 중의 위험이다.

성도들은 모든 악한 자를 멀리하고 물리쳐야 한다. 예수님께서는 노끈으로 채찍을 만들어 성전에서 매매하는 '모든' 자를 내어 쫓으시고 다음과 같이 말씀하셨다.

> 기록된 바 내 집은 기도하는 집이라 일컬음을 받으리라 하였거늘 너희는 강도의 소굴을 만드는도다(마 21:13).

제 10 장

도덕성 실종, 양심 실종, 경외함 실종의 시대

> 그들의 가장 선한 자라도 가시 같고 가장 정직한 자라도 찔레 울타리
> 보다 더하도다(미 7:4).

종말이 되면 인간 속에 있는 도덕성과 양심이 파괴되고, 정직한 자가 세상에서 사라질 것이다. 미가 선지자는 총체적으로 타락한 시대의 모습을 다음과 같이 말했다.

> 재앙이로다 나여 나는 여름 과일을 딴 후와 포도를 거둔 후 같아서 먹을 포도송이가 없으며 내 마음에 사모하는 처음 익은 무화과가 없도다 **경건한 자가 세상에서 끊어졌고 정직한 자가 사람들 가운데 없도다** 무리가 다 피를 흘리려고 매복하며 각기 그물로 형제를 잡으려 하고 두 손으로 악을 부지런히 행하는도다 그 지도자와 재판관은 뇌물을 구하며 권세자는 자기 마음의 욕심을 말하며 그들이 서로 결합하니 그들의 가장 선한 자라도 가시 같고 가장 정직한 자라도 찔레 울타리보다 더하도다 그들의 파수꾼들의 날 곧 그들 가운데에 형벌의 날이 임하였으니 이제는 그들이 요란하리로다 너희는 이웃을 믿지 말며 친구를 의지하지 말

며 네 품에 누운 여인에게라도 네 입의 문을 지킬지어다 아들이 아버지를 멸시하며 딸이 어머니를 대적하며 며느리가 시어머니를 대적하리니 사람의 원수가 곧 자기의 집안 사람이리로다(미 7:1-6).

세상의 마지막이 가까워질수록 교회 밖 불신자는 물론이요, 교회 안에서조차 도덕성과 양심이 사라지는 시대가 될 것이다. 무엇보다 하나님을 경외하는 사람이 거의 다 사라진 시대가 될 것이다.

당신은 주변에 진짜 하나님을 두려워하고 "하나님의 모든 말씀"을 인하여 떨며 주님의 계명대로 살려고 노력하는 사람을 보았는가? 어떤 사람이 참으로 주님을 사랑하고 경외한다면 주님의 계명을 온 힘을 다해 지키려고 노력할 것이다(요 14:15).

지금 이 시대는 입으로는 주님을 사랑한다고 말하지만 하나님의 분명한 계명을 무시하는 사람들이 많다. 입으로 아무리 주님을 사랑한다고 해도 주님의 계명을 무시하는 자는 위선자일 뿐이다.

> 그들이 하나님을 시인하나 행위로는 부인하니 가증한 자요 복종하지 아니하는 자요 모든 선한 일을 버리는 자니라(딛 1:16).

오늘날 교회 내에서 하나님의 말씀을 정면으로 어기는 몇 가지 사례를 생각해 보자.

1. 성경에 기록된 대로 집사 직분을 주는 곳을 보았는가?

오늘날 대부분의 교회에서는 교회에 조금만 출석하면 쉽게 집사 직분을 준다. 이것은 직분을 주어 인간적으로 자기 교회에 붙들어 매기 위한 경우가 많다.

초대교회는 수만 명이 넘는 교인들(행 2:41, 4:4) 중에 일곱 집사를 세웠다(행 6:3). 교인 일천 명 이상 당 한 명인 셈이다. 그런데 오늘날 교회는 집사를 너무 많이 함부로 세운다. 중세 가톨릭교회만 성직 매매를 한 것이 아니다. 이것도 성직 매매다. 거듭나지 못하고, 세속적으로 살아가는 자들에게 집사 직분을 주는 것을 얼마나 흔하게 주위에서 보는가! 이로써 예수님의 이름이 얼마나 땅에 떨어졌는가!

하나님께서는 성경에 집사의 자격을 아래와 같이 분명히 제시해 주셨다.

> 이와 같이 집사들도 정중하고 일구이언을 하지 아니하고 술에 인박히지 아니하고 더러운 이를 탐하지 아니하고 깨끗한 양심에 믿음의 비밀을 가진 자라야 할지니 이에 이 사람들을 먼저 시험하여 보고 그 후에 **책망할 것이 없으면** 집사의 직분을 맡게 할 것이요 여자들도 이와 같이 정숙하고 모함하지 아니하며 절제하며 모든 일에 충성된 자라야 할지니라 집사들은 한 아내의 남편이 되어 자녀와 **자기 집을 잘 다스리는 자일지니**(딤전 3:8-12).

집사는 "정중(grave)"해야 한다(8절). - 가볍지 않고 신중하며, 영적인 일에 진지한 사람이어야 한다.

"일구이언을 하지 아니"하여야 한다(8절). - '예면 예, 아니면 아니오(마 5:37).'라고 정직하게 말하는 사람이어야 한다.

"술에 인박히지 아니"하여야 한다(8절). - 술 취하지 않는 사람이어야 한다.

"더러운 이를 탐하지 아니"하여야 한다(8절). – 더러운 이익, 탐욕을 원하지 않고, 탐심이 없는 자라야 한다.

"깨끗한 양심"을 가진 사람이어야 한다(9절). – 양심의 소리를 잘 듣는, 양심이 민감한, 선과 악에 대해 민감한 자라야 한다.

"믿음의 비밀을 가진 자라야" 한다(9절). – **성령의 거듭나게 하시는 은혜를 체험한 자라야 한다.** 거듭남의 실제(징표)가 확실해야 한다.

"책망할 것이 없는" 자라야 한다(10절). – 집사는 **책망할 것이 없는 자**를 임명해야 한다.

11절에는 집사의 아내의 자격이 나온다.

"여자들도(11절)" – KJV 성경 등 대부분의 영어 성경에는 "their wives"라고 되어 있다. 어떤 사람은 11절의 "여자들"을 "여자 집사"로 해석한다. 그러나 헬라어에는 단순히 "여자들"이라고 나온다.[1] 11절의 "여자들"이 집사의 아내를 지칭한다는 것은 12절을 보면 분명하다. 초대교회에 여자 집사가 있었다는 확실한 증거는 없다. 매슈 헨리는 "그들의 아내도 이와 마찬가지로 선한 성품을 지녀야 한다."라고 이 구절을 주석했다.[2] 루터와 칼뱅과 베자[3]도 이 구절을 남자 집사의 아내에 대한 언급이라고 했다.[4]

---

1 헬라어 성경에는 γυναῖκας 로 나와 있다.
2 Henry, *Commentary*, 1 Tim. 3:11.
3 테오도어 베자(1519-1605)는 칼뱅의 후계자로 스위스 제네바에서 사역했다.
4 칼뱅은 그의 주석에서 이렇게 썼다. "그가 여기서 감독과 집사의 아내에 대해 언급하고 있다. 그것은 아내들이 남편이 하는 일을 도와야 하기 때문이며, 그들의 행실이 다른 사람들보다 더 나을 경우에만 그 일을 해낼 수 있기 때문이다." Calvin, *Commentary*, 1 Dim. 3:11.

집사의 아내의 자격(11절)

"정숙(grave)"해야 한다. – 가볍지 않고 하나님을 섬김에 있어서 진지해야 한다.

"모함하지 아니"하여야 한다. – 남을 쉽게 헐뜯지 아니하는 사람이어야 한다.

"절제"하는 사람이어야 한다. – 욕심을 절제하는 사람이어야 한다.

"모든 일에 충성된 자"라야 한다. – 주 안에서 '모든 일'에 충성되어야 한다.

그리고 "집사들은 한 아내의 남편이 되어"야 한다(12절). – 집사는 도덕적으로, 성적으로 순결한 가정을 유지해야 한다. 즉 한 명 이상의 아내가 있어서는 안 된다.

그리고 이 구절을 보면, 집사 직분은 남자가 맡는 것을 당연하게 여기고 있음을 알 수 있다. 성경에는 목사도, 집사도 남자여야 한다고 가르친다.[5] 그런데도 오늘날 여자 목사, 여자 집사를 세우는 곳이 많다. 이처럼 하나님의 말씀과 계명을 무시하고 사람이 만든 계명으로 행하는 자들에 대해 주님께서는 "외식하는 자들아 이사야가 너희에 관하여 잘 예언하였도다 일렀으되 이 백성이 입술로는 나를 공경하되 마음은 내게서 멀도다 사람의 계명으로 교훈을 삼아 가르치니 나를 헛되이 경배하는도다 하였느니라(마 15:7-9)."라고 하실 것이다.[6]

---

[5] 감독(목사), 장로도 한 아내의 남편이어야 한다. "감독은 … 한 아내의 남편이 되며(딤전 3:2)", "장로들을 세우게 하려 함이니 … 한 아내의 남편이며(딛 1:5, 6)"

[6] 여자 성도들도 교회 안에서 할 수 있는 일이 많다. 교회 안에서 남자를 주관하거나 교회 전체적으로 가르치거나 권위를 행사하는 일을 금하신 것이지(고전 11:1-16, 14:34-36; 딤전 2:11-15) 기타 할 수 있는 일이 많다. 다른 여자 성도를 지도하는 일(딛 2:3-5), 자

집사는 "자녀와 자기 집을 잘 다스리는 자"라야 한다(12절). – **순종하는 자녀를 두어야 하고**, 아내와 기타 가족에 관련된 일들을 잘 다스릴 수 있어야 한다.

사도행전에 보면 집사의 자격에 대해 다음과 같이 말씀하셨다.

> 형제들아 너희 가운데서 **성령과 지혜가 충만하여 칭찬 받는 사람** 일곱을 택하라 우리가 이 일을 그들에게 맡기고(행 6:3).

집사는 "성령과 지혜가 충만"해야 한다. 성령이 충만하다는 것은 하나님에 대한 경외심이 충만하다는 것이다. 집사는 성령의 열매인 "사랑과 희락과 화평과 오래 참음과 자비와 양선과 충성과 온유와 절제(갈 5:22, 23)"가 충만해야 한다. 무엇보다 하나님에 대한 뜨거운 사랑과 다른 영혼에 대한 뜨거운 사랑이 충만해야 한다. 먼저 하나님 나라와 그의 의를 구하는 열정이 충만해야 한다. 집사가 되려면 사심이 없이 하나님 나라, 의의 나라, 사랑의 나라, 거룩한 나라가 확장되는 것을 강렬히 사모하는 자이어야 한다. 그리고 이를 실행할 수 있는 지혜가 충만한 자이어야 한다. 그리고 그의 행실로 범사에 "칭찬 받는" 사람이어야 한다(행 6:3). 이런 자라야 탈없이 하나님의 교회를 위해 봉사할 수 있다.

오늘날은 이와 같이 하나님의 말씀대로 집사를 세우는 교회를 보기가 얼마나 어려운 시대인가! 집사의 직분이 이러하다면 더 중한 직분인 목사, 장로들의 자격은 얼마나 더욱 높아야 할 것인가!(이들에 대한 자격은 딤전

녀나 나이 어린 영혼을 지도하는 일(엡 6:4; 잠 22:6), 브리스길라처럼 개인적으로 다른 사람(남자 포함)에게 복음의 진리를 가르치는 것(행 18:26) 등은 할 수 있다. 그리고 겐그레아 교회 일꾼 뵈뵈처럼 다른 성도를 돕고 섬기는 일을 할 수 있다(롬 16:1).

3:1-7; 딛 1: 5-9에 나온다.)

　현대 교회의 가장 큰 문제 중 하나는 무자격 집사, 무자격 목사가 남발된다는 것이다. 오늘날은 아무나 신학교를 졸업만 하면 목사가 된다. 깡패도, 도둑도 몇 개월 만에 목사가 된다. 오늘날 목사가 되는 과정이 너무나 쉽고, 무자격자들을 양산하는 신학교들이 난립하는 것이 문제다. 욕심으로 신학교를 운영하는 이들이 받아야 할 심판이 얼마나 쓰라릴 것인가 상상하기도 두렵다.

　교회에서 교인들을 자기 교회에 붙들어 매기 위한 방편으로 무자격자에게 집사 직분을 주는 것은 검증되지 않은 가라지 신자를 교회에 정착시키는 일을 하는 것이다. 그뿐 아니라 거듭남의 경험도 없고 거듭날 마음도 없는 거짓 신자가 교회의 중요한 자리를 차지하게 됨으로써 교회를 마귀의 소굴로 만드는 것이다. 이런 자들이 거룩하신 하나님의 교회를 이룩하는 데 도움이 되겠는가, 방해가 되겠는가! 솔직히 말하면, 지금은 거짓 목사가 거짓 집사를 양산하는 실정이다. 이것이 오늘날 종말 교회의 현실이다.

　당신이 소속된 교회는 성경에서 말씀하시는 자격이 되는 사람만 집사, 장로, 목사로 세우는가? 이 말씀대로 하지 않는 교회가 너무나 많다. 예수님께서는 장차 심판 날에 이에 대해 심문하실 것이다. 예수님께서는 분명히 말씀대로 심판하신다고 선언하셨다.

　　나를 저버리고 내 말을 받지 아니하는 자를 심판할 이가 있으니 곧 내가 한 그 말이 마지막 날에 그를 심판하리라(요 12:48).

2. 성경에서 명령하신 대로 탐욕을 부리는 자를 출교하는 교회를 보았는가?

하나님께서는 교회의 거룩함을 유지하시기 위해서 교회에 출교의 권세와 의무를 주셨다(마 16:19).

> 이제 내가 너희에게 쓴 것은 만일 어떤 형제라 일컫는 자가 **음행하거나 탐욕을 부리거나 우상 숭배를 하거나 모욕하거나 술 취하거나 속여 빼앗거든** 사귀지도 말고 그런 자와는 함께 먹지도 말라 함이라 밖에 있는 사람들을 판단하는 것이야 내게 무슨 상관이 있으리요마는 교회 안에 있는 사람들이야 너희가 판단하지 아니하랴 밖에 있는 사람들은 하나님이 심판하시려니와 **이 악한 사람은 너희 중에서 내쫓으라**(고전 5:11-13).

누구를 치리할 것인가? 어떤 사람들이 출교의 대상인가?

첫째, 완악한 범죄자들, 즉 음행하는 자, 탐욕을 부리는 자, 우상 숭배를 하는 자, 모욕하는 자, 술 취하는 자, 속여 빼앗는 자 등은 출교의 대상이다(고전 5:11-13).

둘째, 하나님의 진리를 거스르는 자들(롬 16:17, 18), 즉 거짓 사도(계 2:1-3; 고후 11:13-15), 거짓 선지자(마 7:15; 요일 4:1-3; 벧후 2:1-3), 거짓 교사, 거짓 형제(갈 2:3-5; 유 1:3, 4, 19) 등이 해당된다.

셋째, 양심을 버리고 믿음에 파선한 사람(딤전 1:18-20), 이단에 속한 자(딛 3:9-11)는 출교의 대상이다.

하나님의 말씀에 의하면, 음행하거나 탐욕을 부리거나 우상 숭배를 하거나 모욕하거나 술 취하거나 속여 빼앗는 자는 출교해야 한다. 오늘날 이런 말씀을 지키는 교회가 어디에 있는가? 이것은 하나님의 말씀이 아닌가? 이 말씀대로 정직하게 목회하면 몇 명이 교회에 남을 것인가?

오늘날 교회의 현실은 고범죄를 짓는 일반 교인들의 출교는 고사하고 각종 부도덕한 일에 연루된 목사들, 전도사들도 버젓하게 목회를 하고 있는 실정이다. 이런 사례는 지금 우리 주변에 매우 흔하다. 오늘날은 도덕성 실종, 양심 실종, 하나님 경외함 실종의 시대다.

하나님의 말씀대로 하지 않으니 오늘날 교회가 강도의 소굴(마 21:13)이 된 것이다. 거짓 목사, 거짓 신자들이 오히려 교회 안에서 활개를 치는 것이 오늘날 교회의 현실이다.

어렵지만 성경의 교훈대로 엄격한 권징을 실시해야 교회의 순결성이 유지되고, 교회의 생명력이 유지되고, 그리스도의 교회가 세상 사람들의 손가락질을 받지 않으며, 주님께 영광 돌리는 교회가 될 수 있다.

3. 순종이 제사보다 낫다

하나님께서는 우리에게 제사보다 순종을 원하신다. 구약 사울 왕은 이스라엘의 초대 왕이 되었으나 하나님의 말씀을 어겨 하나님께로부터 버림을 받고 왕위가 다른 사람에게 넘어갈 것이라는 선언을 들었다. 이런 사건이 두 번이나 있었다(삼상 13:8-14, 15:1-23). 하나님의 명령을 어긴 사울 왕에게 사무엘이 다음과 같이 말했다.

> 사무엘이 이르되 여호와께서 번제와 다른 제사를 그의 목소리를 청종하는 것을 좋아하심 같이 좋아하시겠나이까 **순종이 제사보다 낫고 듣는 것이 숫양의 기름보다 나으니** 이는 거역하는 것은 점치는 죄와 같고 완

고한 것은 사신 우상에게 절하는 죄와 같음이라 왕이 여호와의 말씀을 버렸으므로 여호와께서도 왕을 버려 왕이 되지 못하게 하셨나이다 하니 (삼상 15:22, 23).

하나님께서는 우리들에게 '하나님의 목소리 청종하는 것'과 '순종'을 원하신다. 구원의 말씀도, 새 생활의 말씀도, 직분과 출교에 대한 말씀도 하나님께서 명하신 그대로 순종해야 한다.

순종하지 않고 거역하는 것은 "점치는 죄와 같고 사신 우상에게 절하는 죄"와 같다(삼상 15:23). 하나님을 멸시하고 훼방하는 것이다(민 14:23, 15:30). 당신은, 당신의 교회는 하나님의 기록된 말씀을 그대로 순종하고 사는가?

제11장

경고의 나팔을 불라!

여호와의 말씀이 내게 임하여 이르시되 인자야 너는 네 민족에게 말하여 이르라 가령 내가 칼을 한 땅에 임하게 한다 하자 … 그러나 칼이 임함을 파수꾼이 보고도 나팔을 불지 아니하여 백성에게 경고하지 아니하므로 그 중의 한 사람이 그 임하는 칼에 제거 당하면 그는 자기 죄악으로 말미암아 제거되려니와 그 죄는 내가 파수꾼의 손에서 찾으리라(겔 33:1-6).

지극히 거룩하시고 의로우신 하나님께서 배도한 교인들과 불경건한 악인들을 향한 분노를 더는 참으실 수 없어 전 인류를 심판하실 날이 매우 가까이 다가오고 있지만, 지금 대부분의 사람들은 전혀 모르고 있다.

최근에 우리나라에서 가습기 살균제의 독성을 모르고 사용하여 수많은 사람이 사망하는 일이 있었다. 가습기 살균제의 위험을 초기에 어느 정도 감지했을 때 누군가 미리 그 독성을 세상에 알렸다면 이와 같은 엄청난 피해는 막을 수 있었을 것이다.

진정으로 위험한 일이 있으면 누군가 그것을 반드시 알려야 한다. 많은 사람들의 무관심과 반대와 협박이 있다 하더라도, 그 위험을 반드시 알려야 한다.

1. 멸망당하는 백성들의 피에 대해 깨끗하려면 경고의 나팔을 불어야 한다

이 배도의 시대에 우리의 할 일이 무엇인가? 배도의 물결에 휩쓸려 멸망으로 가는 영혼들에게 경고의 말씀을 전해야 한다. 파수꾼이 하나님의 심판의 칼이 임함을 보고도 경고의 나팔을 불지 아니하므로 사람들이 대비하지 못해 죽으면 그 죄를, 그 피를 파수꾼의 손에서 찾겠다고 하셨다.

> 그러나 칼이 임함을 파수꾼이 보고도 나팔을 불지 아니하여 백성에게 경고하지 아니하므로 그 중의 한 사람이 그 임하는 칼에 제거 당하면 그는 자기 죄악으로 말미암아 제거되려니와 그 죄는 내가 파수꾼의 손에서 찾으리라(겔 33:6).

에스겔이 부르심을 받은 것은 하나님을 대신하여 백성들을 경고하기 위함이었다.

> 인자야 내가 너를 이스라엘 족속의 파수꾼으로 삼음이 이와 같으니라 그런즉 너는 내 입의 말을 듣고 **나를 대신하여 그들에게 경고할지어다** (겔 33:7).

에스겔 3장 17절에도 비슷한 말씀이 나온다.

> 인자야 내가 너를 이스라엘 족속의 파수꾼으로 세웠으니 너는 내 입의 말을 듣고 **나를 대신하여 그들을 깨우치라**(겔 3:17).

하나님께서 선지자 에스겔을 부르신 것은 하나님의 입의 '말씀'을 듣고 하나님을 대신하여 백성을 깨우치기 위함이다. 하나님의 말씀을 받은 사람들은 아직 하나님의 말씀을 모르는 자들을 경고해야 할 책임과 의무가 있다. 엄숙한 일이다.

2. 악인에게는 하나님의 심판이 기다리고 있다는 것을 경고해야 한다

하나님께서는 에스겔 33장 8, 9절에서 이렇게 말씀하셨다.

> 가령 내가 악인에게 이르기를 **악인아 너는 반드시 죽으리라** 하였다 하자 네가 그 악인에게 말로 경고하여 그의 길에서 떠나게 하지 아니하면 그 악인은 자기 죄악으로 말미암아 죽으려니와 내가 그의 피를 네 손에서 찾으리라 그러나 너는 악인에게 경고하여 돌이켜 그의 길에서 떠나라고 하되 그가 돌이켜 그의 길에서 떠나지 아니하면 그는 자기 죄악으로 말미암아 죽으려니와 너는 네 생명을 보전하리라(겔 33:8, 9).

하나님은 악인들을 향하여 "악인아 너는 반드시 죽으리라(겔 33:8)."라고 말씀하신다(롬 2:7-10; 계 21:8, 22:15). 이 하나님의 경고의 말씀을 악인들에게 전해야 한다. 만일 악인이 이러한 하나님의 경고의 말을 못 듣고 죄악으로 말미암아 죽으면 하나님께서는 그 피를 경고를 전하지 않은 자의 손에서 찾을 것이라고 말씀하셨다.

악인에게는 "반드시 죽을 것이다."라는 메시지를 분명히 전해야 한다. 그래야 그들의 피에 깨끗하다. 하나님께서는 '악인'을 '반드시' 심판하신다. 신약 성경의 표현으로 말하자면, 성령으로 거듭나지 못한 사람(요 3:5), 자범죄를 짓고 불의하게 사는 사람(고전 6:9, 10; 히 10:26-29), 거룩하게 살지 않는 모든 사람(히 12:14; 갈 5:19-21)을 하나님께서 '반드시' 심판하신다. 파수꾼은 이것을 전해야 한다.

3. 거짓 설교자들은 경고 대신에 언제나 평강을 외친다

구약 이스라엘 멸망 당시 그들의 죄악 때문에 멸망이 올 것을 경고한 사람이 예레미야 외에 아무도 없었다(렘 5:1). 예레미야 당시 이스라엘의 거짓 선지자들은 모두 다 평강만 외쳤다(렘 6:11-15, 8:9-12, 14:13, 14).

> 보라 **그들이 여호와의 말을 버렸으니** 그들에게 무슨 지혜가 있으랴 그러므로 내가 그들의 아내를 타인에게 주겠고 그들의 밭을 그 차지할 자들에게 주리니 그들은 가장 작은 자로부터 큰 자까지 다 욕심내며 선지자로부터 제사장까지 다 거짓을 행함이라 그들이 딸 **내 백성의 상처를 가볍게 여기면서 말하기를 평강하다, 평강하다 하나 평강이 없도다** 그들이 가증한 일을 행할 때에 부끄러워하였느냐 아니라 조금도 부끄러워하지 않을 뿐 아니라 얼굴도 붉어지지 아니하였느니라 그러므로 그들이 엎드러질 자와 함께 엎드러질 것이라 내가 그들을 벌할 때에 그들이 거꾸러지리라 여호와의 말씀이니라(렘 8:9-12).

미가 선지자를 통해 여호와께서 말씀하시기를 거짓 선지자들은 재앙이 임하지 아니하리라고 거짓 평안을 외친다고 말했다.

> 야곱 족속의 우두머리들과 이스라엘 족속의 통치자들 곧 정의를 미워하고 정직한 것을 굽게 하는 자들아 원하노니 이 말을 들을지어다 시온을

피로, 예루살렘을 죄악으로 건축하는도다 그들의 우두머리들은 뇌물을 위하여 재판하며 그들의 제사장은 삯을 위하여 교훈하며 **그들의 선지자는 돈을 위하여 점을 치면서도** 여호와를 의뢰하여 이르기를 여호와께서 우리 중에 계시지 아니하냐 **재앙이 우리에게 임하지 아니하리라 하는도다**(미 3:9-11).

이사야 선지자를 통해 여호와께서 말씀하시기를 당시의 설교자들이 맹인이요 벙어리 개라고 하셨다.

이스라엘의 파수꾼들은 **맹인이요 다 무지하며 벙어리 개들이라** 짖지 못하며 다 꿈꾸는 자들이요 누워 있는 자들이요 잠자기를 좋아하는 자들이니 이 개들은 탐욕이 심하여 족한 줄을 알지 못하는 자들이요 그들은 몰지각한 목자들이라 다 제 길로 돌아가며 사람마다 자기 이익만 추구하며 오라 내가 포도주를 가져오리라 우리가 독주를 잔뜩 마시자 내일도 오늘 같이 크게 넘치리라 하느니라(사 56:10-12).

이것은 오늘날 상황과 똑같다. 지금 불신자들은 물론이요 대부분의 교인들이 영원한 멸망의 길로 달려가고 있지만, 이 사실을 정확히 보고 "이대로 살면 반드시 죽을 것이다."라고 경고하는 사람을 찾기 어렵다. 벙어리 개들처럼 침묵만 한다. 대부분의 설교자들이 지금도 "평안하다. 평안하다."라고 외친다.

장 칼뱅은 "심지어 개도 자기 주인이 공격을 받으면 짖는다. 하나님의 명예가 공격받고 있는 것을 보고도 내가 어떻게 아무 소리도 내지 않고 침묵만 할 수 있겠는가?"¹라고 말했다. 오늘날처럼 교인들이 타락하고 교회가 배도의 위기에 처하고 하나님의 명예가 땅에 떨어진 때가 있었는가! 그러나 사방에 짖지 않는 개, 태만하며 자기 이익만 추구하는 개들만 활개를 친다.

4. 경고의 나팔을 부는 자는 많은 고난을 당할 것이다

하나님의 보내심을 받은 선지자 예레미야는 "너희 죄악 때문에 곧 멸망이 올 것이다."라고 외치다가 많은 고난을 당했다. 하나님의 엄중한 심판의 말씀을 전하는 사람은 예레미야처럼 "말씀을 인하여" 많은 고난을 받을 것이다.

> 여호와여 주께서 나를 권유하시므로 내가 그 권유를 받았사오며 주께서 나보다 강하사 이기셨으므로 내가 조롱거리가 되니 사람마다 종일토록 나를 조롱하나이다 **내가 말할 때마다 외치며 파멸과 멸망을 선포하므로 여호와의 말씀으로 말미암아 내가 종일토록 치욕과 모욕거리가 됨이니이다** 내가 다시는 여호와를 선포하지 아니하며 그의 이름으로 말하지 아니하리라 하면 나의 마음이 불붙는 것 같아서 골수에 사무치니 답답하여 견딜 수 없나이다 나는 무리의 비방과 사방이 두려워함을 들었나이다 그들이 이르기를 고소하라 우리도 고소하리라 하오며 내 친한 벗도 다 내가 실족하기를 기다리며 그가 혹시 유혹을 받게 되면 우리가 그를 이기어 우리 원수를 갚자 하나이다(렘 20:7-10).

---

1 Philip Schaff, *History of the Christian Church*, 8 vols. (1910; reprint, Grand Rapids, MI: Wm. B. Eerdmans Publishing Company, 1980-1981), 8:594.

예레미야는 말할 때마다 파멸과 멸망을 선포했기 때문에 여호와의 말씀으로 말미암아 그가 "종일토록 치욕과 모욕거리"가 되었다고 고백했다. 그러나 그는 굴하지 않고 하나님의 준엄한 심판의 말씀을 계속 전했다.

예레미야는 자신이 하나님의 말씀으로 인해 받는 고난을 다음과 같이 표현했다.

> 내게 재앙이로다 나의 어머니여 어머니께서 나를 온 세계에 다투는 자와 싸우는 자를 만날 자로 낳으셨도다 내가 꾸어 주지도 아니하였고 사람이 내게 꾸이지도 아니하였건마는 다 나를 저주하는도다(렘 15:10).

고난 중에 그는 이렇게 기도했다.

> 여호와여 주께서 아시오니 원하건대 주는 나를 기억하시며 돌보시사 나를 박해하는 자에게 보복하시고 주의 오래 참으심으로 말미암아 나로 멸망하지 아니하게 하옵시며 주를 위하여 내가 부끄러움 당하는 줄을 아시옵소서(렘 15:15).

예레미야는 하나님의 바른 말씀을 전하다가 붙잡혀서 토굴 감옥에 던짐을 받았다(렘 37:16). 주의 정직한 말씀을 전하는 사람은 예레미야처럼 많은 고통을 당할 것이다.

청교도 토머스 보스턴(Thomas Boston, 1676-1732)은 사람의 눈치를 보지 않고 정직하게 하나님의 말씀을 전하는 설교자가 당할 고난을 다음과 같이 묘사했다.

당신이 거침없이 말하면 그들은 당신을 폭언을 하는 사람이라고 부르고 당신의 설교를 반동적이라고 부를 것이다. 모든 교회는 당신을 그들 모두에게 지옥을 설교하는 괴물로 무서워할 것이다. 그러면 당신은 결코 한 곳에 안정적으로 머물지 못할 것이다. … 솔직하고 직설적인 설교는 당신의 생계에 해를 끼칠 수 있다.[2]

그래서 야고보는 "형제들아 주의 이름으로 말한 선지자들을 고난과 오래 참음의 본으로 삼으라(약 5:10)."라고 권면했다.

왜 사람들이 참 선지자를 미워하고 멀리하는가?(눅 6:22) 타락한 백성들에게 하나님의 의의 말씀, 거룩한 진리를 가감 없이 전하기 때문이다. 팔복의 마지막 8번째 복이 의를 위해 박해를 받는 자들이 받는 복이다.

의를 위하여 박해를 받은 자는 복이 있나니 천국이 그들의 것임이라 나로 말미암아 너희를 욕하고 박해하고 거짓으로 너희를 거슬러 모든 악한 말을 할 때에는 너희에게 복이 있나니 기뻐하고 즐거워하라 하늘에서 너희의 상이 큼이라 너희 전에 있던 선지자들도 이같이 박해하였느니라(마 5:10-12).

5. 오늘날 경고의 나팔을 부는 사람을 어디서 찾을 수 있는가?

세상은 종말을 향해 달려가고, 교인들은 배도의 물결에 휩쓸려 영원한 멸망의 길로 가고 있지만 이를 경고하는 사람을 찾기 어려운 시대가 되었

---

[2] Thomas Boston, "*A Soliloquy on the Art of Man-Fishing*," quoted in John MacArthur, *Ashamed of the Gospel* (Wheaton, IL: Crossway Books, 1993), 299-300, 303.

다. 진정으로 영혼들을 사랑한다면, 고난이 오더라도 하나님의 진리의 말씀을 전해야 한다. 경고의 말씀을 전해야 한다.

하나님께서 이사야에게 다음과 같이 말씀하셨다.

> 크게 외치라 목소리를 아끼지 말라 네 목소리를 나팔 같이 높여 내 백성에게 그들의 허물을, 야곱의 집에 그들의 죄를 알리라(사 58:1).

미가 선지자는 자신의 결심을 이렇게 말했다.

> 오직 나는 여호와의 영으로 말미암아 능력과 정의와 용기로 충만해져서 야곱의 허물과 이스라엘의 죄를 그들에게 보이리라(미 3:8).

참으로 죽어 가는 영혼을 사랑한다면, 성령으로 거듭나지 않고 거룩하게 살지 않으면 영원한 지옥의 심판을 면하지 못한다는 진리의 말씀을 분명히 가르쳐야 한다. 영원히 타는 불못(계 20:15)에서 고통 받을 사람들의 피에 깨끗하기 위해서는(행 20:26, 27) 반대가 있더라도 진실을 알려야 한다.

제12장

거짓말하는 영과 미혹하는 영을 보내시는 하나님: 400 대 1

> 여호와께서 그에게 이르시되 어떻게 하겠느냐 이르되 내가 나가서 거짓말하는 영이 되어 그의 모든 선지자들의 입에 있겠나이다 여호와께서 이르시되 너는 꾀겠고 또 이루리라 나가서 그리하라 하셨은즉 이제 여호와께서 거짓말하는 영을 왕의 이 모든 선지자의 입에 넣으셨고 또 여호와께서 왕에 대하여 화를 말씀하셨나이다(왕상 22:22, 23).

왜 오늘날 대부분의 사람들이 진리 대신에 거짓 설교자들의 거짓되고 허황된 말을 좋아하고 따를까? 하나님께서 어떤 악인을 징벌하시고자 작정하셨을 때는 그에게 거짓말하는 영과 미혹하는 영을 보내서서 거짓 것을 믿게 허용하시고 심판을 받게 하시는 경우가 많다.

1. 구약 아합 왕을 죽이실 때는 선지자 4백 명이 거짓말하는 영이 되었다

아합 왕은 북 이스라엘 왕 중에 가장 악한 왕이었다(왕상 21:25). 하나님께서 아합 왕을 죽이기로 결심하셨을 때 그에게 거짓말하는 선지자들을 보내셨다. 열왕기상 22장을 보면 아합 왕이 거짓 선지자들 400명의 말을 들고 전투에 나갔다가 죽임을 당한다는 내용이 나온다.

남 유다의 여호사밧 왕이 북 이스라엘의 아합 왕을 방문했을 때 아합은 여호사밧 왕에게 연합해서 아람을 치자고 제안했다(왕상 22:1-4). 여호사밧은 평소에 하나님을 경외하는 사람이기 때문에 아합에게 "먼저 여호와의 말씀이 어떠하신지 물어 보소서."라고 요청했다.

이에 아합은 선지자 4백 명쯤을 자기 앞에 모으고 물었다. "내가 길르앗 라못에 가서 싸우랴 말랴?" 왕 앞에 모인 선지자들은 이구동성으로 "올라가소서. 주께서 그 성읍을 왕의 손에 넘기시리이다."라고 자기들이 지어낸 말로 아첨했다.

여호사밧 왕은 이 말을 듣고 "이 외에 여호와의 선지자가 여기 있지 아니하니이까?"라고 아합 왕에게 물었다. 아합은 "아직도 이믈라의 아들 미가야 한 사람이 있으니 그로 말미암아 여호와께 물을 수 있으나 그는 내게 대하여 길한 일은 예언하지 아니하고 흉한 일만 예언하기로 내가 그를 미워하나이다."라고 대답했다. 여호사밧이 미가야를 보기를 원하자 아합은 미가야를 속히 불러 오게 했다.

미가야가 오기 전에 그나아나의 아들 시드기야라고 하는 선지자가 두 왕 앞에 나아와 철로 뿔들을 만들어 가지고 "여호와의 말씀이 왕이 이것들로 아람 사람을 찔러 진멸하리라 하셨다."라고 호언장담했다. 나머지 모든 선지자도 시드기야 말에 동조하여 "길르앗 라못으로 올라가 승리를 얻으소서. 여호와께서 그 성읍을 왕의 손에 넘기시리이다."라고 아첨했다. 이처럼 힘 있는 권력자 앞에서 거짓말을 지어서 아첨하는 것이 거짓 선지자들의 전형이다.[1]

---

1 [참고: 전두환 국보위상임위원장을 위한 조찬기도회]
    광주민주화운동(1980년 5월 18일) 약 2달 후 1980년 8월 6일 오전 개신교 지도자 23명은

미가야를 부르러 간 사신이 미가야를 만나 "선지자들의 말이 하나 같이 왕에게 길하게 하니 청하건대 당신의 말도 그들 중 한 사람의 말처럼 길하게 하소서."라고 이야기했다. 그러나 미가야는 "여호와께서 살아 계심을 두고 맹세하노니 여호와께서 내게 말씀하시는 것 곧 그것을 내가 말하리라." 하고 따라갔다.

미가야가 왕들 앞에 도착하자 아합 왕이 "내가 가서 싸우랴 말랴?" 하고 물었다. 미가야는 듣고 이렇게 대답했다. "올라가서 승리를 얻으소서. 여호와께서 그 성읍을 왕의 손에 넘기시리이다." 이 말을 들은 아합 왕은 뭔가 기분이 이상했던지 미가야에게 이르되 "내가 몇 번이나 네게 맹세하게 하여야 네가 여호와의 이름으로 진실한 것으로만 내게 말하겠느냐?"라며 채근했다.

그제야 미가야가 제대로 된 하나님의 말씀을 들려주었다. "내가 보니 온 이스라엘이 목자 없는 양 같이 산에 흩어졌는데 여호와의 말씀이 이 무리에게 주인이 없으니 각각 평안히 자기의 집으로 돌아갈 것이니라 하셨나이다."라고 말했다.

아합 왕은 이 말이 자기가 죽는다는 예언인 것을 알았다. 그래서 여호사밧 왕에게 "저 사람이 내게 대하여 길한 것을 예언하지 아니하고 흉한

전두환 국보위상임위원장을 위한 조찬기도회를 열었다. 1980년 8월 6일은 전두환 중장이 4개월 만에 대장으로 진급하는 날이었다.
서울 명동 롯데호텔 에메랄드 룸에서 70분 동안 계속되었던 이 기도회를 전두환 신군부는 KBS-TV, MBC-TV로 생중계했다. 그리고 평일인데도 점심과 저녁 두 차례 재방송까지 했다. 전두환 상임위원장을 위한 기도를 맡은 목사는 "이 어려운 시기에 막중한 직책을 맡아서 사회 구석구석에 존재하는 악을 제거하고 정화할 수 있게 해준 데 대해 감사하게 생각한다."라고 기도했다.
참석자 명단은 아래를 참고하라.
http://cafe.daum.net/reformedvillage/D3Oi/69?q=%B1%B9%BA%B8%C0%A7%20%B8%ED%B4%DC&re=1
동아일보 1980년 8월 6일자 1면 제일 앞부분에 이에 대한 기사가 실렸다.

것을 예언하겠다고 당신에게 말씀하지 아니하였나이까?"라고 말했다.

이때 미가야 선지자는 이어서 다음과 같이 말했다.

> 그런즉 왕은 여호와의 말씀을 들으소서 내가 보니 여호와께서 그의 보좌에 앉으셨고 하늘의 만군이 그의 좌우편에 모시고 서 있는데 여호와께서 말씀하시기를 누가 아합을 꾀어 그를 길르앗 라못에 올라가서 죽게 할꼬 하시니 하나는 이렇게 하겠다 하고 또 하나는 저렇게 하겠다 하였는데 한 영이 나아와 여호와 앞에 서서 말하되 내가 그를 꾀겠나이다 여호와께서 그에게 이르시되 어떻게 하겠느냐 이르되 내가 나가서 거짓말하는 영이 되어 그의 모든 선지자들의 입에 있겠나이다 여호와께서 이르시되 너는 꾀겠고 또 이루리라 나가서 그리하라 하셨은즉 이제 **여호와께서 거짓말하는 영을 왕의 이 모든 선지자의 입에 넣으셨고** 또 여호와께서 왕에 대하여 화를 말씀하셨나이다(왕상 22:19-23).

하나님께서 아합을 죽이기로 결심하셔서 거짓말하는 영을 선지자들의 입에 넣어 아합을 꾀어서 전장에 나가 죽게 하실 것이라는 것이다.

이 말을 옆에서 듣던 그나아나의 아들 시드기야가 가까이 와서 미가야의 뺨을 치며 "여호와의 영이 나를 떠나 어디로 가서 네게 말씀하시더냐?"라고 하며 윽박질렀다.

아합 왕은 거짓말로 아첨하는 거짓 선지자 4백 명의 말을 받아들이고 하나님의 진실한 선지자 미가야는 옥에 가두었다. 아합은 길르앗 라못 전투에서 변장을 하고 나갔으나 결국 적군이 우연히 쏜 화살을 맞아서 피를 철철 흘리다가 죽었다. 이것이 악한 아합의 최후였다.

아합은 거짓 선지자의 달콤한 말을 듣고 전쟁에 나갔다가 최후를 맞았다. 역사를 통해 보면 어느 시대를 막론하고 이렇게 거짓으로 악인들에게 아첨하는 거짓 선지자들이 다수였다. 아합 왕 때는 거짓 선지자와 참 선지자의 비율이 400 대 1이었다.

2. 하나님께서 패역한 백성을 죽이기로 작정하셨을 때는 미혹의 영을 보내신다

아합 왕을 죽이기 위해서 거짓말하는 영을 아합 왕 앞의 모든 선지자의 입에 넣으신 것처럼 하나님께서 어떤 사람을 버리시기로 확실히 작정하셨을 때는 미혹의 영을 보내신다. 종말이 그런 시대다.

조지 윗필드는 "은혜의 방편"이라는 설교에서 "하나님께서 어떤 나라나 민족에게 복을 주시려 할 때 충성되고 신실하고 정직한 목사들을 보내시는 것보다 더 큰 복이 없습니다. 이와 마찬가지로 이 세상에 내리시는 하나님의 가장 큰 저주는 눈멀고, 거듭나지 못하고, 육적이고, 미적지근하며, 미숙한 안내자들을 보내시는 것입니다."[2]라고 말했다.

데살로니가후서 2장 1-3절에 보면 종말에 배도하는 때가 되면 미혹하게 하는 영을 보내신다고 하셨다.

> 불법의 비밀이 이미 활동하였으나 지금은 그것을 막는 자가 있어 그 중에서 옮겨질 때까지 하리라 그때에 불법한 자가 나타나리니 주 예수께서 그 입의 기운으로 그를 죽이시고 강림하여 나타나심으로 폐하시리라 **악한 자의 나타남은 사탄의 활동을 따라 모든 능력과 표적과 거짓 기적과 불의의 모든 속임으로 멸망하는 자들에게 있으리니** 이는 그들

---

2 Whitefield, "The Method of Grace," in SGW, 2, 423.

이 진리의 사랑을 받지 아니하여 구원함을 받지 못함이라 이러므로 **하나님이 미혹의 역사를 그들에게 보내사 거짓 것을 믿게 하심은** 진리를 믿지 않고 불의를 좋아하는 모든 자들로 하여금 심판을 받게 하려 하심이라(살후 2:7-12).

"진리를 믿지 않고 불의를 좋아하는 모든 자들"로 심판을 받게 하기 위해서 미혹의 영을 보내시고 표적과 기사를 행하게 하시는 것이다.[3] 지금 많은 사람들이 진리를 따르지 않고 거짓 선지자를 따르며 미혹을 따라 가는 것 자체가 하나님의 심판이다.

3. 거짓 사역자들의 외적 성공과 표적에 현혹되지 마라

오늘날 보면, 세속적인 교회들, 이상한 교회들이 수적으로 부흥하는 것을 많이 본다. 특히 확연한 이단들이 엄청난 교세를 자랑하고 큰 재산을 형성하는 경우가 많다. 외적 번영이나 표적을 보고 좋아하지 말라. 이것 자체가 하나님의 심판이다. 하나님께서 패역한 백성들을 심판받게 하실 때 사탄의 모든 능력, 표적, 거짓 기적, 불의의 모든 속임을 허용하신다(살후 2:9, 10).

---

[3] 이사야 66장에도 비슷한 말씀이 나온다. "무릇 마음이 가난하고 심령에 통회하며 내 말을 인하여 떠는 자 그 사람은 내가 권고하려니와 소를 잡아 드리는 것은 살인함과 다름이 없고 어린 양으로 제사드리는 것은 개의 목을 꺾음과 다름이 없으며 드리는 예물은 돼지의 피와 다름이 없고 분향하는 것은 우상을 찬송함과 다름이 없이 하는 그들은 자기의 길을 택하며 그들의 마음은 가증한 것을 기뻐한즉 **나도 유혹을 그들에게 택하여 주며** 그 무서워하는 것을 그들에게 임하게 하리니 이는 내가 불러도 대답하는 자 없으며 내가 말하여도 그들이 청종하지 않고 오직 나의 목전에 악을 행하며 나의 기뻐하지 아니하는 것을 택하였음이니라 하시니라(사 66:2-4, 개역한글)."

신명기 13장을 보면 심지어 선지자가 말한 이적과 기사가 이루어지더라도 그 말하는 것이 하나님의 말씀과 어긋나면 따라서는 안 된다고 경고하셨다(신 13:1-5). 도리어 그런 자를 죽이라고 명령하셨다.

> 너희 중에 선지자나 꿈꾸는 자가 일어나서 이적과 기사를 네게 보이고 **그가 네게 말한 그 이적과 기사가 이루어지고** 너희가 알지 못하던 다른 신들을 우리가 따라 섬기자고 말할지라도 너는 그 선지자나 꿈꾸는 자의 말을 청종하지 말라 이는 너희의 하나님 여호와께서 너희가 마음을 다하고 뜻을 다하여 너희의 하나님 여호와를 사랑하는 여부를 알려 하사 너희를 시험하심이니라 너희는 너희의 하나님 여호와를 따르며 그를 경외하며 그의 명령을 지키며 그의 목소리를 청종하며 그를 섬기며 그를 의지하며 그런 선지자나 꿈꾸는 자는 죽이라(신 13:1-5).

하나님께서 거짓 선지자에게 이적과 기사를 허용하시는 이유는 우리가 마음을 다하고 뜻을 다하여 하나님을 사랑하는지 알고자 시험하시는 것이다(신 13:3).

사람들이 외적인 번영과 표적을 보고 따르는 것 자체가 하나님의 저주를 받은 징표다. 종말에는 적그리스도(짐승, 세계 독재자)와 거짓 선지자가 마귀가 주는 권세를 받아 표적과 이적을 행하여 온 땅 위의 인간들을 미혹할 것이다(계 13:2, 4, 6, 12, 14). 택함 받지 못한 모든 자가 외적인 것에 눈이 멀어 미혹의 영을 따를 것이다(계 13:8).

4. 말세 성도는 참된 목자와 양의 탈을 쓴 이리를 분별할 수 있어야 한다

교회사를 통해 보면, 참된 하나님의 사역자는 항상 그 수가 적다. 종말에는 더욱 귀할 것이다. 존 번연의 『천로역정』에 보면, 크리스천이 십자가에서 구원을 체험하기 바로 전에 '해석자(Interpreter)'의 집에 들어가서 7가지 교훈을 배우는 장면이 나온다. 그중 첫 번째 장면은 다음과 같다.

해석자가 크리스천을 어떤 비밀스런 방으로 인도해서 벽에 걸린 매우 진지하게 보이는 사람의 초상화를 보여 주었다. 그 사람의 두 눈은 하늘을 쳐다보고 있었고, 손에는 가장 훌륭한 책을 들고 있었으며, 입술에는 진리의 법칙들이 쓰여 있었고, 세상은 그의 등 뒤에 있었다. 그는 사람들에게 무언가 탄원하는 것처럼 서 있었다. 그리고 그의 머리 위에는 황금 면류관이 씌워져 있었다. 크리스천이 해석자에게 물었다.

크리스천: 이 초상화는 무엇을 의미하는 것입니까?

해석자: 이 초상화의 주인공은 **천 명에 한 명 있을까 말까 하는** 사람의 초상화입니다. 이 사람은 해산의 고통을 통해 자녀를 낳을 수 있고, 낳은 자녀들에게 친히 젖을 먹여 기를 수 있는 분입니다. 당신이 보는 바와 같이 그의 눈은 하늘을 쳐다보고 있고 손에는 가장 좋은 책을 들었으며 입술에는 진리의 법칙들이 쓰여 있습니다. 이것은 그가 하는 일이 인간의 어두운 면을 미리 알아 죄인들에게 알려 주는 것이라는 것을 보여 줍니다. 그리고 당신이 보다시피 그는 사람들에게 무엇인가 탄원하는 것처럼 서 있고, 세상이 그의 등 뒤에 던져 있고, 머리에는 면류관을 쓰고 있습니다. 이것은 주님을 섬기는 봉사를 사랑하기 때문에 현세에 속한 것들을 가볍게 여기고 멸시하는 사람은 내세에서 그의 수고의 보상

으로 틀림없이 영광을 얻게 될 것임을 보여 줍니다.[4]

이 초상화의 주인공은 누구인가? 하나님의 참된 사역자를 가리킨다. 그런데 존 번연은 이런 참된 사역자가 천 명에 한 명 있을까 말까 할 정도로 귀한 사람이라고 했다. 번연이 보기에 당시에도 참된 복음의 사역자가 이토록 적었다면 말세에는 오죽하겠는가!

사도 바울은 밀레도에서 에베소 장로들과 헤어지면서 다음과 같이 경고했다.

> 내가 떠난 후에 **사나운 이리가 여러분에게 들어와서** 그 양 떼를 아끼지 아니하며 또한 여러분 중에서도 제자들을 끌어 자기를 따르게 하려고 어그러진 말을 하는 사람들이 일어날 줄 내가 아노라 그러므로 여러분이 일깨어 내가 삼 년이나 밤낮 쉬지 않고 눈물로 각 사람을 훈계하던 것을 기억하라(행 20:29-31).

사도 바울은 거짓 사역자들을 사나운 이리라고 하였다. 바울은 자기가 떠난 후에 교회 내에 거짓 사역자들이 등장할 것을 경고하였다. 종말에는 사나운 이리가 온 교회를 지배하게 될 것이다.

성도들은 영들을 분별해야 하며(요일 4:1), 자기가 따르는 사역자가 하나님께서 보내신 참된 사역자인지, 거짓 선지자인지 분별해야 할 책임이 있다.

---

4 Bunyan, *The Pilgrim's Progress*, 30.

사랑하는 자들아 영을 다 믿지 말고 오직 영들이 하나님께 속하였나 분별하라 많은 거짓 선지자가 세상에 나왔음이라(요일 4:1).

요한계시록 2장 2절을 보면 주님께서 에베소 교회 교인들이 "악한 자들을 용납하지 아니한 것과 자칭 사도라 하되 아닌 자들을 시험하여 그의 거짓된 것을 드러낸 것"을 칭찬하셨다.

제13장

교회부터, 목사부터 심판이 시작된다

여호와께서 이르시되 너는 예루살렘 성읍 중에 순행하여 그 가운데에서 행하는 모든 가증한 일로 말미암아 탄식하며 우는 자의 이마에 표를 그리라 하시고 그들에 대하여 내 귀에 이르시되 너희는 그를 따라 성읍 중에 다니며 불쌍히 여기지 말며 긍휼을 베풀지 말고 쳐서 늙은 자와 젊은 자와 처녀와 어린이와 여자를 다 죽이되 이마에 표 있는 자에게는 가까이 하지 말라 내 성소에서 시작할지니라 하시매 그들이 성전 앞에 있는 늙은 자들로부터 시작하더라(겔 9:4-6).

참으로 놀랍고 두려운 것은 주님께서 다시 오시면 하나님의 집, 즉 교회부터 심판을 행하신다는 것이다.

1. 하나님의 심판은 하나님의 성소부터, 교회 지도자부터 시작된다

에스겔 9장 3-9절을 보면, 배도한 이스라엘을 하나님께서 바벨론을 통해 심판하시는 장면을 에스겔이 본 내용이 나온다. 여호와께서 가는 베 옷을 입고 서기관의 먹 그릇을 찬 사람을 불러 "너는 예루살렘 성읍 중에 순행하여 그 가운데에서 행하는 모든 가증한 일로 말미암아 탄식하며 우는 자의 이마에 표를 그리라(겔 9:4)."라고 하셨다.

그리고 하나님께서는 살육하는 기계를 잡은 다섯 사람에게 다음과 같이 명하셨다.

> 너희는 그를 따라 성읍 중에 다니며 불쌍히 여기지 말며 긍휼을 베풀지 말고 쳐서 늙은 자와 젊은 자와 처녀와 어린이와 여자를 다 죽이되 이마에 표 있는 자에게는 가까이 하지 말라 **내 성소에서 시작할지니라**(겔 9:5, 6).

하나님께서는 성소부터 심판하라고 명하셨다. 그러자 그들이 "성전 앞에 있는 늙은 자들로부터" 심판하기를 시작하였다고 성경에 기록되어 있다.

> 내 성소에서 시작할지니라 하시매 그들이 성전 앞에 있는 늙은 자들로부터 시작하더라(겔 9:6).

이처럼 하나님께서 심판하실 때 성소부터 심판하신다. 늙은 자들로부터 심판하신다. 성전 앞에 있는 '늙은 자'란 장로(elder)를 말한다. 하나님께서는 지도자, 책임 있는 자부터 심판하신다. 심판하는 자가 가장 먼저 죽인 자들은 하나님의 성소에서 "각양 곤충과 가증한 짐승과 이스라엘 족속의 모든 우상"을 숭배한 칠십 명의 장로들(겔 8:10, 11)과 "여호와의 성전을 등지고 낯을 동쪽으로 향하여 동쪽 태양에게 예배"한 스물다섯 명의 장로들(겔 8:16)이었다. 앞장서서 배도를 주도한 자들이 가장 먼저 하나님의 심판을 받았다.

예수님께서 다시 오시면 말씀을 맡고 있는 교회 지도자들부터 심판하실 것이다. 그래서 야고보는 다음과 같이 말했다.

> 내 형제들아 너희는 선생된 우리가 더 큰 심판을 받을 줄 알고 선생이 많이 되지 말라(약 3:1).

지도자일수록 더 큰 심판을 받는다. 평신도들이 죄를 지어 심판을 받으면 자기 피가 자기에게 돌아가지만, 하나님의 말씀을 맡은 사람이 하나님의 말씀을 잘못 가르쳐서 수많은 사람들이 지옥에 가게 되면 그 수많은 사람의 피는 잘못 가르친 사람에게 돌아간다. 다른 사람을 가르치는 위치에 있는 사람의 책임이 얼마나 중한 것인가!

거짓된 종교 지도자가 얼마나 위험하고 악한 존재인지 예수님께서는 다음과 같이 말씀하셨다.

> 화 있을진저 외식하는 서기관들과 바리새인들이여 너희는 천국 문을 사람들 앞에서 닫고 너희도 들어가지 않고 들어가려 하는 자도 들어가지 못하게 하는도다(마 23:13).

"지식의 열쇠를 가져가서 자기도 들어가지 않고 들어가려 하는 자도 막는(눅 11:52)" 자가 거짓 종교지도자들이다. 비극적인 것은 하나님의 심판이 임하는 마지막 때는 거의 모든 종교지도자가 이런 자들이라는 것이다.

2. 탄식하며 우는 자만 다가올 하나님의 심판을 면할 것이다

성소에서부터 심판이 행해지는데, 누가 하나님의 이 두려운 심판을 면할 수 있는가? 위에서 인용한 예레미야서 바로 앞부분은 다음과 같이 시작된다.

> 여호와께서 이르시되 너는 예루살렘 성읍 중에 순행하여 그 가운데에서 행하는 **모든 가증한 일로 말미암아 탄식하며 우는 자의 이마에 표를 그리라** 하시고 그들에 대하여 내 귀에 이르시되 너희는 그를 따라 성읍 중에 다니며 불쌍히 여기지 말며 긍휼을 베풀지 말고 쳐서 늙은 자와 젊은 자와 처녀와 어린이와 여자를 다 죽이되 **이마에 표 있는 자에게는 가까이 하지 말라** 내 성소에서 시작할지니라 하시매 그들이 성전 앞에 있는 늙은 자들로부터 시작하더라(겔 9:4-6).

하나님께서는 "예루살렘 가운데에서 행하는 모든 가증한 일로 말미암아 탄식하며 우는" 자만 이마에 표를 주시고 심판에서 면하게 하셨다. 장차 예수님께서 심판하러 이 땅에 오실 때에도 배도한 목사들과 교인들이 행하는 모든 가증한 일로 말미암아 탄식하고 우는 사람, 그 사람만 구원을 받을 것이다. 당신은 어떠한가?

오늘날 타락한 교회의 현실을 보고 눈물 흘리는 사람은 찾아보기가 힘들다. 무관심하거나 "평안하다, 평안하다!" 하는 사람만 넘친다.

3. 신약 성경에도 하나님의 집에서부터 심판이 시작된다는 말씀이 있다

베드로 사도는 하나님의 집에서 심판을 먼저 하신다고 말씀했다.

하나님의 집에서 심판을 시작할 때가 되었나니 만일 **우리에게 먼저 하면** 하나님의 복음을 순종하지 아니하는 자들의 그 마지막은 어떠하며 또 의인이 겨우 구원을 받으면 경건하지 아니한 자와 죄인은 어디에 서리요(벧전 4:17, 18).

예수님께서 다시 오시면 세상부터 심판하시는 것이 아니다. 교회부터 심판하신다. 거짓 목사, 거짓 신자부터 심판하신 후 세상을 심판하신다. 히브리서에서도 주께서 그의 백성을 심판하신다고 기록되어 있다.

원수 갚는 것이 내게 있으니 내가 갚으리라 하시고 또 다시 주께서 그의 백성을 심판하리라 말씀하신 것을 우리가 아노니 살아 계신 하나님의 손에 빠져 들어가는 것이 무서울진저(히 10:30, 31).

하나님께서 교회를 엄중히 심판하실 날이 있다. 자기 배를 위해 사역하는(빌 3:19) 삯꾼 목사들을 먼저 심판하실 것이고, 거짓 목사들을 추종하여 세상을 따라 사는 거짓 신자들을 심판하실 것이다. 사도 바울은 거짓 목사, 거짓 신자에 대해 이렇게 말했다.

내가 여러 번 너희에게 말하였거니와 이제도 눈물을 흘리며 말하노니 여러 사람들이 그리스도의 십자가의 원수로 행하느니라 그들의 마침은 멸망이요 그들의 신은 배요 그 영광은 그들의 **부끄러움**에 있고 땅의 일을 생각하는 자라(빌 3:18, 19).

4. 마지막 심판 날에는 의인조차 겨우 구원을 얻을 것이다

베드로전서 4장 17절에서 "하나님의 집에서 심판을 시작할 때가 되었나니…." 하신 후에, 베드로전서 4장 18절에서 "또 의인이 겨우 구원을 받으면 경건하지 아니한 자와 죄인은 어디에 서리요."라고 하셨다. 이토록 하나님의 심판이 매우 엄중하시다. 의인이 겨우 구원을 받는다면, 경건하지 않게 살며 죄를 짓는 자들은 결코 하나님의 심판을 피하지 못할 것이라는 말씀이다.

노아처럼 하나님을 경외하며 하나님을 최선을 다해 섬긴 '의인이 겨우' 구원을 받는다면, 이 시대에 구원받을 자가 얼마나 적겠는가! 깨어 정신을 차려야 한다. 그 위대한 사도 바울도 "내가 내 몸을 쳐 복종하게 함은 내가 남에게 전파한 후에 자신이 도리어 버림을 당할까 두려워함이로다(고전 9:27)."라고 하였다.

그러므로 경건하게 살지 않는 것을 극도로 두려워해야 한다. 그러나 가라지 신자들일수록 죄를 짓는 것을 대수롭지 않게 여긴다. "교회만 다니면 누구나 구원받는다. 교인이 죄를 좀 지었다고 하나님께서 호적에서 파시겠느냐?" 이런 말을 너무도 쉽게 내뱉는다.

5. 심판 날에는 의인일지라도 가족조차 구원을 못하고 자기 한 목숨만 간신히 구원받을 수 있을 것이다

노아, 다니엘, 욥은 구약에 나오는 대표적 의인이다. 하나님의 본격적 심판이 시작되면 이 땅에 이들이 있다 해도 자기만 건질 수 있을 뿐이고 그 땅은 황폐해질 것이라고 예언하셨다.

> 여호와의 말씀이 또 내게 임하여 이르시되 인자야 가령 어떤 나라가 불법을 행하여 내게 범죄하므로 내가 손을 그 위에 펴서 그 의지하는 양식을 끊어 기근을 내려 사람과 짐승을 그 나라에서 끊는다 하자 비록 노아, 다니엘, 욥, 이 세 사람이 거기에 있을지라도 그들은 자기의 공의로 자기의 생명만 건지리라 나 주 여호와의 말이니라 가령 내가 사나운 짐승을 그 땅에 다니게 하여 그 땅을 황폐하게 하여 사람이 그 짐승 때문에 능히 다니지 못하게 한다 하자 **비록 이 세 사람이 거기에 있을지라도** 나의 삶을 두고 맹세하노니 그들도 자녀는 건지지 못하고 자기만 건지겠고 그 땅은 황폐하리라 주 여호와의 말씀이니라(겔 14:12-16).

심지어 이 의인들이 그들의 자녀조차 구원해내지 못하리라고 말씀하셨다. 그만큼 사람들이 타락했기에 의인들의 중보 기도도 효능이 없을 것이라는 말씀이다. 이토록 종말의 때는 위험한 때이다. 하나님의 최종 심판이 이를 때는 그 백성 중에 총체적 타락이 진행되어 그 가운데 사는 누구도 심판을 막기 위해 손을 쓸 수가 없다. 이미 때가 늦었다.

6. 마지막 때 세상은 노아 홍수 전 때처럼 성령께서 떠나신 세상이 될 것이다

창세기 6장 3절을 보면 노아 홍수 이전에 온 세상 사람이 타락하자 하나님께서 "나의 영이 영원히 사람과 함께하지 아니하리라."라고 말씀하셨다.

> 사람이 땅 위에 번성하기 시작할 때에 그들에게서 딸들이 나니 하나님의 아들들이 사람의 딸들의 아름다움을 보고 자기들이 좋아하는 모든

여자를 아내로 삼는지라 여호와께서 이르시되 나의 영이 영원히 사람과 함께 하지 아니하리니 이는 그들이 육신이 됨이라 그러나 그들의 날은 백이십 년이 되리라 하시니라(창 6:1-3).

하나님의 영이 사람들과 함께 하시지 않으시는 이유는 '그들이 육신이 되었기' 때문이었다. 땅에 있는 인간들이 모두 육체적인 욕심을 따라 사는 육체적 인간들이 되었기에 하나님의 영이 그들과 함께 하시기를 거부하셨다. 의인 노아가 그곳에 있었지만, 이미 타락하여 육체가 된 인류를 구원하기에는 역부족이었다.

이처럼 세상의 종말에도 성령의 역사가 매우 희귀해질 것이다. 제대로 성령을 받는 사람이 적어질 것이다. 혹자는 종말 전에 성령의 큰 부으심이 있을 것이라고 하는데, 창세기 6장 3절에 의하면, 오히려 최후 종말 전에는 성령의 역사가 극도로 줄어들 것이다.

오늘날 사방을 살펴보아도 조지 윗필드, 조나단 에드워즈, 리처드 백스터, 존 오웬 등이 말하는 성령의 강력한 역사에 의한 분명한 거듭남을 체험하는 사람이 매우 드물다. 사도행전에 나오는 초대교회 성도들처럼 성령의 실질적 거룩한 은혜를 체험하는 성도가 매우 드물다(대신 이상한 성령 체험하는 자는 매우 많다).

왜 오늘날에는 이와 같은 성경적인 거듭남 체험이 적은가? 그 이유는 창세기 6장 3절을 보면 알 수 있다. 최후 심판 전에는 하나님께서 그의 영을 허락하지 아니하신다.

구약의 타락한 엘리 제사장이 다스릴 때, 즉 "아이 사무엘이 엘리 앞에서 여호와를 섬길 때에는 여호와의 말씀이 희귀하여 이상이 흔히 보이지 않았더라(삼상 3:1)."라고 말씀하셨다. 이처럼 종말에는 성령의 은혜가 사라지고, 하나님의 말씀이 희귀한 시대가 될 것이다.

　패역한 시대, 패역무도한 백성에게는 하나님께서는 말씀을 허락하지 않으신다.

> 주 여호와의 말씀이니라 보라 날이 이를지라 **내가 기근을 땅에 보내리니** 양식이 없어 주림이 아니며 물이 없어 갈함이 아니요 여호와의 말씀을 듣지 못한 기갈이라 사람이 이 바다에서 저 바다까지, 북쪽에서 동쪽까지 비틀거리며 여호와의 말씀을 구하려고 돌아다녀도 얻지 못하리니 그 날에 아름다운 처녀와 젊은 남자가 다 갈하여 쓰러지리라(암 8:11-13).

　오늘날은 가벼운 기복적 설교만 넘쳐나고, 영혼을 살리는 참된 거듭남의 말씀을 듣기가 어렵다. 성령이 떠나시고 하나님의 말씀이 사라진 것 자체가 하나님의 심판이다. 종말이 매우 가까이 왔다는 징표다.

제14장
큰 음녀(배도한 교회)에 대한 심판이 기다리고 있다

또 일곱 대접을 가진 일곱 천사 중 하나가 와서 내게 말하여 이르되 이리로 오라 많은 물 위에 앉은 큰 음녀가 받을 심판을 네게 보이리라 땅의 임금들도 그와 더불어 음행하였고 땅에 사는 자들도 그 음행의 포도주에 취하였다 하고 곧 성령으로 나를 데리고 광야로 가니라 내가 보니 여자가 붉은 빛 짐승을 탔는데 그 짐승의 몸에 하나님을 모독하는 이름들이 가득하고 일곱 머리와 열 뿔이 있으며 그 여자는 자주 빛과 붉은 빛 옷을 입고 금과 보석과 진주로 꾸미고 손에 금잔을 가졌는데 가증한 물건과 그의 음행의 더러운 것들이 가득하더라 그의 이마에 이름이 기록되었으니 비밀이라, 큰 바벨론이라, 땅의 음녀들과 가증한 것들의 어미라 하였더라 또 내가 보매 이 여자가 성도들의 피와 예수의 증인들의 피에 취한지라 내가 그 여자를 보고 놀랍게 여기고 크게 놀랍게 여기니(계 17:1-6).

요한계시록 17장, 18장을 보면 큰 음녀(the great whore)의 처절한 심판이 매우 상세하게 나온다. 음녀란 누구를 가리키는가?

1. 모든 세속화된 교인, 배도한 교인이 음녀다

(1) 성경은 세상을 벗하는 교인들을 간음한 여인이라고 한다

> 간음한 여인들아 세상과 벗된 것이 하나님과 원수 됨을 알지 못하느냐 그런즉 누구든지 세상과 벗이 되고자 하는 자는 스스로 하나님과 원수 되는 것이니라(약 4:4).

음녀는 모든 세속적 신자, 세속적 교회를 말한다. 속사람이 성령으로 철저히 거듭나지 못한 채 세상을 사랑하고 세상을 따라 사는 크리스천들이 모두 음녀다. 말로는 그리스도인이라고 하면서도 실제로는 세상과 벗하고 육신의 정욕과 안목의 정욕과 이생의 자랑을 추구하고 사는 이들(요일 2:15, 16)이 음녀이다. 세속적인 교회는 겉모양으로는 교회의 모습으로 보일 수 있으나 실제로는 마귀가 지배하는 모임이다(계 2:9, 13, 3:9). 이들은 하나님의 원수들이다(약 4:4).

(2) 많은 신학자들은 바로 로마 가톨릭이 음녀라고 해석한다

종교개혁 지도자들은 이 여자가 일반적으로 로마 가톨릭교회를 지시하며 그리고 구체적으로는 교황을 나타낸다고 확신했다.[1] 조나단 에드워즈도 로마 가톨릭교회를 '바벨론의 음녀'라고 주장했다. 요한계시록 14장 3절을 본문으로 한 설교에서 그는 다음과 같이 말했다.

---

1   Dave Hunt, *A Woman Rides the Beast* (Eugene, OR: Harvest House Publisher, 1994), 14.

그 적그리스도 교회, 즉 로마 교회는 이 책에서 큰 음녀로 불린다. 그러나 진정한 교회는 그리스도의 신실한 배우자로 묘사된다.[2]

요한계시록 17장에는 음녀의 특징을 다음과 같이 묘사했다.

또 일곱 대접을 가진 일곱 천사 중 하나가 와서 내게 말하여 이르되 이리로 오라 많은 물 위에 앉은 큰 음녀가 받을 심판을 네게 보이리라(계 17:1).

많은 물은 '백성, 무리, 열국(계 17:15)', 즉 세상 나라들을 상징한다. 음녀가 많은 물 위에 앉았다는 것은 배도한 교회가 세상 나라의 민중들 위에 높이 앉아 세상의 권력자로 행세하면서 타락한 세속의 영으로 세상 나라에 악한 영향을 끼쳐온 것을 보여 준다.

땅의 임금들도 그와 더불어 음행하였고 땅에 사는 자들도 그 음행의 포도주에 취하였다 하고(계 17:2).

'땅의 임금들과 음행하였다.'는 것은 배도한 교회가 세속 정치적인 세력과 손을 잡는다는 뜻이다. 배도한 교회는 세계 여러 국가 통치자들과 결탁하여 힘을 과시하며 악한 영향력을 미친다.

교회와 정치가 혼합한 교회가 바로 가톨릭교회다. 초대교회는 2세기 이상 동안 로마 제국의 심각한 박해를 견뎌야 했다. 그러나 초대교회의 박해

---

2   Edwards, "They Sing a New Song," in WJE, 22, 227.

가 절정에 달했을 때 콘스탄티누스(c. 280-337) 황제의 밀라노 칙령(313년)으로 기독교가 공인되고 박해로부터 해방되었다. 그 후 테오도시우스 황제 때 기독교가 로마의 국교가 되었다(392년). 정교일치의 시대가 열린 것이다. 이로써 지금까지 이어지는 배도의 넓은 길이 열렸다.

세상과 분리되어야 할 교회가 세상 권력과 연합하게 되었다. 교회는 국가로부터 부와 권세를 받았지만, 황제가 교회를 지배하게 됨에 따라[3] 믿음이 없는 사람들도 세속적인 동기로 교회에 위장하여 들어오게 되었다. 교회에 출석하는 것이 세속적 성공과 연결이 되었다. 그리하여 세상적 욕심을 얻기 위해 교회에 출석하는 자들이 넘치게 되었다. 자연히 교회의 세속화가 가속화되었다.

가톨릭교회는 단순한 정교일치가 아니라 교권을 가지고 세상 권력을 지배하고자 하는 욕망을 키워 왔다. 요한계시록 17장에 언급된 '짐승 위에 탄 여자'는 세속 권력 위에 군림하는 가톨릭을 가리킨다.[4]

루터의 종교 개혁 이후에도 가톨릭은 세속 권력과 결탁하여 자기들의 세력을 확장하려고 노력해 왔다. 이에 대한 수많은 증거들이 있다.[5] 그중

---

3 데이브 헌트는 콘스탄티누스 황제에 대해 이렇게 말했다. "이제 교회가 제국 안에서 공인된 종교단체가 됨으로 말미암아, 콘스탄티누스는 황제로서 기독교의 사실상 수반으로 인정되어야 했다. 그러한 자격으로 그는 주후 325년에 최초의 에큐메니칼 회의인 니케아 종교회의를 소집하여, 의사일정을 결정하고, 개회사를 했으며, 500년 후 샤를마뉴(Charlemagne)가 샬롱(Chalon) 종교회의에서 행한 바와 같이 친히 사회를 했다. … 콘스탄티누스는 기독교회의 수반으로 행사하는 중에도 여전히 이교도 제사장들의 수반으로서 이교도 의식을 집전했다. 기독교 교회를 세우기 시작한 후에도 여전히 이교도들의 신전에 헌물을 바쳤다. 이교도 제사장들의 최고 수반으로서 그는 최고 제사장(*Pontifex Maximus*)이었으며, 또한 기독교회의 수장으로서 유사한 칭호가 필요했다. 그리스도인들은 그를 '주교들의 주교'로 경의를 표했다. 한편 콘스탄티누스는 자신을 그리스도의 대리자(Vicarius Christi, Vicar of Christ)라 칭했다." Hunt, *A Woman Rides the Beast*, 46.

4 Hunt, *A Woman Rides the Beast*, 42-43.

5 이에 대한 자세한 내용은 Hunt의 *A Woman Rides the Beast*를 보기를 권한다. 『짐승 위에 탄 여자』(도서출판 누가)로 번역되었다.

하나의 예를 들자면, 가톨릭이 히틀러와 무솔리니와 연합하고 지지한 것이다.[6]

지금도 세상 나라들 위에 군림하고 세계를 지배하고자 하는 로마 가톨릭의 정책은 계속되고 있다.

2. 음녀가 하나님의 심판을 받아 멸망할 것이 예언되었다

큰 음녀에 대한 심판이 요한계시록 17, 18장에 길고 매우 자세히 나오는 것을 보면 하나님께서 얼마나 음녀의 멸망에 관심을 가지고 계신가를 알 수 있다. 요한계시록 17장 16절에 보면 큰 음녀가 멸망하는 모습이 예언되었다.

> 네가 본 바 이 열 뿔과 짐승은 음녀를 미워하여 망하게 하고 벌거벗게 하고 그의 살을 먹고 불로 아주 사르리라(계 17:16).

짐승, 즉 적그리스도가 처음에는 음녀와 함께 세상을 지배하다가 나중에는 마음이 바뀌어 음녀를 완전히 불사른다.

3. 음녀의 반대는 그리스도의 순결한 신부다

사도 바울은 고린도 교회에 대하여 "내가 하나님의 열심으로 너희를 위하여 열심을 내노니 내가 너희를 정결한 처녀로 한 남편인 그리스도께 드

---

6 Hunt, *A Woman Rides the Beast*, 57.

리려고 중매함이로다(고후 11:2)."라고 하였다. 성도는 "정결한 처녀"처럼 신앙의 순결이 있어야 한다(계 14:4). 이러한 순결한 성도가 "신부 곧 어린 양의 아내(계 21:9)"이다. 이런 사람만 장차 "어린 양의 혼인 잔치(계 19:9)"에 들어갈 수 있다.

> 또 내가 보니 보라 어린 양이 시온 산에 섰고 그와 함께 십사만 사천이 서 있는데 그들의 이마에는 어린 양의 이름과 그 아버지의 이름을 쓴 것이 있더라 … 이 사람들은 여자와 더불어 더럽히지 아니하고 **순결한 자라** 어린 양이 어디로 인도하든지 따라가는 자며 사람 가운데에서 속량함을 받아 처음 익은 열매로 하나님과 어린 양에게 속한 자들이니 **그 입에 거짓말이 없고 흠이 없는 자들이더라**(계 14:1-5).

순결이 없는 사람은 천국에 못 들어간다. 순결을 잃는다는 것이 무엇인가? 이 세상을 사랑하고 이 세상 것을 탐하며 사는 것(요일 2:15, 16; 골 3:5; 약 4:4)이 순결을 잃는 것이다. 이 세상과 타협하여 죄를 짓고 불의하게 사는 것이 영혼의 순결을 잃는 것이다. 세상의 죄악에 물들지 않고 "흠이 없이(계 14:5)" 산 성도만 천국에 들어갈 수 있음을 유의하라! 당신은 흠이 없는 삶을 추구하는가?

예수님께서 교회를 사랑하시고 교회를 위하여 자신을 주신 것은 "물로 씻어 말씀으로 깨끗하게 하사 거룩하게 하시고 자기 앞에 영광스러운 교회로 세우사 티나 주름 잡힌 것이나 이런 것들이 없이 거룩하고 흠이 없게 하려 하심이라(엡 5:26, 27)."라고 하셨다. 티나 주름 잡힌 것이 없는 거룩한 신부가 진정한 그리스도의 신부다.

4. 음녀, 즉 배도한 교회의 구체적 특징은 다음과 같다

요한계시록 17장, 18장에는 음녀의 특징을 다음과 같이 묘사했다.

(1) **음녀는 붉은 빛 짐승을 탔다**

> 곧 성령으로 나를 데리고 광야로 가니라 내가 보니 여자가 붉은 빛 짐승을 탔는데 그 짐승의 몸에 하나님을 모독하는 이름들이 가득하고 일곱 머리와 열 뿔이 있으며(계 17:3).

음녀가 "일곱 머리와 열 뿔 가진 붉은 빛 짐승"[7]을 탔다고 했는데 이는 음녀가 세속의 영, 허영의 영, 사치의 영으로 세속 정부를 지배한 모습을 보여 준다.

(2) **음녀는 막대한 부를 가졌다**

> 그 여자는 자주 빛과 붉은 빛 옷을 입고 금과 보석과 진주로 꾸미고 손에 금 잔을 가졌는데 가증한 물건과 그의 음행의 더러운 것들이 가득하더라(계 17:4).

배도한 교회가 "금과 보석과 진주로 꾸미고 손에는 금잔을 가졌다."는 것은 사치하고 막대한 부를 가졌다는 뜻이다. 거짓 교회의 특징은 물질주

---

[7] 음녀가 탄 짐승의 일곱 머리는 애굽, 앗수르, 바벨론, 메데 바사 연합국, 헬라, 로마, 재생 로마제국을 가리키고, 열 뿔은 재생 로마제국의 열 왕을 가리킨다고 해석할 수 있다. H. L. Willmington, *The King is Coming* (Wheaton, IL: Tyndale House Publishers, Inc., 1991), 96-97.

의다. 음녀를 묘사하는 성경 구절들을 보면 하나님께서 사치와 외식을 얼마나 싫어하시는지 알 수 있다.

음녀, 즉 배도한 교회는 사치와 허영의 영으로 가득 찼다.

> 그 음행의 진노의 포도주로 말미암아 만국이 무너졌으며 또 땅의 왕들이 그와 더불어 음행하였으며 땅의 상인들도 그 사치의 세력으로 치부하였도다 하더라(계 18:3).

여기서 "음행의 진노의 포도주로 말미암아 만국이 무너졌으며"라고 하신 것은 유물주의, 배금주의, 세속주의로 만국을 타락시키는 것을 가리킨다.

(3) 음녀는 자만했다

> 그가 얼마나 자기를 영화롭게 하였으며 사치하였든지 그만큼 고통과 애통함으로 갚아 주라 그가 마음에 말하기를 나는 여왕으로 앉은 자요 과부가 아니라 결단코 애통함을 당하지 아니하리라 하니(계 18:7).

음녀는 스스로 "여왕으로 앉은 자"라고 자만했다. 존 웨슬리는 "이것은 로마 교황청을 의미하며 그녀는 너무 오랫동안 이 자리에 있었다."[8]라고 말했다. 예수님께서는 머리 둘 곳이 없게 사셨지만(눅 9:58) 교황은 휘황찬란한 곳에 살면서 머리에는 스스로 면류관을 쓰고 다닌다. 거짓 교회는 물

---

8   Wesley, *Explanatory Notes on the New Testament*, 532. (Rev. 18:7)

질적인 부로 자신을 과시한다.

(4) 음녀는 성도들의 피에 취했다

> 또 내가 보매 이 여자가 성도들의 피와 예수의 증인들의 피에 취한지라 내가 그 여자를 보고 놀랍게 여기고 크게 놀랍게 여기니(계 17:6).

사도 요한은 이 음녀를 보고 매우 크게 놀랐다고 말한다. 그것은 음녀가 겉은 교회이나 실상은 교회의 가장 큰 원수이기 때문에 놀란 것이며, 음녀의 잔인함과 냉혹성에 크게 놀란 것이다.

로마 가톨릭교회는 역사상 그리스도인들에게 가장 심한 박해를 가한 당사자이며, 심지어 이교도인 로마 제국과 이슬람교도들이 순교시킨 것보다 훨씬 더 많은 그리스도인들을 순교시켰다.[9]

교황들은 교황권을 유지하기 위해 종교재판소(Inquisition)를 이용했다. 종교재판법은 1184년 교황 루시우스 3세가 제정했으며, 교황 이노센트 3세(1198-1216 재위) 때부터 종교 재판이 성행했다. 정규적인 상설 기관을 설립한 것은 교황 그레고리 9세(1227-1241 재위)였다. 그는 도미니크 수도사를 '이단 심문관'에 선임했다. 이 종교재판소에 의해 처형된 숫자는 최소한 6백만 명 이상이었다고 한다.

"로마 가톨릭이 1227년에서 1492년 사이 유럽에서 자행한 그리스도인들에 대한 박해를 그리스도 이후 첫 3세기 동안 로마인들이 그리스도인들에게 행한 박해와 비교하면 후자는 그래도 부드럽고 인간적인 절차가 있

---

9 Hunt, *A Woman Rides the Beast*, 262.

었다고 할 수 있다. 종교재판소는 우리 시대의 모든 전쟁과 박해들을 포함해서 인류 역사의 기록에 가장 검은 오점이며, 어떤 짐승에게서도 발견할 수 없는 잔인성을 드러내었다."[10]라고 윌 듀란트는 썼다.

교황 이노센트 4세는 1252년에 종교재판소가 고문을 하는 것을 공식적으로 허가했다. 일반적으로 많이 사용된 고문 기구는 사람을 긴 평판에 눕히고 팔과 다리를 잡아당겨 몸에서 찢어져 나오게 만든 기구였다. 손목, 팔꿈치, 어깨 관절이 빠지면서 사지가 뜯겨 나가게 되는 고문 기구였다. 그리고 사람의 입과 귀에 끓는 납을 붓기도 했다. 달구어진 쇠꼬챙이로 사람의 눈알을 뽑아내었다.

이 무렵 가톨릭의 성직주의와 교황 권력에 항거하는 사람은 생존이 불가능했다.[11] 존 후스(John Hus, 1369-1415), 사보나롤라(Girolao Savonarola, 1452-1498) 등 개혁에 앞장선 사람들은 가톨릭의 손에 화형을 당했다.

1572년 8월 24일 파리에서는 성 바돌로매 축제일에 3만 명 혹은 7만 명으로 추산되는 위그노(프랑스 신교도)들이 학살당했다. 교황 그레고리 13세는 이날을 기념하는 기념주화를 발행하고 감사미사를 집전하고 승리의 축제를 벌였다.

---

10 Will Durant, *The Age of Faith*, The Story of Civilization, vol. 4 (New York: Simon and Schuster, 1950), 784.

11 12세기 후반에 등장한 카타리파(Cathars, 일명 알비파, Albigenses)와 발도파(Waldenses)는 이 종교재판소에 의하여 전멸되다시피 했다. 카타리파는 14세기 중엽에 완전히 근절되었고, 발도파도 크게 억압되었다. Williston Walker, *A History of the Christian Church*, 4th ed. (New York: Scribner, 1985), 310.
발도파는 복음과 성경을 파수하려다가 박해를 당하여 불모지인 프랑스의 프로방스 지역으로 피신하여 그곳을 개간하였다. 거기서 300년을 경작하여 곡식이 풍성한 땅을 이루었다. 하지만 그 후 발도파는 국왕 프랑소와 1세(1494-1515) 때 로마 가톨릭에 입교하면 죽이지 않겠다는 제안을 거절하여 박해를 당하여 700명이 살육을 당했다. 박해자들은 프로방스 지방의 삼림까지 불태워 다시는 사람이 거주할 수 없도록 만들었다고 한다. 박윤선, 『헌법주석』, 120.

존 웨슬리는 가톨릭의 만행에 대해 이렇게 말했다.

> 이교도 황제들이 피 흘린 죄는 교황 아래서 없어지지 않고 더욱 엄청나게 증가되었다. … 프랑스의 찰스 9세가 그레고리 13세에게 보내는 편지에서 자랑하기를 파리의 대학살 때 7천 명의 위그노들(Hugonots)을 죽였다고 하였다. 어떤 이가 계산하기를 1518년에서 1548년까지 1,500만 명이 종교재판소에 의해서 죽었다고 했다. 이것은 좀 과장되었을 수도 있지만, 이 30년간 죽은 사람의 수는 믿을 수 없을 만큼의 숫자가 될 것이다.[12]

특히 스페인의 종교 재판은 참혹하기로 유명하다. 1790년에서 1792년까지 마드리드 종교재판소 서기로 있었기에 모든 재판소의 공문서 보관소에 접근할 수 있었던 케논 로렌테(Canon Llorente)는 그의 저서『종교재판소의 역사』(History of Inquisition)에서, 이단으로 유죄 판결을 받은 사람의 수가 스페인에서만 300만이 넘고, 그중 약 30만 명이 화형대에서 불타 죽었다고 추산했다.[13]

역사적으로 암흑시대라 불리는 1,200년 동안에 로마 가톨릭의 손에 순교한 그리스도인들의 수가 5천만 명이나 되는 것으로 추정된다.[14]

개신교 안에서도 수많은 진실한 하나님의 일꾼들이 타락하고 배도한

---

12 Wesley, *Explanatory Notes on the New Testament*, 533-534. (Rev. 18:24)

13 R. W. Thompson, *The Papacy and the Civil Power* (New York:Harper & Bros, 1876), 82.

14 J. M. Carroll, *The Trail of Blood: Following the Christians Down through the Centuries - or, The History of Baptist Churches from the Time of Christ, Their Founder, to the Present Day* (San Bernardino, CA: CreateSpace Independent Publishing Platform, 2015), 36.

개신교 교권에 의해 고난과 박해를 당해야 했다. 조지 윗필드, 존 웨슬리는 철저한 거듭남의 복음을 전하였기에 당시 형식주의에 물든 영국 국교회로부터 많은 박해를 당했으며, 조나단 에드워즈는 자기가 섬기는 회중교회에서 쫓겨났다.

교회사를 보면 수많은 신실한 주님의 일꾼들이 거짓 신자들로부터 박해를 받고 죽임을 당했다. "그때에 육체를 따라 난 자가 성령을 따라 난 자를 박해한 것 같이 이제도 그러하도다(갈 4:29)." 지금도 배도한 교회의 사역자들과 교인들은 참된 거듭남의 복음을 전하는 사람을 심하게 핍박한다. 이는 보는 이로 하여금 크게 놀라게 하는 광경이다.

5. 음녀는 종교혼합주의로 교회를 타락시킨다: 가톨릭의 종교통합

음녀는 종교와 정치를 혼합할 뿐 아니라, 기독교를 이방 종교와 혼합하는 일에 앞장선다. 종교 통합이라는 새로운 물결이 오늘날 기독교 세계를 파멸의 길로 끌고 가고 있다.

우리의 구원은 오직 우리 주 예수 그리스도를 믿을 때 주어진다(요 14:6).[15] 교회는 "주는 그리스도시요 살아 계신 하나님의 아들이시니이다(마 16:16)."라는 베드로의 신앙고백 위에 세워졌다.

그러나 지금 가톨릭은 구원자로서 예수님의 유일성을 버리고 모든 종교를 다 받아들이고 있다.

교황 요한 바오로 2세(1978-2005 재위)는 1986년 이탈리아 아시시에서 세계 12개의 주요 종교단체의 지도자들 130명과 세계 평화를 위한 기도

---

15 예수께서 이르시되 내가 곧 길이요 진리요 생명이니 나로 말미암지 않고는 아버지께로 올 자가 없느니라(요 14:6).

모임을 가졌다. 뱀 숭배자들, 배화(拜火)교도들, 강신술사들, 정령 숭배자들, 북아메리카 주술사들, 불교도들, 회교도들, 힌두교도들, 기독교인들, 가톨릭교도들이 함께 모여 기도했다. 교황은 "우리는 모두 같은 하나님께 기도드리고 있습니다."라고 선언했다. 이 기도회 때 교황은 그의 좋은 친구 달라이 라마를 위해서 아시시에 있는 성 베드로 교회의 제단 위에 세워진 십자가를 불상으로 교체했다. 그리고 그와 그의 승려들이 그곳에서 불공을 드리도록 허용했다.[16]

1993년, 서부 아프리카에서 무슬림 지도자들과의 회합에서 요한 바오로 2세는 "그리스도인들과 이슬람교도들 및 정령 신앙자(animist)들에게 … 서로 다른 종교의 신앙을 존경하라."라고 촉구했다.[17]

2000년 요한 바오로 2세는 미국의 「로스 엔젤레스 타임」(Los Angeles Times)과의 한 인터뷰에서 이렇게 말했다.

> 누구라도 바른 삶을 산 사람은 다 구원을 받을 것이다. 비록 그가 예수 그리스도와 로마 가톨릭교회를 믿지 않더라도 구원받을 것이다. 복음은 팔복의 가르침에 따라 사는 자, 즉 심령이 가난하고, 마음이 청결한 사람 그리고 삶의 고통을 사랑으로 짊어지는 사람이면 다 하나님의 나라에 들어갈 것이라고 가르친다.[18]

2015년에 교황청은 "유대인들은 구원받기 위해 예수 그리스도를 믿을

---

16 Hunt, *A Woman Rides the Beast*, 424.
17 *National Catholic Reporter*, February 19, 1993, p. 11.
18 *Los Angeles Times*, 9 December 2000.

필요가 없다."라고 밝혔다.[19]

로마 가톨릭은 지금 종교다원주의로 세계 종교 통합을 이끌고 있다. 여기에 세계교회협의회(WCC)가 합세하고 있다. 에큐메니칼 운동[20]을 추진하는 세계교회협의회는 재빠르게 세상을 하나의 세계 교회 기구로 이끌고 있는데, 이는 "일곱 산 위에 세워진(계 17:9)"[21] 로마 시에 근거를 둔 가톨릭에 의하여 지휘되고 있다.[22] 결국은 로마 가톨릭을 중심으로 모든 종교가 통합하여 큰 종교 단체를 이룰 것이다.

6. 개신교 WCC와 종교다원주의, 동성애, 종교통합

WCC는 1910년 스코틀랜드의 수도 에든버러에서 개최된 세계선교사대회를 계기로 태동되었다. 이 대회의 영향으로 에큐메니칼 운동을 이끌 세 단체가 발족했다. 국제선교협의회(International Missionary Council)가 1921년에, "삶과 봉사 위원회(Life and Work Committee)"가 1925년에, "신앙과 직제 위원회(Faith and Order Committee)"가 1927년에 생겼다. "삶과 봉사 위원회"와 "신앙과 직제 위원회"가 연합하여 1948년 네덜란드 수도 암스테르담에서 제1차 세계교회협의회(World Council of Churches, WCC)

---

19 「(한국) 크리스천투데이」 2015. 12. 15. 기사.
http://www.christiantoday.co.kr/articles/287777/20151215 (2016. 7. 22)

20 에큐메니칼 운동(ecumenical movement, 敎會一致運動)은 교파나 교단의 차이를 초월하여 모든 그리스도교 신도의 일치를 도모하는 세계 교회 일치 운동이다. 에큐메니칼(ecumenical)이란 용어는 그리스어 오이쿠메네(οἰκουμένη, oikumene)에서 나왔다. '사람들이 살고 있는 온 땅'이라는 뜻을 가지고 있다.

21 로마는 실제로 일곱 산 위에 건설되었고, "일곱 언덕의 성"으로 알려져 있다. "지혜 있는 뜻이 여기 있으니 그 일곱 머리는 여자가 앉은 일곱 산이요(계 17:9)."

22 John T. Sharrit, *Soon-Coming World-Shaking Events* (La Verne, CA: El Camino Press, n.d.), 94.

총회를 개최함으로 WCC가 출범했다. 1961년 제3차 뉴델리 총회 때 국제선교협의회가 통합되어 오늘에 이르고 있다. 140개국 349개 교단에 속한 5억 7천만의 회원들을 두고 있는 초대형 단체이다.[23]

(1) WCC와 종교다원주의, 종교혼합주의

개신교에서도 WCC가 주축이 되어 지금 종교 통합 운동의 바람이 거세게 불고 있다. 지금 WCC는 종교다원주의를 표방하고 혼합주의의 길로 가고 있다. 종교다원주의란 기독교 외에 다른 종교에도 구원이 있음을 인정하는 것을 말한다. 예수님만이 유일한 구원의 길이라고 인정하지 않는다.

WCC의 초기 지도자들은 복음에 기초한 에큐메니칼 운동을 구상했다. 그러나 WCC는 자유주의자들이 세력을 차지하면서 점점 종교다원주의로 변질되어 갔다.

종교다원주의 운동은 제3차 인도 뉴델리 총회(1961년)에서 인도 신학자 더바난단(P. Devanandan)에 의하여 제기되었다. 이 총회는 타 종교를 "다른 신앙"으로 표현하면서 하나님이 "다른 신앙을 통해서 말씀하시며, 성

---

[23] 한국 교회는 한국기독교교회협의회(NCCK)에 속한 대한예수교장로회 통합측, 한국기독교장로회(기장), 기독교대한감리회(기감), 대한성공회가 WCC 정회원으로 가입되어 있다. NCCK는 WCC의 산하 단체로, NCCK에 속한 기독교대한하나님의성회, 구세군대한본영, 기독교대한복음교회, 정교회한국대교구는 WCC 회원으로 가입은 하지 않고 있지만 WCC에 동의하고 적극적으로 참여하고 있다. 대한예수교장로회 합동측은 1959년 제44차 총회에서 WCC에 대하여 영구적으로 탈퇴하기로 결의했다.
WCC를 지지하는 목사들의 명단을 보려면 『세계교회협의회(WCC) 제10차 총회 백서』(WCC 제10차 총회 백서발간위원회, 2014)를 보면 된다. WCC 제10차 부산 총회 한국준비위원회 조직 명단에 보면 상임대표대회장 김삼환 목사를 비롯하여, 방지일, 림인식, 김선도, 조용기, 김장환, 박종순, 신경하, 김근상, 김종훈, 박종화, 장종현, 이영훈, 손인웅, 이정익, 장상 목사 등의 이름을 볼 수 있다.

령이 역사하는 것을 긍정"하였다.[24]

제5차 케냐 나이로비 총회(1975) 때는 로마 가톨릭, 유대교, 이슬람교, 불교, 힌두교 대표가 참관인으로 참석하여 WCC 회원으로부터 박수갈채를 받았다.

제6차 캐나다 밴쿠버 총회(1983)에서는 종교다원주의가 노골화되었다. 제2부 순서로 로마 가톨릭, 유대교, 이슬람교, 불교, 힌두교, 시크교, 일본의 신토이즘 등 15명의 타종교인들이 다 같이 모여 십자가를 떼어 버리고, 십자가 대신 큰 통나무 기둥을 세워 놓고 그 앞에서 춤을 추며 혼합 예배를 드렸다.[25] BEM 문서[26]에 의거하여 작성된 "리마 예식서(the Lima Liturgy)"에 따라서 처음으로 거행된 성찬식은 여러 종교들의 제전과 다름 없었다. 토템 제막식과 무당 강신굿 등이 버젓이 행해졌다.[27]

이 총회 후 WCC의 종교 간의 대화에 관한 소분과에서 4년간 신학적으로 연구해서 1990년에 나온 문서가 바아르 선언문(Baar Statement:

---

24 김영한, "WCC는 종교다원주의다." 『목회와 신학』 (2010. 4): 47.; P. Devanandan, *Zu Zeugen Berlufen*, New Delhi, 1961, Heft 9. W. A. Vissert Hooft (hrsg.) Stuttgart, 1962, 489-98.

25 조영엽, 『세계교회협의회(W.C.C.)의 실상을 밝힌다.』 130. 조영엽 목사는 이 총회에 직접 가서 칼 맥킨타이어 박사와 함께 WCC 반대 집회를 열었다.

26 BEM = Baptism, Eucharist and Ministry(세례, 성만찬, 직제)의 약자. BEM 문서(또는 리마 문서)는 WCC "신앙과 직제 위원회"가 1982년 페루의 수도 리마에서 채택하고 1983년 밴쿠버 총회에서 공식 문서로 채택했다. "Baptism, Eucharist and Ministry"에 관한 신학적 일치를 제시하는 문서로서 로마 가톨릭, 동방 정교회, 성공회, 개신교회를 총망라한 "수렴을 위한 공동 합의문"이다. 위형윤, "리마 문서에서의 교회 일치의 성례성에 관한 연구," 『신학과 실천』 제19호 상권 (2009년 여름), 50-51.
교회의 가시적 일치를 위한 발판으로 세례와 성만찬과 직제의 일치를 시도한 것이 바로 이 BEM 문서이다. 세계교회협의회 편, 『BEM 문서: 세례, 성만찬, 직제』 이형기 역 (서울: 한국장로교출판사, 2012), 14.

27 문병호, 『왜 우리는 WCC를 반대하는가?』 (서울: 대한예수교장로회총회 출판부, 2012), 34.

Theological Perspective on Plurality)이다. 바아르 선언문에 종교다원주의 사상이 전반적으로 나타난다.[28] 이 문서는 WCC 홈페이지에 수록되어 있다.[29]

제7차 호주 캔버라 총회(1991)에서 당시 이화여자대학교 기독교학과 정현경 교수는 "성령이여, 오소서— 만물을 새롭게 하소서."라는 주제 강연을 했는데, 소복 차림으로 춤을 추고 성령과 잡신을 동일시한 초혼제를 했다. 이것은 종교다원주의를 넘어 종교혼합주의에 해당한다. 그 초혼문은 다음과 같다.

> 기원(Invocation)
>
> 오소서. 성령이여 ― 만물을 새롭게 하소서.
>
> 오소서. 애굽인 하갈의 영(The spirit)이여. 당신은 우리의 믿음의 조상들인 아브라함과 사라에 의해서 착취당하고 버림받은 흑인 노예 여성입니다(창 21:15-21). …
>
> 오소서. 잔 다르크의 영과, 중세시대 동안 '마녀사냥 재판'에서 화형당한 많은 다른 여자들의 영이여. …
>
> 오소서. 토착민의 영이여. 식민 정책 시대와 이교도 세계에 대한 대대적인 기독교 선교 기간 동안에 종족학살의 희생자들의 영이여. …
>
> 오소서. 히로시마와 나가사키에서 원자 폭탄에 의하여 죽은 사람들의 영이여. …

---

28 "만유의 창조자로서 하나님이 다양한 종교들 속에 현존하시고 활동하신다는 이러한 확신은 하나님의 구원 행동이 어떤 한 대륙이나 문화 유형이나 종족 그룹들에 제한될 수 있다는 것을 우리가 상상할 수 없도록 만든다." Baar Statement, Document date: 15-01-1990.

29 http://www.oikoumene.org/resources/documents/wcc-programmes

오소서. 인간들의 돈에 대한 탐욕 때문에 파괴되고 고문당하고 착취당한 땅, 공기, 물의 영이여. …

오소서. 십자가 위에서 고통당하고, 죽임을 당하신 해방자와 우리의 형제이신 예수의 영(The spirit)이여.[30]

WCC는 이제 예수님의 구원을 전하는 단체가 아니라 오히려 기독교 복음을 훼손하고 파괴하는 세력이 되어 가고 있다.

2013년 부산에서 열린 WCC 제10차 부산 총회가 채택한 선교선언문 "함께 생명을 향하여: 기독교의 지평 변화 속에서 선교와 전도"를 보면 종교다원주의와 개종 전도 금지의 문장들이 들어가 있다.

82항: 개종(proselytism)이 전도를 실행하는 합법적인 방법이 아니라는 것을 인식하는 것은 중요하다.

110항: 전도할 때에 서로 다른 신앙을 가진 사람들 사이에서 존경과 신뢰 관계들을 설립하는 것은 중요하다. … 우리는 우리의 임무가 선교지로 하나님을 인도하는 것이 아니라 이미 거기에 계시는 하나님을 증언하는 것이라고 이해한다.[31]

WCC 부산 총회 공식 '마당'에는 "당신은 부처님입니다."라는 글귀가 걸려 있었다. 이처럼 종교 혼합의 물결이 개신교 안에도 깊이 들어와 있

---

[30] Michael Kinnamon, ed., *World Council of Churches: Signs of the Spirit: Official Report Seventh Assembly* (Grand Rapids/Geneva: Wm. B. Eerdmans/WCC Publications, 1991), 38-39.

[31] 장 상 편, 『세계교회협의회(WCC) 제10차 총회 백서』 (WCC 제10차 총회 백서발간위원회, 2014), 476, 477, 484.

다. 장차 그리스도의 복음을 순수하게 전하고자 하는 사람은 거대하게 자란 세계적 종교 기관으로부터 박해를 당할 뿐 아니라 순교까지 당해야 할 것이다. 이런 시기가 매우 가까이 다가오고 있다.

(2) WCC와 동성애

WCC의 종교다원주의만 문제가 되는 것이 아니다. 그 외에도 여러 가지 문제가 있다. WCC는 성경이 하나님의 말씀이라는 사실을 부인한다. 성경을 구전(口傳)되는 교회 전통의 한 산물 정도로 간주한다. 그리하여 WCC 회원 교단은 대부분 동성애에 매우 개방적인 태도를 보이고 있다.

WCC가 동성애에 대해 수용하게 된 과정을 보면 다음과 같다. 동성애자들로 구성된 단일 교파인 "만국친교공동체교회(UFMCC: Universal Fellowship Metropolitan Community Church)"가 1968년 10월 6일 미국 로스엔젤레스에서 트로이 페리(Troy D. Perry)에 의해 조직되었다.

동성애자들로 구성된 이 교파(UFMCC)는 지금 미국, 캐나다, 멕시코, 독일, 프랑스, 네덜란드, 오스트레일리아, 뉴질랜드, 남아프리카공화국 등 23개 나라에 교회가 있다. 1998년 통계에 의하면 신도수 44,000명, 교회 300개, 목회자수 372명이다.[32] 구성원 다수는 레즈비언, 게이, 양성애자들 그리고 성전환자들과 그들의 가족이다.[33]

UFMCC는 1983년 WCC 제6차 캐나다 밴쿠버 총회와 1991년 WCC 제7차 호주 캔버라 총회에 참관인(Observer)을 파견했다. 1998년 WCC

---

32 NCCC in USA, *2006 Year book*, p. 385.
33 한수환, "WCC의 사회윤리 입장에 대한 신학적 비판(동성애 문제를 중심으로)," 『WCC는 우리와 무엇이 다른가?』 (서울: 대한예수교장로회총회, 2011), 322.

제8차 짐바브웨 하라레 총회에도 회원들을 파송했는데,[34] 이 총회 때 동성애 허용에 대한 논의가 있었다.

WCC 산하 교회들의 동성애 용인은 매우 적극적이고 활발하다. 미국 교회협의회 회장 크레익 앤더슨을 포함한 일부 교회협의회 지도자들은 UFMCC를 회원 교단으로 받아들이자는 주장을 펼치고 있다.[35] 급기야 UFMCC의 지도자 그윈 귀보드(Gwynne Guibord)는 미국 캘리포니아 교회협의회 회장으로 선출되기도 하였다.[36]

WCC 제10차 부산 총회의 마당(ex 153)에서는 동성애자(LGBT-레즈비언, 게이, 양성애자, 트랜스젠더)[37]를 위한 홍보 부스를 만들어 동성애를 위한 책자와 유인물, 전단지를 배포했다.[38] 부산 총회 폐회예배 설교자 남아공 사제 미카엘 랩스리는 동성애자들에게 "죄송한 마음을 금할 수 없다."라고 했다. "나의 꿈은 살아 있는 동안에 모든 위대한 종교들의 지도자들이 나와 똑같은 사과를 하는 것을 보는 것이다."라고 말했다.[39]

성경은 동성애를 부도덕한 대표적 악으로 규정하였다. "동성애는 가증한 일(레 18:22)"이라고 하시고, "남자와 동침하면 가증한 일을 행함인즉 반드시 죽일지니(레 20:13)"라고 하셨다. 그리고 동성애를 하는 사람은 하나님 나라를 유업으로 받지 못한다고 분명히 경고하셨다(고전 6:9, 10). 그러나 WCC는 동성애를 옹호함으로 배도와 타락을 주도하고 있다. 우리는

---

34 박영호, 『현대 에큐메니칼 운동과 사회선교』(서울: 개혁주의신학사, 2010), 27.
35 *Calvary Contender*, 15 February 1999.
36 *Calvary Contender*, 15 April 2001.
37 LGBT Forum of Lesbian, Gay, Bisexual and Transgender Christian Groups.
38 박영호, "WCC 부산총회에 대한 신학적 평가," 이동주 편, 『WCC와 가톨릭의 종교연합운동 연구』(서울: 선교신학연구소, 2015), 226.
39 최덕성, 『교황신드롬』(서울: 본문과현장사이, 2014), 199.

소돔 성 멸망의 주원인이 동성연애(남색)이었음을 기억해야 한다(창 19:5-7; 유 1:7).

(3) WCC와 종교 통합

WCC와 로마 가톨릭의 연합은 오래 전부터 시도되어 왔다. WCC는 1978년 교황 요한 바오로 2세의 취임식 때 축하 메시지를 보냈다.[40]

WCC는 "교회의 가시적 일치를 목표로 하고 있다."[41]라고 공식적으로 말하고 있다. 로마 가톨릭교회는 다방면에서 WCC 에큐메니칼 운동의 동반자다. 가톨릭은 1968년에 신앙과 직제 위원회 회원으로 가입하여 WCC의 로마 가톨릭주의화에 크게 영향을 미치고 있다.[42] 1993년 8월 스페인에서 열린 WCC 제5차 신앙과 직제 위원회 세계 대회의 120명 회원 중 26명은 로마 가톨릭교인이었다.[43]

WCC는 로마 가톨릭교회와 가시적 하나 됨을 추구하면서 점차 로마 가톨릭화되었다. 그러나 WCC는 로마 가톨릭의 구원론, 교회론, 교황무오론, 마리아론 등 근본적 차이에 대해 묵인한다.[44]

루터교 세계 연맹과 로마 가톨릭교회는 1999년 10월 31일 "칭의(의화) 교리에 대한 합동 선언"에 서명했고, 2006년에는 세계감리교협의회가 이 합동 선언문에 동참하는 선언문을 채택했다.[45] 이것은 단순한 합동 선언이

---

40 Ecumenical Press Service. 19 October 1978.
41 세계교회협의회 편, 『BEM 문서: 세례, 성만찬, 직제』, 13-14.
42 최덕성, 『교황신드롬』, 14.
43 *Calvary Contender*, 15 September 1993.
44 한국기독교WCC반대대책위원회, 『WCC 무엇이 문제인가?』, 109.
45 이 합동 선언에서 개신교의 법정적 칭의 교리는 무시되고, 가톨릭의 세례에 의한 의화 교리가 유지되고 있다. 자세한 것은 필자의 저서 『거룩한 칭의』(예영커뮤니케이션, 2015)를 보라.

아니라 오래 전부터 계속되어 온 에큐메니칼 운동의 한 과정이다.

많은 종말 연구가들은 로마 가톨릭이 주축이 되어 종교 통합을 할 것으로 예상하고 있다. 팀 라하이는 "로마 교회를 머리로 하는 바벨론 종교가 세계교회협의회(WCC)를 지배하고 그 에큐메니칼 운동을 흡수하게 되면 빠른 속도로 '최고 제사장(Pontifex Maximus)'[46]의 명칭을 지닌 자를 우두머리로 하여 세계의 주요 종교들이 하나로 융합될 것이다."[47]라고 예상했다.

중세 천 년 동안 세상을 종교적 권력으로 다스렸던 가톨릭이 그 영광을 되찾기 위해 나설 것이다. 독일 신학자 에리히 브뤼닝, 한스 베르너 더페, 로타르 가쓰만 3인은 함께 지은 『에큐메니칼 프로젝트』(2004)라는 책에서, 로마 가톨릭교회가 WCC 에큐메니칼 운동의 배후에서 얼마나 정교하게 움직이는지에 대해서 잘 지적하고 있다.[48]

이 통합 종교가 장차 나타날 짐승(적그리스도)과 결탁하여 복음을 순수하게 믿는 하나님의 성도를 괴롭힐 것이다. 예수 그리스도만이 유일한 구세주라고 말하는 자들을 핍박하고 죽일 것이다.

(4) 이 시대에 가장 경계하고 주의해야 할 종교 집단이 어디인가?

위에서 살펴본 대로 종교다원주의, 종교혼합주의를 추구하는 로마 가톨릭과 이에 동조하는 WCC가 가장 위험한 집단의 선두 그룹에 있다. 이

---

46 폰티펙스 막시무스(Pontifex Maximus): 375년까지 로마 황제들이 공식 호칭으로 사용하던 이교 대제사장의 칭호였다. 황제는 '최고 제사장'을 겸했던 것이다. 그리스도인 그라시안(Gracian) 황제가 기독교도의 입장에서 이 명칭 사용을 포기하자(375), 로마 교회 감독이 즉시 이를 채택하여 지금까지도 교황의 공식 칭호로 사용하고 있다.

47 Tim LaHaye, *REVELATION - Illustrated and Made Plain* (Grand Rapid, MI: Zondervan Publishing House, 1975), 242.

48 Lothar Gassmann, Hans-Werner Deppe, Erich Breuning, *Project Einheit: Rom, Okumene Und Die Evangelikalen* (Germany: Betanien, 2004).

단대책위원회가 있는 교단이 많다. 하지만 그리스도의 유일성을 파괴하는 WCC에 대해서는 소극적으로 대처하는 반면 피라미같이 힘없는 목사들을 색출하여 이단으로 정죄하기에 바쁜 것이 현실이다. 예수님의 유일성을 부인하고 다원주의를 추구하는 것은 이단 그 이상의 이단이다. 물론 작은 교리적 오류를 가진 자들도 경계하고 권계해야 한다. 그러나 작은 교리적 오류와 구원자 예수님을 부인하는 종교다원주의의 위험을 어찌 비교할 수 있겠는가! 참으로 비겁한 세상이다.

7. 내 백성아, 바벨론에서 나오라

요한계시록 18장을 보면, 하나님께서 큰 성 바벨론, 즉 음녀의 멸망을 말씀하시면서 다음과 같은 경고를 주셨다.

> 또 내가 들으니 하늘로부터 다른 음성이 나서 이르되 **내 백성아, 거기서 나와 그의 죄에 참여하지 말고 그가 받을 재앙들을 받지 말라** 그의 죄는 하늘에 사무쳤으며 하나님은 그의 불의한 일을 기억하신지라 그가 준 그대로 그에게 주고 그의 행위대로 갑절을 갚아 주고 그가 섞은 잔에도 갑절이나 섞어 그에게 주라(계 18:4-6).

하나님께서는 바벨론에서 나올 것을 엄히 명령하셨다(렘 50:8, 51:6-8, 45 참조). 바벨론에서 나오라 하신 것의 의미는 다음과 같다.

(1) 배도한 로마 가톨릭교회에서 나오라[49]

(2) 개신교회 중에서 종교다원주의, 혼합종교를 허용하는 배도하는 교회에서 나오라. WCC를 지지하는 교회에서 나오라. 자유주의 신학을 가진 교회에서 나오라

(3) 개신교회 중에서 기복주의, 세속주의에 물든 교회에서 나오라. 형식주의, 이상한 은사주의 교회에서 나오라

(4) 각종 이단, 사이비 교회에서 나오라

(5) 참된 칭의, 즉 오직 믿음에 의한 칭의(롬 3:21-24)를 가르치지 않는 모든 교회에서 나오라

(6) 진정한 거듭남(요 3:5)을 가르치지 않는 모든 교회에서 나오라. 구원받기

---

[49] 마르틴 루터는 교황을 적그리스도, "로마에 있는 사탄의 자식"이라고 말했다. "사도 바울이 데살로니가후서 2장 3, 4절에서 '신이라고 불리는 모든 것과 숭배함을 받는 것에 대항하여 그 위에 자기를 높이고 하나님의 성전에 앉아 자기를 하나님이라고 내세우느니라.'라고 기록하였던 그 사람 곧 '불법의 사람 곧 멸망의 아들'이 로마에 있다. 교황의 권세란 죄와 타락 외에 무엇이겠는가! 교황은 주님의 이름으로 영혼들을 멸망으로 이끈다. … 그는 하나님의 법을 금지하였으며, 하나님의 계명 위에 자신이 만든 계명을 높였다." *Dr. Martin Luthers sämmtliche Werke* (Erlangen edition), vol. 21, p. 339. in LeRoy Edwin Froom, *The Prophetic Faith of Our Fathers*, 4 vols. (Washington, D.C.: Review and Herald Publishing Association, 1946-54), 2:281.
장 칼뱅은 "나는 교회가 그리스도의 대리자라는 사실을 부인한다. 그는 광포하게 복음을 박해함으로 스스로 적그리스도임을 행동으로 드러내었다. … 나는 그가 교회의 머리 됨을 부인한다."라고 말했다. John Calvin, "The Necessity of Reforming the Church," *Tracts Relating to the Reformation*, vol. 1 (Calvin Translation Society, 1844), 219-220.

위해서는 성령으로 철저히 거듭나야 하며, 거듭난 후에는 그리스도의 거룩한 말씀에 따라 살아야 한다는 것을 가르치지 않는 모든 교회에서 나오라

(7) 하나님과 독생자 구주 예수 그리스도를 부인하는 모든 이방 종교(이슬람교 등)와 무신론에서 나오라

마지막 시대는 음녀 교회에서 분리하여 나오는 것이 중요하다. 배도한 교회에 머물러 있는 것은 그 죄에 참여하는 것이다(계 18:4). 배도한 교회에 머물러 있는 자는 음녀가 받을 재앙들을 같이 받을 것이다. 음녀 교회에서 나와야 함께 멸망하지 않는다!

사도 요한은 그리스도의 바른 교훈을 가르치지 않는 자는 집에 들이지도 말고 인사도 하지 말라고 경고하셨다. "그에게 인사하는 자는 그 악한 일에 참여하는 자임이라(요이 1:11)."라고 분명히 경고하였다. 악한 자들과 함께하는 것은 그 악한 일에 참여하는 것과 같다.

선택은 당신이 해야 한다. 하나님의 말씀에 불순종해서 영원한 지옥으로 갈 것인가, 아니면 예수님에 대한 당신의 신앙과 양심을 지킬 것인가는 당신의 결정에 달려 있음을 명심하라.

존 웨슬리는 "그레고리 7세로부터 모든 교황권 계승자들은 의심할 여지없이 적그리스도이다."라고 말했다. Wesley, *Explanatory Notes on the New Testament*, 531. (Rev 17:11)
찰스 스펄전은 이렇게 말했다. "적그리스도가 누구인가 하는 것에 대해서는 제정신을 가진 사람이라면 의문의 여지가 없다. 만약 로마 교회의 교황이 아니라면, 이 세상에서 그 이름으로 불릴 수 있는 자는 아무도 없다. … 그는 그리스도를 상하게 하는 자요, 그리스도의 영광을 탈취하는 자요, 그리스도의 구속(救贖) 대신에 성례의 효력을 주장하는 자이며, 구세주 대신에 한 조각의 떡을 들어올리는 자이다." Michael de Semlyen, *All Roads Lead to Rome?* (England: Dorchester House Publications, 1991), 182-183에서 인용함.
이 외에도 존 녹스, 필립 멜란히톤, 존 번연, 웨스트민스터 신앙고백 제25조 6항 등 개신교 주요 신앙고백서들이 교황을 적그리스도로 규정하고 있다. 그러나 지금은 교황을 적그리스도라고 하면 도리어 이단으로 몰려 공격받는 경우가 많다.

예수께서 대답하여 이르시되 심은 것마다 **내 하늘 아버지께서 심으시지 않은 것은 뽑힐 것이니** 그냥 두라 그들은 맹인이 되어 맹인을 인도하는 자로다 만일 맹인이 맹인을 인도하면 둘이 다 구덩이에 빠지리라 (마 15:13, 14).

제15장

세상을 따라 사는 배도한 라오디게아 교회: 하나님께서 역겨워 토하시는 교회

라오디게아 교회의 사자에게 편지하라 아멘이시요 충성되고 참된 증인이시요 하나님의 창조의 근본이신 이가 이르시되 내가 네 행위를 아노니 네가 차지도 아니하고 뜨겁지도 아니하도다 네가 차든지 뜨겁든지 하기를 원하노라 네가 이같이 미지근하여 뜨겁지도 아니하고 차지도 아니하니 내 입에서 너를 토하여 버리리라 네가 말하기를 나는 부자라 부요하여 부족한 것이 없다 하나 네 곤고한 것과 가련한 것과 가난한 것과 눈 먼 것과 벌거벗은 것을 알지 못하는도다 내가 너를 권하노니 내게서 불로 연단한 금을 사서 부요하게 하고 흰 옷을 사서 입어 벌거벗은 수치를 보이지 않게 하고 안약을 사서 눈에 발라 보게 하라(계 3:14-18).

요한계시록을 보면 하나님께서 말세 교인들을 향해서 역겨워 토하고 싶어 하실 것이라고 이미 예언되었다. 요한계시록 2장, 3장에는 소아시아 일곱 교회에 보내는 예수님의 편지가 나온다. 이 일곱 교회는 1세기부터 예수님 재림 때까지 지상에 나타날 각 시대 교회를 예언하신 것이다.[1]

---

[1] 한편으로는 초대교회 때부터 예수님 재림 때까지 시대와 지역을 초월해서 지상에 존재하는 다양한 형태의 교회를 대상으로 주신 말씀으로 해석할 수도 있다.

에베소 교회: 1세기 초대교회 – 처음 사랑을 잃기 시작함

서머나 교회: 2-3세기 로마 제국 박해 시대 교회 – 환난과 궁핍과 고난

버가모 교회: 4-5세기 로마 제국과 결탁한 교회
 – 국가 교회가 됨(주후 313년)

두아디라 교회: 6-15세기 로마 가톨릭 전성시대의 교회
 – 음행과 우상 숭배

사데 교회: 16세기 종교 개혁기의 교회
 – 살았다 하는 이름은 가졌으나 실상은 죽어 있음

빌라델비아 교회: 17-19세기 영적 대각성 운동과 세계 선교 시대의 교회
 – 형제 사랑

라오디게아 교회: 20-21세기 배도하는 말세 교회
 – 미지근한 교회이며, 예수님께서 교회 문 밖에 계심

소아시아 일곱 교회 중 마지막 교회인 라오디게아 교회는 세속화되고 배도하는 말세 교회를 예표한다. 라오디게아 교회에 주신 말씀은 참으로 충격적인 말씀이다. 외적으로 볼 때는 말세 교회는 힘이 있고 번창하는 교회다. 그러나 그리스도께서 보시고 구토를 일으키신다는 것이다.

1. 마지막 시대 교인들의 특징이 무엇인가?: 롯의 처와 같이 세상에 대한 미련을 붙들고 사는 교인들

라오디게아 교회는 미지근한 교회다.

> 내가 네 행위를 아노니 네가 차지도 아니하고 뜨겁지도 아니하도다 네

가 차든지 뜨겁든지 하기를 원하노라 네가 이같이 미지근하여 뜨겁지도 아니하고 차지도 아니하니 내 입에서 너를 토하여 버리리라(계 3:15, 16).

미지근한 신앙이란 어떤 신앙인가? 이름뿐인 신자로 살면서 세상과 양다리를 걸친 신앙이다. 한쪽 발은 교회에 들여놓았지만, 다른 한쪽 발은 세상에 걸쳐 있는 신앙이다. 이런 신앙을 가진 자를 보시고 하나님께서는 진저리가 나서 토하고 싶어 하신다.

롯의 처는 소돔을 탈출하는 중 소돔 성에 대한 미련을 버리지 못하고 뒤를 돌아보다가 소금 기둥이 되었다(창 19:26). 예수님께서는 종말에 대해 경고하시면서 롯의 처를 예로 드셨다.

롯의 처를 기억하라 무릇 자기 목숨을 보전하고자 하는 자는 잃을 것이요 잃는 자는 살리리라(눅 17:32, 33).

롯의 아내는 단 한 번 뒤를 돌아보았는데 소금 기둥이 되었다. 우리는 이 사실에서 비상한 경고를 받아야 한다. "손에 쟁기를 잡고 뒤를 돌아보는 자는 하나님의 나라에 합당하지 아니하니라(눅 9:62)."라고 예수님께서 분명히 말씀하셨다.

믿는다고 하지만 이 세상에 대한 미련과 욕심을 버리지 못하는 사람, 세상을 뒤돌아보는 사람은 영적으로는 이미 죽은 것이다. 영적으로 보면, 소금 기둥이 된 것이다. 단 한 번 뒤돌아보는 것도 위험하다.

뜨거운 것과 차가운 것이 혼합될 때 미지근해진다. 하나님을 사랑하는 마음과 세상을 사랑하는 마음이 섞이면 미지근해진다. 차지도 뜨겁지도 아니한 신앙을 하나님께서 역겨워하신다.

2. 중립적 기독교인, 어정쩡한 교인들이 곧 배도한 교인들이다

오늘날은 교인들이 교회를 쇼핑하듯이 찾아다닌다. 마치 백화점에 물건을 고르듯이 자기의 세속적 취향에 맞는 교회를 선택한다. 목사들은 이러한 세속적인 교인들의 기호에 맞게 교회 건물, 메시지 등을 고객 친화적으로 준비하고 고객을 맞이한다.

이처럼 고객들의 욕구를 충족시켜 주기에 급급한 교회를 '마케팅적인 교회'라고 한다. 이러한 교회에는 자연스럽게 교회와 세상 사이에 양다리를 걸친 중립적인 교인들이 많이 생긴다. 이들은 철저히 세상과 분리될 필요를 전혀 느끼지 못하며, 교회를 통하여 온갖 사회적, 인간적, 세속적, 이기적 욕구를 충족시킨다.

마케팅적인 목사들은 교인들이 세상을 버리지 않아도 얼마든지 교인이 될 수 있고, 천국에도 갈 수 있는 것처럼 가르친다. 한 걸음 더 나아가 교회에 다니면 여러 가지 세상적인 유익과 혜택이 있는 것처럼 기복적인 마음을 유혹하여 교인들을 끌어 모은다. 이것이 바로 성경에서 경고하신 배도한 말세 교회이다.

당신은 그리스도를 위해 자기 목숨까지 미워해야 제자가 될 수 있다(눅 14:26)고 분명히 가르치는 곳을 보았는가? 세상에 대해 죽어야(갈 6:14) 그리스도의 제자가 될 수 있다고 가르치는 곳을 보았는가? 말로만 아니라 실제로 그렇게 살도록 가르치는 곳을 보았는가?

3. 미지근한 신앙을 가진, 전투 정신이 없는 교인은 하나님 나라의 가장 큰 방해거리다

신앙생활은 마귀와 하늘에 있는 악한 영들에 대한 영적 전투다(엡 6:12). 믿음을 굳게 하여 치열하게 마귀를 대적하고 물리쳐야 한다(마 12:28; 약 4:7; 벧전 5:8). 교회는 "진리의 기둥과 터(딤전 3:15)"이다. "성령의 검 곧 하나님의 말씀"으로 무장하여 마귀를 격퇴해야 한다(엡 6:17).

그러나 말세 교인은 하나님보다 세상을 사랑하기에 죄와 싸우기를 싫어하고, 세상의 유혹을 극복하기 싫어하고, 마귀를 분별하여 물리치기 싫어한다. 안일한 신앙생활에 만족한다. 전투 정신을 잃어버렸다.

미지근한 교인은 하나님 나라의 가장 큰 방해거리이며 원수다. 조지 윗필드는 마음 전체를 드리지 않고 적당히 주님을 믿도록 하고, 좁은 길 대신 넓은 길로 인도하는 자를 '유사 그리스도인(almost christian)'이라 칭했다. 윗필드는 이들이 세상에서 가장 유해한 자들이라 하였다.

> 유사 그리스도인은 세상에서 가장 유해한 존재 가운데 하나입니다. 그는 양의 옷을 입은 이리입니다. 우리 복되신 주님께서 산상 설교에서 우리에게 경계하신 바로 그 거짓 선지자들 중 하나입니다. 그들은 **구원에 이르는 길을 실제보다 넓다고 사람들을 설득**하여 성경에 기록된 바와 같이 '그들 자신도 천국에 들어가지 않고 또 천국에 들어가고자 하는 자도 막는(눅 11:52)' 자들입니다. … 이들은 거짓된 등불을 걸어 놓고, 스스로 영원한 하늘나라를 향해서 항해하고 있다고 착각하고 사는 생각이 없고 우매한 영혼들을 좌초시켜 버립니다. 이 사람들은 이교도들보다도 더 큰 **그리스도 십자가의 원수들**입니다. 누구나 불신자는 알아볼 수 있습니다. 그러나 유사 그리스도인은 그 교활한 외식을 통해서 많은 사

람들로 하여금 자기를 따라 곁길로 빠지게 합니다. 그러므로 그 사람들은 더 큰 심판을 받을 각오를 해야 합니다.[2]

4. 말세 교인들은 영적으로 가난하고 맹인이며 벌거벗었지만, 스스로는 영적 부자라고 생각한다

미지근한 말세 교회는 외적으로는 부요하다. 겉으로 보면 숫자적으로 부흥도 하고, 세상의 재물도 가지고 있고, 사회적, 정치적으로 영향력을 가지고 있는 것처럼 보인다. 그러나 외적 풍요함에 눈이 멀어 말세 교인들은 내적으로 가난한 것을 인식하지 못한다.

> 네가 말하기를 나는 부자라 부요하여 부족한 것이 없다 하나 네 곤고한 것과 가련한 것과 가난한 것과 눈 먼 것과 벌거벗은 것을 알지 못하는도다(계 3:17).

하나님께서는 미지근하여 토하실 지경이나 말세 교인들은 큰 교만과 미혹에 빠져 스스로 영적으로 부요하다고 생각한다. 자신의 영적 문제에 대한 정확한 인식이 없는 것이 가장 큰 문제다. 자만과 교만과 거만은 이들의 특징이다.

말세 교인들의 비참함의 실상이 무엇인가?

첫째, 하나님께서는 라오디게아 교인들에게 "네 곤고한 것과 가련한 것과 가난한 것과 … 알지 못하는도다(계 3:17)."라고 하셨다. 말세 교인들은

---

[2] Whitefield, "The Almost Christian," in SGW, 2, 209.

영적으로 매우 곤고하다. 가장 중요한 구원의 은혜가 결여되어 있다. 그리스도께서 계시지 않는다. 성령의 내주가 그들 가운데 없다. 이것이 그들의 실상이다. 이것이 오늘날 교회의 모습이다.

둘째, 말세 교인들은 자신이 "눈 먼 것"을 알지 못한다. "눈 먼 것과 벌거벗은 것을 알지 못하는도다(계 3:17)." 말세 교인들은 영적으로 눈이 먼 사람들이다. 영안이 닫혔다. 성령의 조명을 받지 못하고 산다. 육의 눈, 세상을 따라가는 눈은 밝으나 영의 눈은 너무나 어둡다.

셋째, 말세 교인들은 자신이 "벌거벗은 것"을 알지 못한다. 벌거벗었다는 것은 죄 사함 받은 자에게 하나님께서 주시는 의의 옷을 입어 본 경험이 없다는 것이다(계 7:14).

이 얼마나 충격적인가! 스스로는 영적 부자라고 생각하고 자만했지만, 주님 보시기에 오직 곤고함과 소경됨과 벌거벗음만 있다니!

5. 말세 교인들에게 주시는 하나님의 명령이 무엇인가?

하나님께서는 불로 연단한 금을 사고, 흰 옷을 사고, 안약을 사라고 하셨다.

> 내가 너를 권하노니 내게서 불로 연단한 금을 사서 부요하게 하고 흰 옷을 사서 입어 벌거벗은 수치를 보이지 않게 하고 안약을 사서 눈에 발라 보게 하라(계 3:18).

이 말씀은 간단히 말하면 "내게서 온전한 구원을 사라."고 하신 것이다. 영적인 생명을 가지라는 것이다. 죽어 있는 영이 살려면 주님께로부터 세

가지를 사야 한다.

첫째, 내적으로 "곤고한 것과 가련한 것과 가난한 것"을 극복하기 위해서 "내게서 불로 연단한 금을 사서 부요하게 하라."라고 말씀하셨다.

금이 무엇인가? 마태복음 13장 44-46절을 보라.

> 천국은 마치 밭에 감추인 보화와 같으니 사람이 이를 발견한 후 숨겨 두고 기뻐하며 돌아가서 자기의 소유를 다 팔아 그 밭을 사느니라 또 천국은 마치 좋은 진주를 구하는 장사와 같으니 극히 값진 진주 하나를 발견하매 가서 자기의 소유를 다 팔아 그 진주를 사느니라(마 13:44-46).

천국은 밭에 감추어진 보화와 같다고 하셨다. 실제로 크리스천들이 교회를 다니기는 하지만 반드시 가져야 할 보화를 가지지 않은 채 다니는 사람이 대부분이다. 인간에게 가장 귀한 보화가 무엇인가? 그것은 천국이요, 구원이다. 내주하시는 그리스도시다(골 1:25-27).

금을 사라는 것은 참 보배이신 그리스도를 모셔 영적으로 부요해지라는 뜻이다. 내주하시는 그리스도께서 참 보배이시다. "우리가 이 보배를 질그릇에 가졌으니 이는 심히 큰 능력은 하나님께 있고 우리에게 있지 아니함을 알게 하려 함이라(고후 4:7)."

그리스도께서는 성령으로 우리 속에 거하시기 위해 오신다(요 14:16-21). 진짜 주님께서 당신의 마음속에 내주하셨는가 확인하라(요 14:20; 롬 8:16; 고후 13:5).

> 너희는 믿음 안에 있는가 너희 자신을 시험하고 너희 자신을 확증하라 예수 그리스도께서 너희 안에 계신 줄을 너희가 스스로 알지 못하느냐

그렇지 않으면 너희는 버림받은 자니라(고후 13:5).

둘째, "벌거벗은 것"을 극복하기 위해서 "흰 옷을 사서 입어 벌거벗은 수치를 보이지 않게 하라."라고 말씀하셨다.

예수님께서 주시는 의의 흰 옷을 입으라는 것이다. 흰 옷을 입는다는 것은 예수님께서 십자가에서 흘리신 피 공로를 믿고 회개하여 온전한 죄 사함을 받는 것을 말한다. 요한계시록 7장 14절에서는 천국에 있는 성도에 대해서 "이는 큰 환난에서 나오는 자들인데 어린 양의 피에 그 옷을 씻어 희게 하였느니라(계 7:14)."라고 하셨다.

요한계시록 19장 8절에서는 흰 옷을 "성도들의 옳은 행실"이라 하셨다. 다시 오시는 주님을 맞이하려면 죄 씻음을 받은 자에게 주시는 의의 흰 옷과 거룩한 행실의 흰 옷을 입어야 한다.

셋째, "눈 먼 것"을 극복하기 위해서 "안약을 사서 눈에 발라 보게 하라."라고 말씀하셨다.

안약이라는 것은 성령의 조명하시는 은혜를 가리킨다. 성령께서 비추어 주실 때 닫힌 영안이 열려서 주님의 영광을 보게 된다(고후 3:18, 4:6). "우리가 다 수건을 벗은 얼굴로 거울을 보는 것 같이 주의 영광을 보매 그와 같은 형상으로 변화하여 영광에서 영광에 이르니 곧 주의 영으로 말미암음이니라(고후 3:18)."

여기 요한계시록 3장 18절에서 세 번이나 "사라"고 명령하셨다. "불로 연단한 금을 사라.", "흰 옷을 사라.", "안약을 사라."라고 하신 것은 적극적으로 은혜를 구하라는 말씀이다. 구원에 이르는 이러한 은혜를 얻기 위해서는 자신의 모든 것을 팔아서라도 사야 한다(마 13:44-46).

6. 열심을 내고 회개하라: 철저하고 분명하고 뜨거운 신앙을 가져라

하나님께서는 말세 교인들에게 열심을 내고, 회개하라고 명하신다.

> 무릇 내가 사랑하는 자를 책망하여 징계하노니 그러므로 네가 열심을 내라 회개하라(계 3:19).

말세 교인들은 열심을 내고 회개해야 한다. 무엇을 회개해야 하는가? 예수님을 따르되 온전히 따르지 않고 적당히 따르며 산 것을 회개해야 한다. 미지근한 신앙생활을 회개해야 한다. 어떤 열심을 내야 하는가? 참된 구원의 은혜를 얻기 위해, 거룩한 하나님 나라 확장을 위해 열심을 내어야 한다(마 6:33; 고전 15:58, 16:10).

7. 들으라! 주님께서 간절히 두드리시는 소리를!

지금 예수님께서 문 밖에 서서 당신을 향해 간절히 두드리고 계신다.

> 볼지어다 내가 문 밖에 서서 두드리노니 누구든지 내 음성을 듣고 문을 열면 내가 그에게로 들어가 그와 더불어 먹고 그는 나와 더불어 먹으리라(계 3:20).

이 구절이 의미하는 바는 예수님께서 재림하셔서 심판을 집행하시기 전에 배도한 라오디게아 교회 문 밖에 서서 안타까운 마음으로 마지막으로 간절히 두드리고 계신다는 것이다. 존 맥아더는 그의 주석에서 "그리스도의 이름은 지녔으나 단 한 명의 참 신자(a single true believer)도 없는 이

교회에 그리스도께서 들어가고자 하시는 것이다."³라고 썼다.

배도한 말세 교회 안에 예수님께서 계실 수 없어 교회 문밖에 서서 두드리고 계신다. 당신의 심령 속에, 당신의 교회 안에 진정으로 거룩하신 예수님께서 들어와 계시는가?(요 14:20; 고후 13:5)

8. 귀 있는 자는 성령이 교회들에게 하시는 말씀을 들으라

예수님께서는 라오디게아 교회에 주시는 말씀을 마치면서 다음과 같이 분부하셨다.

> 이기는 그에게는 내가 내 보좌에 함께 앉게 하여 주기를 내가 이기고 아버지 보좌에 함께 앉은 것과 같이 하리라 귀 있는 자는 성령이 교회들에게 하시는 말씀을 들을지어다(계 3:21, 22).

요한계시록 2, 3장을 보면 소아시아 일곱 교회에 편지를 보내시면서 주님께서는 마지막에 언제나 "귀 있는 자는 성령이 교회들에게 하시는 말씀을 들을지어다."라고 하셨다. 당신이 하나님을 조금이라도 경외하는 자라면 지금 겸손히 영의 귀를 열고 당신에게 주시는 하나님의 음성을 들으라.

하나님과 세상 사이에서 갈팡질팡하는 미지근한 신앙을 버리고, 예수님을 마음속에 확실히 모시고, 거룩한 하나님의 나라 확장을 위해 당신의 모든 열심을 내라!

---

3 MacArthur, *The MacArthur Bible Commentary*, 2001. (Rev. 3:20)

부록

예수님께서 말씀하신 재림과 세상 끝의 징조: 성도여 인내로 큰 환난을 대비하라

예수께서 성전에서 나와서 가실 때에 제자들이 성전 건물들을 가리켜 보이려고 나아오니 대답하여 이르시되 너희가 이 모든 것을 보지 못하느냐 내가 진실로 너희에게 이르노니 돌 하나도 돌 위에 남지 않고 다 무너뜨려지리라 예수께서 감람 산 위에 앉으셨을 때에 제자들이 조용히 와서 이르되 우리에게 이르소서 어느 때에 이런 일이 있겠사오며 또 주의 임하심과 세상 끝에는 무슨 징조가 있사오리이까(마 24:1-3).

본서 『거룩한 경고』는 예수님께서 재림하실 때 구원받을 자가 얼마나 될 것인가에 대해 집중하여 저술한 책이다. 종말에 일어날 사건에 대한 구체적인 저술은 다음 기회에 쓸 계획을 갖고 이 책을 저술하였다. 그러나 종말 사건의 순서에 대해 궁금해 하는 독자들의 필요를 채우기 위해 부록으로 종말에 이루어질 사건들을 간략하게 설명하고자 한다.

마태복음 24장을 보면 제자들이 예수님께 예루살렘 성전 파괴의 시기, 주의 임하심의 징조, 세상 끝의 징조, 이 세 가지를 질문했다. 이에 대해 예수님께서 자세하게 말씀해 주셨다. 감람산 강화(마 24:1-25:46)라고 불

리는 이 말씀은 성경 전체에서 가장 중요한 예언적 자료다.[1]

1. 세상 끝의 징조 ①: 거짓 그리스도가 일어날 것이다

예수님께서는 세상 끝의 징조를 다음과 같은 말씀으로 시작하셨다.

> 예수께서 대답하여 이르시되 너희가 사람의 미혹을 받지 않도록 주의하라 많은 사람이 내 이름으로 와서 이르되 나는 그리스도라 하여 많은 사람을 미혹하리라(마 24:4, 5).

예수님께서 종말 시대에는 거짓 그리스도가 등장할 것을 가장 먼저 말씀하셨다. 자신이 세상의 메시아라고 자처할 자들이 많이 생겨날 것이다. 특히 세계적 권력을 행사할 적그리스도[2]가 세계 무대에 등장할 것이다.[3]

2. 세상 끝의 징조 ②: 전쟁, 기근, 지진 등 각종 재난이 심해질 것이다

세상 끝에는 각종 재난이 심해질 것이다.

> 난리와 난리 소문을 듣겠으나 너희는 삼가 두려워하지 말라 이런 일

---

1 MacArthur, *The MacArthur Bible Commentary*, 1171. (Matt. 24:1-25:46)
2 적그리스도는 다양한 이름과 칭호로 불린다. 불법의 사람(살후 2:3), 멸망의 아들(살후 2:3), 짐승(계 11:7), 작은 뿔(단 7:8), 여덟째 왕(계 17:11), 자기 뜻대로 행하는 왕(단 11:36) 등으로 불린다. 요한계시록에는 짐승이라는 칭호가 36회 나온다.
3 이 구절(마 24:4, 5)과 다른 구절들(마 7:15; 막 13:21, 22; 눅 17:23 등)에서 말씀하는 '거짓 그리스도'는 그리스도와 그리스도의 왕국에 대적하는 자로 '적그리스도'를 가리킨다. Louis Berkhof, *Systematic Theology* (Edinburgh: The Banner of Truth, 1958), 701.

이 있어야 하되 아직 끝은 아니니라 민족이 민족을, 나라가 나라를 대적하여 일어나겠고 곳곳에 기근과 지진이 있으리니 이 모든 것은 재난(sorrows)의 시작이니라(마 24:6-8).

난리와 난리 소문이 많아질 것이다. 미국 911 테러 같은 가공할 만한 테러가 많이 일어나고 사회적, 정치적 혼란에 대한 불안감이 점차 심해질 것이다.

민족 간, 나라 간 큰 전쟁들이 일어나고, 큰 지진과 기근, 전염병(눅 21:11) 등이 있을 것이다. 인류는 20세기에 이르러 제1차, 제2차 세계대전의 참상을 겪었다. 최근 들어 큰 지진, 쓰나미, 홍수 등 천재지변이 많다. 이것은 종말의 징조다. 앞으로 자연에는 '제어 불가능'이라고 할 만큼 각종 재해들이 끊임없이 더욱 발생할 것이다.[4]

3. 세상 끝의 징조 ③: 배도와 성도들의 환난이 심해질 것이다

예수님께서는 세상 끝의 징조로 특별히 성도들이 많은 환난을 당할 것을 말씀하셨다.

> 그때에 사람들이 너희를 환난에 넘겨주겠으며 너희를 죽이리니 너희가 내 이름 때문에 모든 민족에게 미움을 받으리라 그때에 많은 사람이 실족하게 되어 서로 잡아 주고 서로 미워하겠으며 거짓 선지자가 많이 일어나 많은 사람을 미혹하겠으며 불법이 성하므로 많은 사람의 사랑이

---

4 Wilkerson, *The Vision and Beyond*, 31.

식어지리라(마 24:9-12).

거짓 선지자들이 많이 나타나 전반적인 미혹과 배도가 있을 것이다(마 24:11). 거짓 선지자들이 큰 표적과 기사를 보여 할 수만 있으면 택하신 자들도 미혹하려고 할 것이다(마 24:24). 적그리스도는 사탄의 화신(化身)이므로 사탄의 힘으로 큰 권세를 행하고(계 13:5) 거짓 선지자가 큰 표적과 거짓 기적을 행하면서 적그리스도를 숭배하게 하기 때문에(계 13:12-14) 많은 사람들이 이 적그리스도를 인류의 희망이라고 추종하게 될 것이다.[5] 심지어 택한 자들도 미혹의 공격을 받을 것이다.

세계적으로 배도가 심해짐으로 로마 가톨릭, WCC 등이 주축이 되어 세계 종교 통합 운동이 일어나고 예수님을 유일한 구세주로 믿는 신실한 그리스도인들이 모든 민족에게 미움을 받게 되고 박해와 환난을 당할 것이다. 순교자가 생기게 될 것이다.

정직하고 철저하게 성경을 가르치면 박해를 받을 것이다. 이미 오늘날도 청교도의 구원론을 그대로 가르치면 박해가 따른다. 너무 엄격하다고, 배타적이라고, 독선적이라고 공격한다.

불법이 성하므로 많은 사람의 사랑이 식어질 것이다(마 24:12). 점점 악한 세상이 될 것이다. 불법이 성하고 정의가 사라진 시대에는 정직이 아니라 힘과 편법이 부자가 되고 세상에서 성공하는 비법이 될 것이다. 악을 떠나는 자가 탈취를 당할 것이다.

---

5   요한계시록 13장 1절에 나오는 '바다에서 나오는 표범 같은 짐승'은 적그리스도를 가리킨다. 그리고 13장 11절에 나오는 '땅에서 나온 새끼 양 같은 짐승'은 거짓 선지자를 말한다(계 16:13, 19:20, 20:10). 적그리스도와 거짓 선지자가 합세해서 신실한 성도들을 박해할 것이다.

정의가 뒤로 물리침이 되고 공의가 멀리 섰으며 성실이 거리에 엎드러지고 정직이 나타나지 못하는도다 성실이 없어지므로 악을 떠나는 자가 탈취를 당하는도다(사 59:14, 15).

[참고] 요한계시록 6장에 나오는 여섯째 인을 떼실 때까지 일어날 사건은 마태복음 24장에 일어나는 사건과 매우 유사하다.

마태복음	징조	요한계시록	징조
24장 4, 5절	거짓 그리스도(적 그리스도)의 출현	6장 1, 2절	첫째 인 – 흰 말57: 적그리스도의 등장
24장 6, 7절	세계적 전쟁	6장 3, 4절	둘째 인 – 붉은 말: 전쟁
24장 7절	기근, 지진	6장 5, 6절	셋째 인 – 검은 말: 기근
24장 9절	성도의 환난, 사망	6장 7, 8절	네째 인 – 청황색 말: 사망
24장 9–13절	순교	6장 9–11절	다섯째 인 – 순교자들의 호소
24장 15–24절	멸망의 가증한 것		
24장 25–31절	인자의 재림	6장 12–17절	여섯째 인 – 어린 양의 진노

※ 일곱째 인은 요한계시록 8장 1절에 개봉

4. 세상 끝의 징조 ④: 참된 신자들은 많은 환난을 당하지만 끝까지 견딜 것이다

그러나 끝까지 견디는 자는 구원을 얻으리라 이 천국 복음이 모든 민족에게 증언되기 위하여 온 세상에 전파되리니 그제야 끝이 오리라(마

---

6 흰 말을 탄 자에 대한 해석이 다양하다. 그리스도라 하는 사람도 있고, 적그리스도라 하는 사람도 있다. 필자가 보기에는 그리스도를 모방한 적그리스도라고 보는 것이 자연스럽다. 왜냐하면 뒤이어 나타나는 둘째 인(붉은 말–전쟁), 셋째 인(검은 말–기근), 넷째 인(청황색 말– 1/4 사망), 다섯째 인(성도의 순교) 등이 모두 고난과 환난과 재앙에 관한 예언이기 때문이다.

24:13, 14).

말세 성도는 그리스도께서 오셔서 휴거될 때까지 큰 환난을 통과해야 할 것이다(계 7:14). 예수님께서는 마태복음 24장에서 "그 날 환난 후 즉시(마 24:29-31, 참고. 막 13:24-27)" 재림하실 것이라고 말씀하셨다. 다시 말하면 교회가 큰 환난을 통과한 후에 예수님께서 재림하실 것이다.

신실한 그리스도인들에 대한 환난과 박해가 심해질 것이나 택함 받은 성도는 믿음을 지킬 것이다(계 13:8, 14:12).

> 짐승과 그의 우상에게 경배하고 그의 이름 표를 받는 자는 누구든지 밤낮 쉼을 얻지 못하리라 하더라 성도들의 인내가 여기 있나니 그들은 하나님의 계명과 예수에 대한 믿음을 지키는 자니라(계 14:11, 12).

말세에 사는 성도들은 인내로써 환난을 이겨 낼 각오를 해야 한다. 종말에 사는 성도들은 짐승(적그리스도)과 거짓 선지자와 음녀에게 많은 고난을 받게 될 것을 대비해야 한다.

5. 세상 끝의 징조 ⑤: 멸망의 가증한 것이 거룩한 곳에 서고 성도들이 큰 환난을 당하면 예수님의 재림이 임박했다는 징조다

중요한 세상 끝의 징조가 남아 있다. 적그리스도가 세상의 전면에 나타날 것이다.

> 그러므로 너희가 선지자 다니엘이 말한 바 멸망의 가증한 것이 거룩한

곳에 선 것을 보거든 (읽는 자는 깨달을진저) 그때에 유대에 있는 자들은 산으로 도망할지어다 지붕 위에 있는 자는 집 안에 있는 물건을 가지러 내려가지 말며 밭에 있는 자는 겉옷을 가지러 뒤로 돌이키지 말지어다 그 날에는 아이 밴 자들과 젖 먹이는 자들에게 화가 있으리로다 너희가 도망하는 일이 겨울에나 안식일에 되지 않도록 기도하라 이는 그때에 큰 환난이 있겠음이라 창세로부터 지금까지 이런 환난이 없었고 후에도 없으리라 그 날들을 감하지 아니하면 모든 육체가 구원을 얻지 못할 것이나 그러나 택하신 자들을 위하여 그 날들을 감하시리라(마 24:15-22).

이 예언은 1차적으로 주후 70년 예루살렘 멸망에 대한 예언이다.[7] 로마의 장군 티투스(Titus)에 의해 예루살렘이 멸망할 때 성전이 철저히 파괴되었다. 멸망의 가증한 것이 거룩한 곳에 섰다는 것은 로마의 군대가 성전에 침입한 것을 가리킨다. 역사가 요세푸스에 의하면, 예루살렘이 포위된 기간 동안 죽은 자가 1,100,000명이었으며, 포로 된 자가 97,000명이었다고 한다.[8] 이때 성경 말씀대로 산으로 도망한 그리스도인들은 죽음을

---

[7] 하나님께서는 주후 70년 예루살렘 멸망 전에 무서운 징조를 주셨다. 요세푸스는 이렇게 기록했다. "예루살렘 위에는 칼 모양 같은 별 하나와 혜성이 일 년 동안 계속 떠 있었다. … 무교절이 다가와 많은 유대인이 운집하였을 때, 산트쿠스(니산)월 8일 밤 9시였는데 엄청나게 밝은 빛이 제단 주위와 성전을 비추었다. 밝은 대낮처럼 보였다. 이것이 반시간 동안 계속되었다. … 그리고 성전 안뜰의 동쪽 문이 밤 6시에 저절로 열렸다. 이 문은 놋쇠로 만들어진 것으로 매우 무거웠기 때문에 20명이 힘을 써야 겨우 닫을 수 있는 것이었다. … 무교절이 지난 며칠 후 해가 지기 전에 무장을 한 군대들과 병거들이 구름 속에서 나타나 뛰어다니며 예루살렘 성을 포위하는 모습이 보였다." Flavius Josephus, *Josephus: The Complete Works*, trans. William Whiston (Nashville, TN: Thomas Nelson Publishers, 1998), 889-890. (유대전쟁사 6권 5장)

[8] Josephus, *Josephus: The Complete Works*, 898.
주후 70년 대감독 어셔(Usher)의 통계에 의하면, 이 일이 있기 전 로마와의 전쟁 7년 동

면할 수 있었다고 역사는 전한다. 예루살렘 멸망은 종말에 있게 될 세계 멸망의 전조요, 축소판이다.

한편 이 구절은 7년 대환난 초기에 등장한 적그리스도(세계 독재자)가 7년 대환난 중간에 하나님의 성전에 앉아 자기를 하나님으로 내세울 것을 예언하신 말씀이기도 하다(단 9:27).

예수님은 적그리스도가 세력을 잡을 것에 대해 설명하실 때 다니엘서를 인용하시면서 "그러므로 너희가 선지자 다니엘이 말한 바 멸망의 가증한 것이 거룩한 곳에 선 것을 보거든 (읽는 자는 깨달을진저) ⋯ 도망할지어다(마 24:15, 16)."라고 하셨다. 다니엘서 9장을 보면 이런 말씀이 나온다.

> 예순두 이레 후에 기름 부음을 받은 자가 끊어져 없어질 것이며 장차 한 왕의 백성이 와서 그 성읍과 성소를 무너뜨리려니와 그의 마지막은 홍수에 휩쓸림 같을 것이며 또 끝까지 전쟁이 있으리니 황폐할 것이 작정되었느니라 그가 장차 많은 사람들과 더불어 한 이레 동안의 언약을 굳게 맺고 그가 그 이레의 절반에 제사와 예물을 금지할 것이며 또 포악하여 가증한 것이 날개를 의지하여 설 것이며 또 이미 정한 종말까지 진노가 황폐하게 하는 자에게 쏟아지리라 하였느니라 하니라(단 9:26, 27).

적그리스도는 이스라엘과 7년 동안의 언약을 굳게 맺고 합작하다가 (단 9:27) 그 이레의 절반에 와서는 언약을 깨뜨릴 것이다. 제사와 예물을 금지하고 스스로 성전에 앉아 하나님이라 지칭하고(살후 2:4; 단 11:31,

---

안 유대 전체 지역과 국경 지대에서 사망한 전체 유대인의 수는 1,337,490명에 달했다. Josephus, *Josephus: The Complete Works*, 898.
로마 군대는 독수리 모양의 그림이 그려진 군기를 가지고 행군했다. Josephus, *Josephus: The Complete Works*, 773. (참고. 마 24:28)

12:11; 계 13:14, 15 참고) 자기의 우상을 숭배할 것을 강요하고 자신을 경배하지 않는 자는 죽일 것이다(계 13:15). 예수님의 말씀에 의하면, 이때가 예수님의 재림이 임박한 때다.

구약에서 적그리스도의 모형을 찾아볼 수 있다. 바벨론 제국의 느부갓네살 왕은 금으로 신상을 만들고 그것에 절하지 아니하는 사람을 극렬히 타는 풀무불에 던져 넣었다. 느부갓네살 왕의 신상은 높이 60규빗, 넓이 6규빗이었으며, 악대에는 여섯 악기가 있었다(단 3:1, 5). 느부갓네살 왕은 적그리스도의 예표였다.

사도 바울은 불법의 사람 곧 멸망의 아들이 하나님의 성전에 앉아 자기를 하나님이라고 내세울 때 예수님께서 오실 것이라고 예언했다.

> 누가 어떻게 하여도 너희가 미혹되지 말라 먼저 배교하는 일이 있고 저 **불법의 사람 곧 멸망의 아들**이 나타나기 전에는 그 날이 이르지 아니하리니 그는 대적하는 자라 신이라고 불리는 모든 것과 숭배함을 받는 것에 대항하여 그 위에 자기를 높이고 하나님의 성전에 앉아 자기를 하나님이라고 내세우느니라 내가 너희와 함께 있을 때에 이 일을 너희에게 말한 것을 기억하지 못하느냐 너희는 지금 그로 하여금 그의 때에 나타나게 하려 하여 막는 것이 있는 것을 아나니 불법의 비밀이 이미 활동하였으나 지금은 그것을 막는 자가 있어 그중에서 옮겨질 때까지 하리라 그때에 불법한 자가 나타나리니 주 예수께서 그 입의 기운으로 그를 죽이시고 강림하여 나타나심으로 폐하시리라(살후 2:3-8).

사도 바울이 가르친 이 말씀은 종말론에 있어서 매우 중요하다. 사도 바울은 우리 주 예수 그리스도의 강림과 우리가 주 앞에 모이기 전에 반드시 두 가지 일이 먼저 일어나야 한다는 것을 분명히 가르쳤다.

첫째, 먼저 배도하는 일이 있을 것이다(살후 2:3). 필자는 이 책 전반에 걸쳐 우리가 지금 이미 배도의 기간 안에 들어와 살고 있다는 것을 입증했다.

둘째, 사도 바울은 예수님 재림 전에 저 불법의 사람, 즉 적그리스도(세계 독재자)가 등장해서 하나님 성전에 앉아 자기를 보여 하나님이라고 하는 일(살후 2:4)이 일어날 것이라고 했다.[9]

예수님께서는 멸망의 가증한 것이 거룩한 곳에 섰을 때 이 땅에 큰 환난이 있을 것이라고 말씀하셨다.

> 이는 그때에 큰 환난이 있겠음이라 창세로부터 지금까지 이런 환난이 없었고 후에도 없으리라(마 24:21).

바로 이 말씀에서 '대환난(Great tribulation)'이란 말이 나왔다. 이때 하나님의 말씀과 예수님의 증언을 가진 성도들이 큰 핍박을 당하며 죽임을 당할 것이다. 그러나 예수님께서 큰 환난의 날을 감해 주실 것이다.

> 그 날들을 감하지 아니하면 모든 육체가 구원을 얻지 못할 것이나 그러

9　데살로니가후서 2장 4절에 대한 해석은 다양하다. (1) 세대주의자들은 예루살렘의 유대교 성전이 재건될 것이며, 이레의 절반에 적그리스도가 유대인들과 맺은 언약을 파기하고 자신을 숭배할 것을 요구할 것이라고 주장한다. (2) 역사적 전천년주의자로서 환난 후 휴거론을 주장하는 조지 래드는 세대주의자들의 이러한 해석에 대해 "그 말씀은 그렇게 문자적으로 해석하여 의미를 알 수 있는 것이 아니다."라고 하면서 상징적으로 해석했다. 그는 데살로니가후서 2장에서 사용된 용어는 "불법의 사람이 하나님의 자리를 찬탈하고, 하나님 대신 자신을 경배하도록 사람들에게 강요할 것을 은유적으로 표현한 것"이라고 보았다. George Eldon Ladd, *The Last Things* (Grand Rapids, MI: Wm. B. Eerdmans Publishing Co., 1978), 67.

나 택하신 자들을 위하여 그 날들을 감하시리라(마 24:22).

이 구절에 의하면 멸망의 가증한 것이 거룩한 곳에 서는 일(마지막 이레 중간) 이후에 어느 기간 동안의 박해가 있을 것을 예상할 수 있다. 이러한 큰 환난 중에 있는 택자를 구원하기 위해 주님께서 속히 재림하실 것이다. 주 예수님께서 재림하셔서 그 입의 기운으로 적그리스도를 죽이실 것이다(살후 2:8).

6. 주의 임하심의 징조: 하늘의 권능들이 흔들릴 때 그리스도께서 영광 중에 오셔서 택자들을 모으실 것이다

적그리스도에 의한 환난이 극에 달했을 때 교회를 위하여 예수님께서 재림하실 것이다.

> 그때에 사람이 너희에게 말하되 보라 그리스도가 여기 있다 혹은 저기 있다 하여도 믿지 말라 거짓 그리스도들과 거짓 선지자들이 일어나 큰 표적과 기사를 보여 할 수만 있으면 택하신 자들도 미혹하리라 보라 내가 너희에게 미리 말하였노라 그러면 사람들이 너희에게 말하되 보라 그리스도가 광야에 있다 하여도 나가지 말고 보라 골방에 있다 하여도 믿지 말라 번개가 동편에서 나서 서편까지 번쩍임 같이 인자의 임함도 그러하리라 주검이 있는 곳에는 독수리들이 모일 것이니라 그 날 환난 후에 즉시 해가 어두워지며 달이 빛을 내지 아니하며 별들이 하늘에서 떨어지며 하늘의 권능들이 흔들리리라 그때에 인자의 징조가 하늘에서 보이겠고 그때에 땅의 모든 족속들이 통곡하며 그들이 인자가 구름을

타고 능력과 큰 영광으로 오는 것을 보리라 그가 큰 나팔소리와 함께 천사들을 보내리니 그들이 그의 택하신 자들을 하늘 이 끝에서 저 끝까지 사방에서 모으리라(마 24:23-31).

(1) 예수님의 임하심의 징조가 무엇인가?

예수님께서는 재림하시기 직전에 "그 날 환난 후에 즉시 해가 어두워지며 달이 빛을 내지 아니하며 별들이 하늘에서 떨어지며 하늘의 권능들이 흔들리리라(마 24:29)."라고 하셨다. 해와 달과 별에 징조가 있을 것이다.

해와 달과 별이 캄캄해지는 징조가 나타나고 하늘의 권능들이 흔들리는(마 24:29) 이런 현상은 구약에 나오는 '여호와의 날'에 대한 예언에서 흔하게 나타나는 모습이다(사 13:9-13; 겔 32:7, 8; 욜 2:1, 2, 10, 11, 31, 3:15; 암 8:9 등).

> 보라 여호와의 날 곧 잔혹히 분냄과 맹렬히 노하는 날이 이르러 땅을 황폐하게 하며 그 중에서 죄인들을 멸하리니 하늘의 별들과 별 무리가 그 빛을 내지 아니하며 해가 돋아도 어두우며 달이 그 빛을 비추지 아니할 것이로다 내가 세상의 악과 악인의 죄를 벌하며 교만한 자의 오만을 끊으며 강포한 자의 거만을 낮출 것이며 내가 사람을 순금보다 희소하게 하며 인생을 오빌의 금보다 희귀하게 하리로다 그러므로 나 만군의 여호와가 분하여 맹렬히 노하는 날에 하늘을 진동시키며 땅을 흔들어 그 자리에서 떠나게 하리니(사 13:9-13).

요한계시록 6장을 보면 어린 양이 여섯째 인을 떼실 때에 마태복음 24장 29절에서 예수님께서 말씀하신 것과 똑같은 현상이 하늘에 나타난다.

여섯째 인을 떼실 때에 해와 달과 별이 캄캄해지고 하늘의 권능들이 흔들린다.

> 내가 보니 여섯째 인을 떼실 때에 큰 지진이 나며 해가 검은 털로 짠 상복 같이 검어지고 달은 온통 피 같이 되며 하늘의 별들이 무화과나무가 대풍에 흔들려 설익은 열매가 떨어지는 것 같이 땅에 떨어지며 하늘은 두루마리가 말리는 것 같이 떠나가고 각 산과 섬이 제 자리에서 옮겨지매(계 6:12-14).

필자는 여섯 째 인을 떼실 때(계 6:12) 그리스도의 재림과 교회의 휴거가 있을 것으로 예상한다.[10] 이것은 마태복음 24장 29절에서 예수님께서 재림 직전에 일어날 일을 묘사하신 것과 정확히 일치하기 때문이다.

---

10 이것은 필자의 의견이다. 정확한 것은 하나님만 아신다.
휴거의 시기에 대하여 세 가지 학설이 있다.
(1) 환난 전 휴거론(Pre-tribulation Rapture[세대주의적 전천년주의]) : 7년 대환난이 시작되기 전에, 즉 첫째 인을 떼시기 전에 예수님께서 비밀스럽게 공중 재림하시고 교회는 휴거로써 세상에서 들어 올림을 받을 것이라고 주장한다(계 4장). 예수님의 재림이 이중적이다. 환난 전에 비밀리에 오시는 공중 재림이 있고 환난 끝에 지상 재림이 있다. 환난 전 휴거론의 단점은 두 단계의 강림을 주장하는 것이다. 눈에 보이지 않게 오시는 비밀 강림(휴거)이 있고 보이게 오시는 강림이 있다는 것은 성경의 근거가 없다. 성경은 일관되게 만인이 볼 수 있게 구름을 타고 영광 중에 오신다고 말씀하고 있다(마 24:30; 눅 21:27; 계 1:7 등).
(2) 환난 후 휴거론(Post-tribulation Rapture[역사적 전천년주의]) : 그리스도의 강림하시기 직전 다니엘이 예언하였던 마지막 한 이레(단 9:27)의 기간 동안 극심한 대환난이 있을 것이며, 그 대환난 후에 그리스도의 강림과 성도들의 부활(휴거)이 동시적이며 단회적으로 이루어진다고 주장한다. 환난 후 휴거론의 단점은 7년 대환난을 겪은 후에 예수님께서 오신다면 저희가 안전하다, 평안하다 할 때에 오신다는 말씀(살전 5:3)과 맞지 않는다.
(3) 환난 중 휴거론(Mid-tribulation Rapture): 다니엘이 예언한 마지막 한 이레 중반에 교회를 위한 주님의 강림과 교회의 휴거가 있을 것이라고 주장한다. 이들은 전반부의 기간은 미혹이 역사하는 어느 정도 평화가 남아 있는 기간이지만, 후반부의 기간은 진노의 기간이라고 본다.

(2) 예수님께서는 보이지 않게 다시 오시는 것이 아니라 온 세상이 볼 수 있게 오신다

> 그때에 인자의 징조가 하늘에서 보이겠고 그때에 땅의 모든 족속들이 통곡하며 그들이 인자가 구름을 타고 능력과 큰 영광으로 오는 것을 보리라(마 24:30).

어떤 사람들은 예수님의 비밀 공중 재림을 말하나, 예수님께서 보이지 않게 오신다고 명확히 말하는 구절은 성경에 없다. 예수님께서는 만국 백성이 보는 가운데 영광 중에 재림하실 것이라고 분명히 말씀하셨다. 예수님께서는 "구름을 타고 능력과 큰 영광으로(눅 21:27)" 오신다. "호령과 천사장의 소리와 하나님의 나팔로 친히 하늘로부터(살전 4:16)" 강림하신다.

누가복음 17장 23, 24절을 보면, 예수님께서 자신의 임하심에 대해 "사람이 너희에게 말하되 보라 저기 있다 보라 여기 있다 하리라 그러나 너희는 가지도 말고 따르지도 말라 번개가 하늘 아래 이쪽에서 번쩍이어 하늘 아래 저쪽까지 비침같이 인자도 자기 날에 그러하리라(눅 17:23, 24)."라고 하셨다.

주님의 재림에 대해 말하는 구절을 살펴보면 모두 재림의 가시성을 강조하고 있음을 알 수 있다.[11] 예수님께서 보이게 강림하신다는 것을 말씀해 주는 구절이 많다(마 26:64; 막 13:26, 14:62; 계 1:7 등). 예수님께서는 승천하신 그 모습으로 재림하실 것이다.

---

11 Martyn Lloyd-Jones, *Great Doctrines of the Bible: God the Father, God the Son; God the Holy Spirit; The Church and the Last Things* (Wheaton, IL: Crossway, 2003), vol. 3, 92-93.

이 말씀을 마치시고 그들이 보는데 올려져 가시니 구름이 그를 가리어 보이지 않게 하더라 올라가실 때에 제자들이 자세히 하늘을 쳐다보고 있는데 흰 옷 입은 두 사람이 그들 곁에 서서 이르되 갈릴리 사람들아 어찌하여 서서 하늘을 쳐다보느냐 너희 가운데서 하늘로 올려지신 이 예수는 하늘로 가심을 본 그대로 오시리라 하였느니라(행 1:9-11).

(3) 예수님께서 영광 중 재림하실 때 성도의 휴거가 있게 된다

그가 큰 나팔소리와 함께 천사들을 보내리니 그들이 그의 택하신 자들을 하늘 이 끝에서 저 끝까지 사방에서 모으리라(마 24:31).

사도 바울은 여기에 대해 좀 더 자세히 묘사했다.

주께서 호령과 천사장의 소리와 하나님의 나팔 소리로 친히 하늘로부터 강림하시리니 그리스도 안에서 죽은 자들이 먼저 일어나고, 그 후에 우리 살아남은 자들도 **그들과 함께 구름 속으로 끌어올려**(be caught up, KJV) 공중에서 주를 영접하게 하시리니 그리하여 우리가 항상 주와 함께 있으리라 그러므로 이러한 말로 서로 위로하라(살전 4:16-18).

'rapture(휴거)'라는 말은 라틴어 rapio에서 나온 말인데, '잡아채다', '끌어올리다'라는 뜻이다. 헬라어로는 '하르파조(ἁρπάζω)'로서 신약에서 이 단어는 13회 사용되고 있는데 그중 하나가 데살로니가전서 4장 17절에 나온다. 휴거란 성도들이 구름 속으로 끌어올려지는 것을 말한다.

누가 휴거되는가? 주님께서는 '택하신 자들'을 모으실 것이다. 마태복음

24장 31절에 보면 '택하신 자들'을 하늘 이 끝에서 저 끝까지 사방에서 모으리라고 하셨다. 택자가 된다는 것이 얼마나 놀라운 은혜인가! 택자가 되기를 기도하라(롬 8:28).

(4) 성도가 휴거되는 것은 하나님의 진노를 피하기 위함이다(살전 1:10, 5:9; 계 3:10 등)

예수님께서 재림하시면 이 땅에 무시무시한 진노의 날이 오지만, 휴거된 성도들은 주님과 같이 영원히 거할 것이다(살전 4:17).

> 또 죽은 자들 가운데서 다시 살리신 그의 아들이 하늘로부터 강림하실 것을 너희가 어떻게 기다리는지를 말하니 이는 장래의 노하심에서 우리를 건지시는 예수시니라(살전 1:10).

> 네가 나의 인내의 말씀을 지켰은즉 내가 또한 너를 지켜 시험의 때를 면하게 하리니 이는 장차 온 세상에 임하여 땅에 거하는 자들을 시험할 때라(계 3:10).

7. 예수님의 재림과 성도들의 휴거가 있은 후 이 땅의 악인들에게 하나님과 어린 양의 맹렬한 진노가 퍼부어질 것이다

주님께서 재림하시면 하나님을 거역한 모든 악인들에게 맹렬한 진노를 발하실 것이다(롬 1:18).

> 네가 하나님의 인자하심이 너를 인도하여 회개하게 하심을 알지 못하여

그의 인자하심과 용납하심과 길이 참으심이 풍성함을 멸시하느냐 다만 네 고집과 회개하지 아니한 마음을 따라 진노의 날 곧 하나님의 의로우신 심판이 나타나는 그 날에 임할 진노를 네게 쌓는도다(롬 2:4, 5).

하나님께서는 악인들에게 격노하신다(왕하 17:17, 18). 세상 끝에 하나님의 진노의 날이 있다. 지금은 오래 참으시는 중이시다. 예수님께서 재림하시면 적그리스도(짐승)와 거짓 선지자와 배도한 교회(음녀)와 모든 불신자와 죄인들에게 본격적인 진노의 심판을 내리신다.

이미 정한 종말까지 진노가 황폐하게 하는 자에게 쏟아지리라 하였느니라(단 9:27).

예수님 재림 전에 성도들이 당하는 큰 '환난'은 예수 그리스도의 교회에 대해 사탄이 마지막 분노를 쏟는 것이다(계 12:12). 반면 예수님 재림과 성도들의 휴거 이후에 이 땅에 쏟아질 '하나님의 진노'는 죄인들과 불신자에 대한 하나님의 맹렬한 진노이다.[12]

하나님의 진노가 이 땅에 퍼부어질 때 성도는 지상에 남아 있지 않을 것이다.[13] 문이 한 번 닫힌 후에는 구원받을 사람이 없을 것이다(마 25:10-

---

12 Sharrit, *Soon-Coming World-Shaking Events*, 138.
13 성도들의 휴거 후에 일어날 일들:
 - 일곱 나팔, 일곱 대접 심판(계 8-16장)으로 온 땅에 하나님의 진노가 부어진다.
 - 큰 음녀, 바벨론의 심판(계 17, 18장)이 있게 된다.
 - 아마겟돈 전쟁(계 16:13-16, 19:11-21)이 일어나고 이 전쟁에서 예수님께서 짐승(적그리스도)과 거짓 선지자를 산 채로 유황 불 붙는 못에 던지신다(계 19:20). 나머지 인간들은 그리스도의 입으로 나오는 검으로 죽이신다(계 19:15, 21).
 - 사탄을 잡아서 일천 년 동안 결박하여 무저갱에 던져 잠그시고 이 땅에는 천년왕국이 시작된다(계 20:1-6). 천년왕국 후에 원수 마귀를 불과 유황에 타는 못에 영원히 던지

12).

> 집 주인이 일어나 문을 한 번 닫은 후에 너희가 밖에 서서 문을 두드리며 주여 열어 주소서 하면 그가 대답하여 이르되 나는 너희가 어디에서 온 자인지 알지 못하노라 하리니(눅 13:25).

실 것이다(계 20:10).
- 이 일 후에 흰 보좌 심판이 있을 것이다(계 20:11-15). 첫째 부활(휴거, 생명의 부활, 계 20:4, 5)에 참여하지 못하고 죽은 자들이 부활하여(둘째 부활, 심판의 부활) 자기 행위를 따라 책에 기록된 대로 심판을 받아 영원한 불못에 던져질 것이다(계 20:15).
- 성도들은 새 하늘과 새 땅에 들어갈 것이다. 거기서 영원히 하나님을 찬양하며 주와 더불어 왕 노릇할 것이다(계 21:1-7, 22:1-5).

맺는 말
말세는 배도의 때다.
그러므로 말세 성도는 인내가 필요하다

거짓 선지자가 많이 일어나 많은 사람을 미혹하겠으며 불법이 성하므로 많은 사람의 사랑이 식어지리라 그러나 끝까지 견디는 자는 구원을 얻으리라(마 24:11-13).

예수님께서 다시 오실 날이 가깝다. 앞으로 세상은 점점 더 악해지고(딤후 3:13; 마 24:11) 교인들은 점점 더 세속화되고 배도하게 될 것이다.

이렇게 온 세상이 타락하는 말세에 누가 영광 중 오시는 주님을 맞이할 것인가? 모세의 인도로 애굽을 나온 이스라엘 장년 중에 약속의 땅 가나안에 들어간 자는 오직 여호수아와 갈렙 두 사람 뿐이었음을 기억하라. 나머지 모든 이스라엘 백성들은 하나님을 불신하고 원망하고 멸시하다가 광야에서 다 죽었다(민 13-14장).

그들에게 일어난 이런 일은 본보기가 되고 또한 말세를 만난 우리를 깨우치기 위하여 기록되었느니라 그런즉 선 줄로 생각하는 자는 넘어질까 조심하라(고전 10:11, 12).

영원한 생명으로 인도하는 길은 언제나 매우 좁고 협착하다는 것을 잊지 말라(눅 18:17; 마 5:20, 7:13, 14 등). 특히 마지막 때에 구원받는 소수에 들어가기 위해 깨어 기도하라.

1. 세계 권력자(적그리스도), 대통령들, 장군들, 부자들, 세속의 권세를 가진 종교 지도자들보다 고난받고 죽임당하는 성도가 더욱 복 받은 존재다

요한계시록을 보면, 종말에는 두 종류의 인간이 등장한다.

(1) 세계 독재자(짐승, 적그리스도), 거짓 선지자, 배도한 수많은 교인들(음녀), 적그리스도와 거짓 선지자를 추종하는 이 땅에 사는 모든 인간들

(2) 하나님의 계명과 예수님에 대한 믿음을 지키다가(계 14:12) 짐승과 거짓 선지자에게 고난을 받거나 죽임을 당하는 성도들

(1)번에 해당하는 사람은 인류의 대다수를 차지할 것이고 (2)번에 해당하는 사람은 매우 적을 것이다. 마치 노아의 때와 같을 것이다.

지금 세상에서는 짐승, 거짓 선지자, 세속의 권세를 가진 종교 지도자들, 음녀, 왕들, 장군들, 부자들, 사업가들이 하나님 없이 자고하며 악을 자행하며 세력을 떨치고 있지만, 이들의 운명의 날이 곧 닥칠 것이다.

그리스도를 진실하게 믿고 의의 말씀(히 5:13)에 따라 사는 성도들은 현재에는 짐승과 거짓 선지자와 악인들에게 잠시 고난을 받으나 그들과 비교할 수 없이 큰 복을 받은 사람들이다. 성도들이여, 주 안에서 담대하고 항상 감사하는 자가 되라!

2. 주님께서 친히 원수를 갚아 주시는 날이 곧 다가온다

성도들이 이 세상에서는 악인들에게 온갖 종류의 박해를 받으나 주님께서 친히 원수를 갚아 주시러 오신다.

> 내 사랑하는 자들아 너희가 친히 원수를 갚지 말고 하나님의 진노하심에 맡기라 기록되었으되 원수 갚는 것이 내게 있으니 내가 갚으리라고 주께서 말씀하시니라(롬 12:19).

예수님의 재림과 성도의 휴거가 있은 후(혹은 성도들이 도피처로 간 이후)[1] 이 땅에 본격적인 진노가 시작된다. 일곱째 인을 떼신 후에(계 8:1) 하나님께서는 악을 행하며 산 인간들을 심판하시기 위해 일곱 나팔 재앙, 일곱 대접 재앙을 보내실 것이다.

요한계시록 16장부터 일곱 대접 재앙이 나온다. 16장부터 시작되는 일곱 대접 심판이 가장 무서운 마지막[2] 하나님의 진노이다. 이 심판은 "짐승의 표를 받은 사람들과 그 우상에게 경배하는 자들"에 대한 것이다(계 16:2). 일곱 대접 재앙은 그 범위가 이 지구 전체에 미치는 하나님의 마지막 진노의 심판이다.

요한계시록 17장, 18장에는 큰 음녀(배도한 교회, 거짓 신자)가 심판 받는 내용이 나온다. 음녀 교회는 세상의 권력 위에 앉아서(계 17:3) 짐승과 더불어 참된 성도를 박해했다(계 17:6). 그러나 이제 음녀는 하나님의 심판을 받아 짐승과 열 왕의 손에 죽임을 당하고 불로 태움을 당한다(계 17:16).

---

1 환난 후 휴거설에 의하면, 이 땅에 본격적인 하나님의 진노가 퍼부어질 때 성도들은 하나님의 권능으로 도피처로 가서 진노를 피한다.
2 재앙은 첫째 나팔부터 시작되었다고 볼 수 있다(계 15:1).

"그리스도인이라고 하지만 실은 사탄의 회(계 2:9, 3:9)"인 큰 음녀는 이처럼 무참히 멸망당할 것이다.[3]

그 후 아마겟돈 전쟁이 일어나고 이 전쟁에서 예수님께서 짐승(적그리스도)과 거짓 선지자를 산 채로 유황 불 붙는 못에 던지실 것이다(계 19:20). 나머지 악한 인간들은 그리스도의 입으로 나오는 검으로 죽이실 것이다(계 19:15, 21).

그러나 예수님께 대한 믿음을 끝까지 지킨 성도들은 예수님과 더불어 이 땅에서 천 년 동안(계 20:1-6) 그리고 새 하늘과 새 땅에서 영원히 왕 노릇할 것이다(계 21-22장).

3. 마귀는 마지막 때에 자신의 분노를 폭발적으로 드러낼 것이다. 그러므로 말세에 사는 성도에게는 무엇보다 인내가 필요하다

종말은 마귀가 성도에 대한 마지막 분노를 쏟는 때다.

> 그러므로 하늘과 그 가운데에 거하는 자들은 즐거워하라 그러나 땅과 바다는 화 있을진저 이는 마귀가 자기의 때가 얼마 남지 않은 줄을 알므로 크게 분 내어 너희에게 내려갔음이라 하더라(계 12:12).

종말이 되면 마귀의 영, 세속의 영, 배도의 영이 온 세상을 지배하고 세

---

3   Joachim of Fiore, "Book of Figures, The Fourteenth Table, The Seven-Headed Dragon," in *Apocalyptic Spirituality: Treatises and Letters of Lactantius, Adso of Montier-En-Der, Joachim of Fiore, The Franciscan Spirituals, Savonarola*, translation and introduction by Bernard McGinn (Macarthur Boulevard Mahwah, NJ: Paulist Press, 1979), 137.

력을 떨치게 됨으로 신실한 성도들이 몇 명 남지 않고, 모든 민족에게 미움을 받는 매우 힘든 상황에 처하게 될 것이다.

> 그때에 사람들이 너희를 환난에 넘겨주겠으며 너희를 죽이리니 너희가 내 이름 때문에 모든 민족에게 미움을 받으리라(마 24:9).

그러므로 말세 성도는 오직 성령과 말씀에 충만하여(엡 6:17) 강인한 믿음과 전투적 정신(엡 6:10-20)을 가지고 믿음의 선한 싸움을 싸워야 한다(딤전 6:12; 딤후 4:7).

무엇보다 강한 인내심(고전 9:24-27)을 가져야 한다. 마태복음 24장에서 예수님께서 주님의 재림의 징조를 묻는 제자들에게 여러 가지 징조를 말씀하신 후 이렇게 말씀하셨다.

> 그러나 끝까지 견디는 자는 구원을 얻으리라(마 24:13).

말세의 진실한 성도들은 노아처럼 모든 핍박과 조롱과 외로움을 견디는 인내심이 있어야 한다.

> 그러므로 형제들아 주께서 강림하시기까지 **길이 참으라** 보라 농부가 땅에서 나는 귀한 열매를 바라고 **길이 참아** 이른 비와 늦은 비를 기다리나니 너희도 **길이 참고** 마음을 굳건하게 하라 주의 강림이 가까우니라 형제들아 서로 원망하지 말라 그리하여야 심판을 면하리라 보라 심판주가 문 밖에 서 계시니라 형제들아 주의 이름으로 말한 선지자들을 고난과 **오래 참음**의 본으로 삼으라 보라 **인내하는** 자를 우리가 복되다

하나니 너희가 욥의 인내를 들었고 주께서 주신 결말을 보았거니와 주는 가장 자비하시고 긍휼히 여기시는 이시니라(약 5:7-11).

4. 그리스도인은 이 땅의 영화보다 천국의 상급을 바라보고 살아가도록 부르심을 받은 존재다

사도 바울은 "만일 그리스도 안에서 우리가 바라는 것이 다만 이 세상의 삶뿐이면 모든 사람 가운데 우리가 더욱 불쌍한 자이리라(고전 15:19)."라고 고백했다.

예수님을 따르는 삶은 이 세상에서 고난과 역경의 삶이다. 장차 부활이 없다면 참된 신자만큼 불쌍한 자가 없을 것이다. 우리의 진정한 상급은 천국에서 주어질 것이다.

우리가 이 세상 것에 마음을 빼앗기면 낙심하기 쉽다. 그러나 성도는 이 세상의 것으로 위로를 받으려 하지 말고, 장차 주님께서 주시는 칭찬을 기다리며 살아야 한다.

> 너희를 위하여 보물을 땅에 쌓아 두지 말라 거기는 좀과 동록이 해하며 도둑이 구멍을 뚫고 도둑질하느니라 오직 너희를 위하여 보물을 하늘에 쌓아 두라 거기는 좀이나 동록이 해하지 못하며 도둑이 구멍을 뚫지도 못하고 도둑질도 못하느니라 네 보물 있는 그 곳에는 네 마음도 있느니라(마 6:19-21).

예수님께서 말씀하신 '부자와 나사로의 비유'를 보면 아브라함은 지옥의 고통 속에 있는 부자를 향해 다음과 같이 말했다.

얘 너는 살았을 때에 좋은 것을 받았고 나사로는 고난을 받았으니 이것을 기억하라 이제 그는 여기서 위로를 받고 너는 괴로움을 받느니라(눅 16:25).

예수님께서는 이 세상에서 고난당하는 자가 복이 있다고 말씀하셨다.

지금 주린 자는 복이 있나니 너희가 배부름을 얻을 것임이요 지금 우는 자는 복이 있나니 너희가 웃을 것임이요 인자로 말미암아 사람들이 너희를 미워하며 멀리하고 욕하고 너희 이름을 악하다 하여 버릴 때에는 너희에게 복이 있도다 그 날에 기뻐하고 뛰놀라 하늘에서 너희 상이 큼이라 그들의 조상들이 선지자들에게 이와 같이 하였느니라(눅 6:21-23).

5. 담대하라. 마귀와의 영적 전투에는 담대함이 절대 필요하다

말세는 어느 때보다 악이 강하게 역사하기에 성도에게 시련과 고난과 역경이 많다. 그러므로 말세 성도는 특히 담대해야 한다.

가나안 땅을 정탐한 10명의 정탐꾼들과 이스라엘 백성들은 그곳 거민들을 두려워하여 떨며 하나님을 원망하다가 광야에서 다 멸망했다(민 14:1-3). 그러나 여호수아와 갈렙은 하나님을 믿었기에 담대했다. 그리스도 예수의 좋은 병사들(딤후 2:3)은 담대해야 한다.

전날에 너희가 빛을 받은 후에 고난의 큰 싸움을 견디어 낸 것을 생각하라 혹은 비방과 환난으로써 사람에게 구경거리가 되고 혹은 이런 형편에 있는 자들과 사귀는 자가 되었으니 너희가 갇힌 자를 동정하고 너희 소유를 빼앗기는 것도 기쁘게 당한 것은 더 낫고 영구한 소유가 있는 줄 앎이라 **그러므로 너희 담대함을 버리지 말라 이것이 큰 상을 얻게 하느니라**(히 10:32-35).

이것을 너희에게 이르는 것은 너희로 내 안에서 평안을 누리게 하려 함이라 세상에서는 너희가 환난을 당하나 담대하라 내가 세상을 이기었노라(요 16:33).

예수님께서는 지금도 담대한 주님의 일꾼들을 찾으신다. 전능하신 주님께서 지금도 살아 계셔서 우리를 눈동자같이 돌봐주신다. 그러므로 이 주님을 생각하고 담대하라.

너희 염려를 다 주께 맡기라 **이는 그가 너희를 돌보심이라** 근신하라 깨어라 너희 대적 마귀가 우는 사자 같이 두루 다니며 삼킬 자를 찾나니 너희는 믿음을 굳건하게 하여 그를 대적하라(벧전 5:7-9).

6. 주님을 섬기기 위해 당하는 믿음의 시련을 기뻐하라. 시련은 우리의 온전함을 위한 필수 코스다

성도는 시련을 어떤 태도로 맞이해야 되는가? 베드로 사도는 다음과 같이 말씀했다.

그러므로 너희가 이제 여러 가지 시험으로 말미암아 잠깐 근심하게 되지 않을 수 없으나 오히려 크게 기뻐하는도다(벧전 1:6).

이 땅에서 고난과 박해, 믿음의 시련을 받는 성도들은 기뻐해야 한다. 그 이유가 무엇인가?

너희 믿음의 시련이 불로 연단하여도 없어질 금보다 더 귀하여 예수 그리스도의 나타나실 때에 칭찬과 영광과 존귀를 얻게 하려 함이라(벧전 1:7, 개역한글).

이 세상의 삶은 하나님께서 성도들의 믿음을 시련하시는 기간이다. 왜 성도에게 시련이 있는가? 전능하신 하나님이 힘이 없어서 고난과 시련과 박해를 허용하셨겠는가? 시련에는 유익이 있기 때문에 시련을 허락하시는 것이다.

가라지 신자, 거짓 신자들은 시련이 오면 추풍낙엽처럼 떨어져 나간다. 하지만 참 신자들은 시련이 올수록 더 제련이 되어 영혼이 정결하게 된다. 금의 불순물을 제거할 때 어떻게 하는가? 몇 번이나 엄청난 고온에 넣어서 가열할 때 불순물이 제거되고 나중에 순도 99.99%의 금이 나온다. 믿음의 시련이 이와 같다.

욥은 이렇게 말했다. "그러나 내가 가는 길을 그가 아시나니 그가 나를 단련하신 후에는 내가 순금 같이 되어 나오리라(욥 23:10)." 진짜 성도는 환난을 통과하면 통과할수록 더 순금처럼 된다.

내 형제들아 너희가 여러 가지 시험을 당하거든 온전히 기쁘게 여기라 이는 너희 믿음의 시련이 인내를 만들어 내는 줄 너희가 앎이라 인내를 온전히 이루라 이는 너희로 온전하고 구비하여 조금도 부족함이 없게 하려 함이라(약 1:2-4).

시련은 "예수 그리스도께서 나타나실 때에 칭찬과 영광과 존귀를 얻게(벧전 1:7)" 하기 위해서 있는 것이다. 그러므로 믿음의 시련을 기뻐하라.

7. 주님께서 오시면 우리가 행한 대로 갚아 주실 것이다

이 세상에서는 예수님 안에서 경건하게 살고자 하는 사람은 핍박을 당한다(딤후 3:12). 그리스도와 복음을 위해 사는 사람일수록 사람들이 미워하며 멀리하고 욕한다(눅 6:22).

참된 성도들이 이 땅에서 주님 때문에 당하는 고난과 핍박을 이 세상에서는 알아주는 사람이 거의 없다. 그러나 예수님께서 다시 오시면 넘치게 갚아 주실 것이다.

(1) 주님을 위해 희생한 자에게는 이 땅에서도 100배나 갚아 주신다

베드로가 여짜와 이르되 보소서 우리가 모든 것을 버리고 주를 따랐나이다 예수께서 이르시되 내가 진실로 너희에게 이르노니 나와 복음을 위하여 집이나 형제나 자매나 어머니나 아버지나 자식이나 전토를 버린 자는 현세에 있어 집과 형제와 자매와 어머니와 자식과 전토를 백 배나 받되 박해를 겸하여 받고 내세에 영생을 받지 못할 자가 없느니라(막 10:28-30).

주님과 복음을 위하여 손해를 보고 희생한 사람은 주님께서 현세에서도 넘치게 보상해 주신다. 그리하여 하나님의 위로와 기쁨과 감사가 넘치게 하신다. 초대교회 교부인 리옹의 감독 이레네우스(Irenaeus, c. 120-c. 202)는 이 구절에서 말씀하는 상급은 천년왕국에서 받을 복을 가리키는 것으로 해석했다.⁴ 테르툴리아누스(Tertullianus, 145-220)도 "성도들이 지상에서 잃었던 모든 것을 다시 얻고, 주님의 이름으로 고난을 당했던 동일한 곳에서 보상받기 위하여" 이 땅에서 천년왕국이 있게 될 것이라고 했다.⁵

(2) 주님께서 다시 오시면 '믿음을 지킨' 자에게 의의 면류관을 주실 것이다

나는 선한 싸움을 싸우고 나의 달려갈 길을 마치고 믿음을 지켰으니 이

---

4   Irenaeus, *Adversus Haereses*, V, xxxiii, 1-2.
    천년 왕국에 대한 세 가지 견해가 있다.
    (1) 전천년주의(Premillennialism): 이 학설은 세상이 점점 악해져가다가 최악이 되었을 때 그리스도께서 천년왕국 직전에 재림하셔서 세상을 심판하시고 천 년 동안 직접 다스리실 것이라고 믿는 사상이다. 이것은 사도들에 이어 1세기 말에서 4세기 말까지 기독교회를 이끌던 대부분의 초대교회 교부들이 주장한 학설이다. 전천년주의를 가르친 교부들로는 로마의 클레멘스(30-100), 이그나티우스(30-107), 폴리카르푸스(65-155), 파피아스(70년 이전 출생-155), 저스틴 마터(c. 100-c. 165), 이레네우스(c. 120-c. 202), 테르툴리아누스(145-220), 히폴리투스(170-235), 키프리아누스(200-258) 등이 있다.
    (2) 무천년주의(Amillennialism): 이 학설은 '천 년'을 문자적으로 존재한다고 해석하지 않고 그리스도의 초림 때부터 재림 때 사이의 전체 기간(신약 교회시대)을 가리킨다고 주장한다. 아우구스티누스(354-430)가 이 학설을 취한 후 약 천 년 동안 중세기는 무천년주의가 지배적인 흐름이 되었다. 루터(1483-1546), 칼뱅(1509-1564)도 아우구스티누스의 무천년주의를 따랐다.
    (3) 후천년주의(Postmillennialism): 이 학설은 복음전파가 성공적으로 이루어져 세계가 점점 개선되어가다가 결국은 온 세계가 회심하게 될 것이고, 그때 그리스도께서 재림하실 것이라는 사상이다. 조나단 에드워즈(1703-1758)가 이 학설을 취했다.
5   Tertullianus, *Adversus Marcionem*, iii, 24.

제 후로는 나를 위하여 의의 면류관이 예비되었으므로 주 곧 의로우신 재판장이 그 날에 내게 주실 것이며 내게만 아니라 주의 나타나심을 사모하는 모든 자에게도니라(딤후 4:7, 8).

이 땅에서 믿음의 선한 싸움을 싸울 때는 매우 힘들겠지만, 주님께서 주시는 면류관이 우리를 기다리고 있다.

(3) 주님께서 오시면 우리 모두는 그리스도의 심판대 앞에 서게 될 것이다(고후 5:10)

그때 주님께서는 우리가 이 땅에서 행한 대로 갚아 주실 것이다(계 22:12). 우리의 수고가 헛되지 아니할 것이다(고전 15:58). 이것은 성경에서 강조하신 말씀이다.

인자가 아버지의 영광으로 그 천사들과 함께 오리니 그때에 **각 사람이 행한 대로 갚으리라**(마 16:27).

주님께서 다시 오시면, 주님을 위해 많이 헌신하고 희생한 사람일수록 큰 상급을 주실 것이다. 누가복음 19장을 보면 예수님께서 재림에 대해 말씀하시면서 므나 비유를 주셨다.

귀인이 왕위를 받아가지고 돌아와서 은화를 준 종들이 각각 어떻게 장사하였는지를 알고자 하여 그들을 부르니 그 첫째가 나아와 이르되 주인이여 당신의 한 므나로 열 므나를 남겼나이다 주인이 이르되 잘하였다 착한 종이여 네가 지극히 작은 것에 충성하였으니 열 고을 권세를 차지하라 하고 그 둘째가 와서 이르되 주인이여 당신의 한 므나로 다섯 므나를 만들었나이다 주인이 그에게도 이르되 너도 다섯 고을을 차지하라 하고(눅 19:15-19).

주님께서는 한 므나로 열 므나를 남긴 사람에게는 열 고을 권세를 주시고, 다섯 므나를 남긴 사람에게는 다섯 고을을 주실 것을 약속하셨다. 이처럼 이 땅에서 하나님 나라를 위해 헌신하고 충성한 사람일수록 큰 상급을 영원히 받을 것이다. "이러한 말로 서로 위로하라(살전 4:18)."

8. 보이는 것은 잠깐이요 보이지 않는 것은 영원하다. 우리가 누릴 영원한 천국의 영광은 얼마나 클 것인가!

이 땅의 영광은 속히 지나갈 것이다. 그러나 하늘의 영광은 영원할 것이다. 사도 바울은 "우리가 주목하는 것은 보이는 것이 아니요 보이지 않는 것이니 보이는 것은 잠깐이요 보이지 않는 것은 영원함이라(고후 4:18)."라고 했다.

비록 이 땅에서는 우리에게 환난과 고난이 많으나 영원한 영광을 바라보고 기뻐하자.

자녀이면 또한 상속자 곧 하나님의 상속자요 그리스도와 함께 한 상속자니 우리가 그와 함께 영광을 받기 위하여 고난도 함께 받아야 할 것이니라 생각하건대 현재의 고난은 **장차 우리에게 나타날 영광과 비교할 수 없도다**(롬 8:17, 18).

사랑하는 성도여, 우리를 사랑하시는 주님께서 우리를 데리러 속히 다시 오실 것이다(요 14:1-3). 다시 주님을 뵙는 날 우리의 기쁨이 얼마나 클 것인가!

예수님께서 다시 오시면 주님을 위해 헌신한 자에게 상을 주시고(마 19:27, 28) 다시는 우리를 떠나지 아니하시고 영원히 함께 하실 것이다. 우리는 이 땅에서 천 년 동안 그리스도로 더불어 왕 노릇 할 것이다(계 20:6). 그리고 주님께서 우리에게 새 하늘과 새 땅을 주실 것이다. 슬픔도, 눈물도, 죄악도, 질병도, 죽음도, 마귀도, 저주도 없는 그곳에서 우리는 주님과 함께 세세토록 왕 노릇 할 것이다(계 22:5). 영원히 쇠하지 아니하는 믿음, 소망, 사랑, 희락, 빛의 나라에서 주님의 얼굴을 보며 주님과 더불어 살아갈 것이다.

> 그 성은 해나 달의 비침이 쓸 데 없으니 이는 하나님의 영광이 비치고 어린 양이 그 등불이 되심이라(계 21:23).

9. 당신은 다시 오시는 주님을 기쁨으로 맞이할 준비가 되었는가?

당신은 얼마나 간절한 마음으로 다시 오실 주님을 기다리고 있는가? 순결한 신부로서 예수님을 맞이할 준비가 되었는가? 사도 베드로는 다음과 같이 권면했다.

> 그러므로 사랑하는 자들아 너희가 이것을 바라보나니 주 앞에서 점도 없고 흠도 없이 평강 가운데서 나타나기를 힘쓰라(벧후 3:14).

부끄러움 대신 벅찬 감격으로 주님을 맞이할 수 있는 사람은 참으로 복이 있다. 주님께서는 이렇게 말씀하셨다.

> 보라 내가 도둑 같이 오리니 누구든지 깨어 자기 옷을 지켜 벌거벗고 다니지 아니하며 자기의 부끄러움을 보이지 아니하는 자는 복이 있도다(계 16:15).

인생은 잠깐이다. "잠깐 보이다가 없어지는 안개(약 4:14)"다. 예수님께서 언제 다시 오실지 모른다. 주님께서 다시 오실 때, 당신은 기쁨으로 주님을 맞이할 수 있을 것인가? 가장 큰 기쁨과 감격으로 예수님을 맞이할 수 있도록 날마다 준비하며 살아가자. 인내로써 우리 앞에 당한 경주를 하자!(히 12:1)

"내가 진실로 속히 오리라."라고 예수님께서 말씀하신 지 벌써 2천 년이 지났다. 사랑하는 성도들이여, 고개를 들자! 우리를 사랑하시는 예수님께서 다시 오실 날이 이제 얼마 남지 않았다. 곧 문 앞에 서 계신다.

> 이것들을 증언하신 이가 이르시되 내가 진실로 속히 오리라 하시거늘 아멘 주 예수여 오시옵소서(계 22:20).

작가의 말
애통함과 감사함의 갈림길에서

　제가 이 책에서 너무 날카롭게 현 시대를 향해 경고의 메시지를 보냈다고 저를 비관적이거나 부정적인 것을 좋아하는 염세적인 사람으로 오해하지 마시기 바랍니다. 저는 가장 따뜻하고 낙천적이고 긍정적인 것을 좋아합니다. 이것은 우리 가족들과 감사교회 교인들이 확실히 증언해 줄 것입니다.
　저는 성도의 삶에는 철저한 거룩함이 있어야 하며 동시에 따뜻한 이타적인 사랑과 관용이 존재해야 한다고 믿습니다. 저는 성도들이 진리 앞에서는 한없이 진지해야 하며 또한 동시에 생활은 항상 기뻐하고 쾌활하고 범사에 감사해야 한다고 믿습니다(살전 5:16, 17). 진리는 좌우로 치우치지 않아야 하며, 거룩함과 사랑의 균형 속에 있다는 것을 믿습니다.
　이 시대를 보면 너무나 안타깝습니다. 이 책은 이 시대의 영혼들에 대한 사랑의 마음을 가지고 가장 진지하고 애통하는 마음으로 저술했습니다.

　시중에 나와 있는 종말론 책 대부분을 사서 보았습니다. 그런데 제가 읽어 본 책 중에 예수님께서 재림하실 때 과연 몇 명이 구원을 얻을까 하는 문제를 집중적으로 연구한 책은 거의 없었습니다. 그래서 이 주제를 가지고 책을 내게 되었습니다.
　이 책의 내용처럼 이 시대의 암담한 영적 현실을 날카롭게 지적하는 책을 내면 많은 비난의 소리가 들릴지도 모릅니다. 그러나 누군가는 이 사실을 전하고 경고해야 하기에 용기를 내어 이 책을 집필하였습니다.

종말을 생각하면 제 마음도 매우 엄숙해집니다. 성경에 나오는 하나님의 명백한 말씀에 정직하게 비추어 보면, 이 시대에 구원받을 사람이 매우 적다는 결론을 내리지 않을 수 없기 때문입니다.

주님의 충성된 제자였던 위대한 사도 바울은 복음을 전한 후에 자신이 도리어 버림을 받을까 두려워했습니다(고전 9:27). 저 또한 불경건하고 이 악한 말세에 구원받을 소수에 들어가기를 소망하는 마음으로 조심스러운 마음으로 이 책을 저술했습니다.

이 책을 읽는 당신 또한 구원받는 소수에 들어가게 되시기를 진심으로 간절히 소망합니다.

은혜의 주님, 노아가 온 세상의 타락 중에 구원받은 것은 주님의 은혜로 된 것이니(창 6:8) 저희로 주님의 은혜를 얻게 하소서!

> 예루살렘아 예루살렘아 선지자들을 죽이고 네게 파송된 자들을 돌로 치는 자여 암탉이 그 새끼를 날개 아래에 모음 같이 내가 네 자녀를 모으려 한 일이 몇 번이더냐 그러나 너희가 원하지 아니하였도다(마 23:37).

참고문헌(Bibliography)

김영한. "WCC는 종교다원주의다." 「목회와 신학」 2010. 4.
김익두. 『성령을 받으라』. 서울: 도서출판 기쁜날, 2006.
노병기. 『거룩한 구원』. 서울: 예영커뮤니케이션, 2007.
_____. 『거룩한 칭의』. 서울: 예영커뮤니케이션, 2015.
문병호. 『왜 우리는 WCC를 반대하는가?』. 서울: 대한예수교장로회총회출판부, 2012.
박영호. 『현대 에큐메니칼 운동과 사회선교』. 서울: 개혁주의신학사, 2010.
박윤선. 『헌법주석』. 수원: 영음사, 2011.
세계교회협의회 편. 『BEM 문서: 세례, 성만찬, 직제』. 이형기 역. 서울: 한국장로교출판사, 2012.
옥성호. 『Why? 그 이후』. 수원: 도서출판 은보, 2016.
_____. 『아버지와 아들』. 서울: 부흥과개혁사, 2008.
위형윤. "리마문서에서의 교회 일치의 성례성에 관한 연구." 「신학과 실천」 제19호 상권 (2009년 여름).
이동주 편. 『WCC와 가톨릭의 종교연합운동 연구』. 서울: 선교신학연구소, 2015.
이상근. 『갈라디아·히브리서』 대한예수교장로회 총회교육부, 1973.
이형기. 『역사 속의 종말론』. 서울: 대한기독교서회, 2004.
장 상 편. 『세계교회협의회(WCC) 제10차 총회 백서』. WCC 제10차 총회백서발간위원회, 2014.

조영엽. 『세계교회협의회(W.C.C.)의 실상을 밝힌다.』. 서울: 언약 출판사, 2010.

주성준. "히브리서 6:4-6 본문에 대한 신학적 재고." 「總神大論叢」 제33집 (2014년): 177-202.

최덕성. 『교황신드롬』. 서울: 본문과현장사이, 2014.

한국기독교WCC반대대책위원회. 『WCC 무엇이 문제인가?』. 서울: 총회출판국, 2010.

한수환. "WCC의 사회윤리 입장에 대한 신학적 비판(동성애 문제를 중심으로)." 『WCC는 우리와 무엇이 다른가?』. 서울: 대한예수교장로회총회, 2011.

Apocalyptic Spirituality: Treatises and Letters of Lactantius, Adso of Montier-En-Der, Joachim of Fiore, The Franciscan Spirituals, Savonarola. Translation and Introduction by Bernard McGinn. Macarthur Boulevard Mahwah, NJ: Paulist Press, 1979.

Barlow, George and Tuck Robert. *The Preacher's Complete Homiletic Commentary. On the Epistles of St Paul the Apostle I, II Timothy, Titus, Philemon-Barlow. On the Epistles to the Hebrews and the General Epistle of James-Tuck*. vol. 29. Grand Rapid, MI: Baker Book House, 1978.

Baxter, Richard. *A Call to the Unconverted*. Lafayette, IN: Sovereign Grace Publishers, 2000.

_____. *Saints' Everlasting Rest*. Fearn, Ross-shire: Christian Focus Publications, 1998.

_____. *The Reformed Pastor*. Edinburgh: The Banner of Truth, 2001.

Beeke, Joel R. and Jones, Mark. *A Puritan Theology*. Grand Rapid, MI:

Reformation Heritage Books, 2012.

Berkhof, Louis. *Systematic Theology*. Edinburgh: The Banner of Truth, 1958.

Brooks, Thomas. *Heaven on Earth: A Treatise on Christian Assurance*. 1654. Reprint, Edinburgh: The Banner of Truth, 1982.

Bunyan, John. *The Pilgrim's Progress*. New Kensington, PA: Whitaker House, 1981.

Calvin, John. *Calvin's Commentaries*. Various translaters. 45 vols. Grand Rapid, MI: Wm. B. Eerdmans Publishing Co., 1948.

_____ . *Institutes of the Christian Religion* (1559). 2 vols. The Library of Christian Classics. vol. 20-21. Edited by John T. McNeil, Trans. Ford Lewis Battles. Philadelphia: The Westminster Press, 1960.

_____ . *Tracts Relating to the Reformation*. vol. 1. Calvin Translation Society, 1844.

Carroll, J. M. *The Trail of Blood: Following the Christians Down through the Centuries - or, The History of Baptist Churches from the Time of Christ, Their Founder, to the Present Day*. San Bernardino, CA: CreateSpace Independent Publishing Platform, 2015.

Charnock, Stephen. *The New Birth. The Works of Stephen Charnock*. vol 3, Edinburgh: The Banner of Truth Trust, 1987.

Chauncy, Charles. *The Out-Pouring of the Holy Ghost: A Sermon Preach'd in Boston, May 13, 1742. On a Day of Prayer Observed by the First Church There, to Ask of God the Effusion of His Spirit*. Boston: Printed by T. Fleet, for D. Henchman and S. Eliot in Cornhill, 1742.

Chrysostom, John. *Homilies on the Epistle to the Hebrews*. Edited by Philip

Schaff. *A Select Library of the Nicene and Post-Nicene Fathers of the Christian Church. first series*. vol. 14. Grand Rapid, MI: Wm. B. Eerdmans Publishing Co., 1989.

Durant, Will. *The Age of Faith*. The Story of Civilization. vol. 4. New York: Simon and Schuster, 1950.

Edwards, Jonathan. *Religious Affections*. Edited by John E. Smith. *The Works of Jonathan Edwards*. vol. 2. New Haven: Yale University Press, 1959.

_____ . *Sermons and Discourses 1730-1733*. Edited by Mark Valeri. *The Works of Jonathan Edwards*. vol. 17. New Haven: Yale University Press, 1999.

_____ . *Writings on the Trinity, Grace, and Faith*. Edited by Lee, Sang Hyun. *The Works of Jonathan Edwards*. vol. 21. New Haven: Yale University Press, 2003.

Finney, Charles Grandison. *Lectures to Professing Christians*. New York, Chicago, Toronto, London and Edinburgh: Fleming H. Revell Company, 1878.

Froom, LeRoy Edwin. *The Prophetic Faith of Our Fathers*. 4 vols. Washington, D.C.: Review and Herald Publishing Association, 1946-54.

Gaustad, Edwin Scott. *The Great Awakening in New England*. New York: Harper & Brothers, 1957.

Goodwin, Thomas. *The Works of Thomas Goodwin*. 12 vols. Edited by Thomas Smith. Edinburgh: James Nichol, 1861-1866. Reprint, Grand Rapids: Reformation Heritage Books, 2006.

Hafemann, Scott J. *The God of Promise and the Life of Faith*. Wheaton, IL:

Crossway Books, 2001.

Heen, Erik M. and Krey, Philip D. W., ed. *Ancient Christian Commentary on Scripture: New Testament X. Hebrews*. Downers Grove, IL: InterVarsity Press, 2005.

Henry, Matthew. *Matthew Henry's Commentary on the Whole Bible*. 6 vols. Old Tappan, NJ: Fleming H. Revell Company, 1958.

Hopkins, Ezekiel. *The Works of Ezekiel Hopkins*. 3 vols. Edited by Charles W. Quick. Reprint, Morgan, PA: Soli Deo Gloria, 1997.

Hughes, Philip E. *A Commentary on the Epistle to the Hebrews*. Grand Rapids, MI: Wm. B. Eerdmans Publ. Co. 1977.

Hunt, Dave. *A Woman Rides the Beast*. Eugene, OR: Harvest House Publisher, 1994.

Josephus, Flavius. *Josephus: The Complete Works*. Trans. William Whiston. Nashville, TN: Thomas Nelson Publishers, 1998.

Kinnamon, Michael, ed. *World Council of Churches: Signs of the Spirit: Official Report Seventh Assembly*. Grand Rapids/Geneva: Wm. B. Eerdmans/WCC Publications, 1991.

Kittel, Gerhard and Friedrich, Gerhard, ed. *Theological Dictionary of New Testament*. Trans. G. W. Bromiley. vol. 6. Grand Rapids, MI: Wm. B. Eerdmans Publishing Co. 1969.

Ladd, George Eldon. *The Last Things*. Grand Rapids, MI: Wm. B. Eerdmans Publishing Co., 1978.

LaHaye, Tim. *REVELATION - Illustrated and Made Plain*. Grand Rapid, MI: Zondervan Publishing House, 1975.

Lloyd-Jones, Martyn. *Great Doctrines of the Bible: God the Father, God the Son; God the Holy Spirit; The Church and the Last Things*. Wheaton, IL: Crossway, 2003.

_____. *Studies in the Sermon on the Mount*. Grand Rapids, MI: Wm. B. Eerdmans Publishing Co., 1976.

_____. *The Puritans: Their Origins and Successors*. Addresses Delivered at the Puritan and Westminster Conferences 1959-1978. Edinburgh: The Banner of Truth Trust, 1987.

Löwith, Karl. *Meaning in History*. Chicago and London: The University of Chicago, 1949.

Love, Christopher. *Heaven's Glory, Hell's Terror; The One Concerning the Glory of the Saints with Jesus Christ, as a Spur to Duty: The Other, of the Torment of the Damned, as a Preservative against Security*. London: for Peter Barker, 1671.

MacArthur, John. *Ashamed of the Gospel*. Wheaton, IL: Crossway Books, 2010.

_____. *The MacArthur Bible Commentary*. Nashville, TN: Thomas Nelson, 2005.

Marshall, Walter. *The Gospel Mystery of Sanctification*. New York: Southwick & Pelsup, 1811.

Murray, Andrew. *The Holiest of All*. New Kensington, PA: Whitaker House, 1996.

Iain Murray, *Evangelicalism Divided*. Edinburgh: Banner of Truth Trust, 2000.

National Catholic Reporter, February 19, 1993.

Owen, John. *Meditation and Discourses on the Glory of Christ applied unto Un-*

converted Sinners. Edited by William H. Goold. *The Works of John Owen*. vol. 1. Edinburgh: The Banner of Truth Trust, 1993.

_____ . *The Doctrine of the Saints' Perseverance Explained and Confirmed*. Edited by William H. Goold. *The Works of John Owen*. vol. 2. Edinburgh: The Banner of Truth Trust, 1997.

_____ . *A Discourse Concerning the Holy Spirit*. Edited by William H. Goold. *The Works of John Owen*. vol. 3. Edinburgh: The Banner of Truth, 2000.

Ryle, J. C. *Old Paths*. Public Domain, 2013.

Schaff, Philip. *History of the Christian Church*. 8 vols. 1910. Reprint, Grand Rapids, MI: Wm. B. Eerdmans Publishing Company, 1980-1981.

_____ . *The Creeds of Christendom: With a History and Critical Notes*. 3 vols. 1931. Reprint, Grand Rapid, MI: Baker Books, 2007.

Scougal, Henry. *The Life of God in the Soul of Man*. Harrisonburg, VA: Sprinkle Publications, 1986.

Semlyen, Michael de. *All Roads Lead to Rome?* England: Dorchester House Publications, 1991.

Sharrit, John T. *Soon-Coming World-Shaking Events*. La Verne, CA: El Camino Press, n.d.

Scougal, Henry. *The Life of God in the Soul of Man*. Harrisonburg, VA: Sprinkle Publications, 1986.

Sibbes, Richard. *The Works of Richard Sibbes*. 7 vols. Edited by Alexander B. Grosart, 1862-1864. Reprint, Edinburgh: The Banner of Truth Trust, 2001.

Thompson, R. W. *The Papacy and the Civil Power*. New York: Harper & Bros, 1876.

Unger, Merrill F. *Unger's Bible Handbook*. Chicago: Moody Press, 1992.

Walker, Williston. *A History of the Christian Church*, 4th ed. New York: Scribner, 1985.

Wesley, John. *Explanatory Notes on the New Testament*. San Bernardino, CA: CreateSpace Independent Publishing Platform, 2015.

_____. *Sermons I* 1-33. Edited by Albert C. Outler. *The Works of John Wesley*. vol. 1. Nashville: Abingdon Press, 1984.

_____. *Sermons II* 34-70. Edited by Albert C. Outler. *The Works of John Wesley*. vol. 2. Nashville: Abingdon Press, 1985.

_____. *Sermons III* 71-114. Edited by Albert C. Outler. *The Works of John Wesley*. vol. 3. Nashville: Abingdon Press, 1986.

Wilkerson, David. *The Vision and Beyond*. Lindale, TX: World Challenge Publication, 2003.

Willmington, H. L. *The King is Coming*. Wheaton, IL: Tyndale House Publishers, Inc., 1991.

Whitefield, George. *The Sermons of George Whitefield*. 2 vols. Edited by Lee Gatiss. Wheaton, IL: Crossway, 2012.

_____. *George Whitefield's Journals*. Edinburgh: The Banner of Truth Trust, 1978.